修炼好年轻干部的"心学"
——年轻干部党性教育的理论与实践研究

蔡 爽 著

上海大学出版社
·上海·

图书在版编目(CIP)数据

修炼好年轻干部的"心学"：年轻干部党性教育的理论与实践研究 / 蔡爽著. -- 上海：上海大学出版社，2024.6. -- ISBN 978-7-5671-4995-3

Ⅰ. D263.3

中国国家版本馆 CIP 数据核字第 2024YD0199 号

责任编辑　王悦生
封面设计　柯国富
技术编辑　金　鑫　钱宇坤

修炼好年轻干部的"心学"
—— 年轻干部党性教育的理论与实践研究

蔡　爽　著

上海大学出版社出版发行

(上海市上大路 99 号　邮政编码 200444)
(https://www.shupress.cn　发行热线 021-66135112)

出版人　戴骏豪

＊

南京展望文化发展有限公司排版
江苏凤凰数码印务有限公司印刷　各地新华书店经销
开本 710mm×1000mm　1/16　印张 14.5　字数 245 千
2024 年 6 月第 1 版　2024 年 6 月第 1 次印刷
ISBN 978-7-5671-4995-3/D·263　定价 66.00 元

版权所有　侵权必究
如发现本书有印装质量问题请与印刷厂质量科联系
联系电话：025-57718474

前言

在波澜壮阔的中国共产党百年奋斗历程中,党性教育始终作为党的建设的重要内容和基础工程,在培养一代又一代忠诚干净担当的党员干部中发挥着不可替代的作用。特别是进入新时代,加强年轻干部的党性教育,对于确保党和国家事业薪火相传、后继有人,具有极其重要的战略意义。本书旨在深入探讨年轻干部党性教育的内涵、历史脉络、现实境遇、优化路径及创新思考,以期为新时代年轻干部党性教育的创新发展提供理论支撑和实践指导。

习近平总书记在2021年春季学期中央党校(国家行政学院)中青年干部培训班开班式上强调,"年轻干部是党和国家事业接班人,必须立志做党的光荣传统和优良作风的忠实传人,不断增强意志力、坚忍力、自制力"①。党性教育是提高干部素质,加强党的长期执政能力建设和先进性纯洁性建设,保持战斗力生命力的根本要求和重要途径。培养年轻干部,必须加强年轻干部党性教育,培养优良的党性观念和道德修养。

当前,我国正处于实现中华民族伟大复兴的关键时期,加强年轻干部的党性教育具有更加紧迫的现实意义。修炼好年轻干部的"心学",要深刻理解党性教育的历史和内涵,准确把握新时代党性教育的基本原则和主要目标,进一步推动年轻干部党性教育的创新发展。

针对当前年轻干部党性教育面临的问题和挑战,可以从健全年轻干部党性教育制度机制、拓展年轻干部党性教育途径、针对年轻干部需求丰富党性教

---

① 《习近平在中央党校(国家行政学院)中青年干部培训班开班式上发表重要讲话强调 立志做党光荣传统和优良作风的忠实传人 在新时代新征程中奋勇争先建功立业》,《人民日报》2021年3月2日。

育内容、运用年轻干部喜闻乐见的党性教育方法等方法途径着手,进一步优化对年轻干部的党性教育。

习近平总书记指出:"党性是党员、干部立身、立业、立言、立德的基石。决定一个人如何的是品行,决定一名党员如何的是党性。"[①]怎样把党性这块"基石"立扎实、立稳,既是每个党员都要回答好的终身问题,也是摆在每个年轻干部面前亟待解决的重大课题。

---

① 《习近平在纪念朱德同志诞辰130周年座谈会上的讲话》,《人民日报》2016年11月29日。

目　录

导论 ………………………………………………………………… 1
　一、党性的内涵 ………………………………………………… 1
　　（一）党性的历史考察 ……………………………………… 1
　　（二）党性的概念 …………………………………………… 5
　　（三）党性的特点 …………………………………………… 6
　二、党性教育的基本内涵与特点 ……………………………… 6
　　（一）党性教育的基本内涵 ………………………………… 7
　　（二）党性教育的特点 ……………………………………… 7
　三、党性教育与党性修养 ……………………………………… 9
　　（一）党性修养的内涵 ……………………………………… 9
　　（二）党性教育与党性修养的关系 ………………………… 10
　四、年轻干部的党性教育与后继有人的关系 ………………… 11

第一章　年轻干部党性教育的理论遵循 …………………… 13
　一、马克思主义经典作家关于党性教育的重要论述 ………… 13
　　（一）马克思、恩格斯关于党性教育的思想 ……………… 13
　　（二）列宁关于党性教育的思想 …………………………… 16
　二、不同时期中国共产党人关于党性教育的重要论述 ……… 19
　　（一）毛泽东关于党性教育的思想 ………………………… 20
　　（二）邓小平关于党性教育的思想 ………………………… 22
　　（三）江泽民关于党性教育的思想 ………………………… 24
　　（四）胡锦涛关于党性教育的思想 ………………………… 26

三、习近平总书记关于新时代党性教育的重要论述 ………… 28
  （一）关于新时代党性教育的地位 ………………………… 28
  （二）关于新时代党性教育的目标要求 …………………… 31
  （三）关于新时代党性教育的内容 ………………………… 33
  （四）关于新时代党性教育的功能 ………………………… 36
  （五）关于新时代党性教育的实践路径 …………………… 37

第二章　年轻干部教育培训中党性教育的历史考察 ………… 39
一、新民主主义革命时期年轻干部党性教育的历史实践与经验总结 …… 39
  （一）新民主主义革命时期年轻干部党性教育的背景 …… 39
  （二）新民主主义革命时期年轻干部党性教育的历史实践 ………… 40
  （三）新民主主义革命时期年轻干部党性教育的经验总结 ………… 40
二、社会主义革命和建设时期年轻干部党性教育的历史实践与经验
  总结 ……………………………………………………………… 41
  （一）社会主义革命和建设时期年轻干部党性教育的背景 ………… 41
  （二）社会主义革命和建设时期年轻干部党性教育的历史实践 …… 42
  （三）社会主义革命和建设时期年轻干部党性教育的经验总结 …… 43
三、改革开放和社会主义现代化建设新时期年轻干部党性教育的历史
  实践与经验总结 ………………………………………………… 44
  （一）改革开放和社会主义现代化建设新时期年轻干部党性教育的
    背景 ……………………………………………………… 44
  （二）改革开放和社会主义现代化建设新时期年轻干部党性教育的
    历史实践 ………………………………………………… 46
  （三）改革开放和社会主义现代化建设新时期年轻干部党性教育的
    经验总结 ………………………………………………… 49

第三章　新时代加强年轻干部党性教育的现实际遇 …………… 52
一、新时代加强年轻干部党性教育的现实意义 ………………… 52
  （一）加强年轻干部的党性教育是贯彻新时代党的建设总要求的
    必然举措 ………………………………………………… 52
  （二）加强年轻干部的党性教育是贯彻习近平总书记关于党性教育

　　　　的重要论述的必然要求 ·· 53
　　　（三）加强年轻干部的党性教育是确保党和国家事业薪火相传、
　　　　后继有人的战略关键 ·· 54
二、新时代加强年轻干部党性教育的机遇与挑战 ························ 55
　　　（一）新时代加强年轻干部党性教育的机遇 ························ 55
　　　（二）新时代加强年轻干部党性教育的挑战 ························ 55
三、新时代加强年轻干部党性教育的问题分析 ···························· 57
　　　（一）有些年轻干部对于马克思主义的理论知识基础认识存在不足
　　　　 ··· 57
　　　（二）有些年轻干部的基础政治素养还不够完善 ··················· 57
　　　（三）有些年轻干部缺乏党性的锻炼,斗争的精神也不充足 ····· 58
　　　（四）党性教育的灵活性、针对性、时效性不强 ··················· 58

第四章　新时代年轻干部党性教育的路径优化 ·················· 59
一、健全年轻干部党性教育制度机制 ·· 59
　　　（一）健全党性教育资源开发利用机制 ······························ 59
　　　（二）健全党性教育保障机制 ··· 60
　　　（三）健全党性教育考核评价机制 ····································· 61
　　　（四）健全党性教育宣传研究机制 ····································· 62
二、拓展年轻干部党性教育途径 ·· 63
　　　（一）加大集中培训力度 ··· 63
　　　（二）抓好集中教育活动 ··· 64
　　　（三）严格党内政治生活 ··· 64
　　　（四）强化日常监督管理 ··· 65
　　　（五）用好实践锻炼平台 ··· 66
　　　（六）注重加强自我教育 ··· 66
三、针对年轻干部需求丰富党性教育内容 ·································· 67
　　　（一）深化年轻干部党性教育需求调研 ······························ 67
　　　（二）认真抓好基本内容教育 ··· 68
　　　（三）精心抓好重点内容教育 ··· 75
四、运用年轻干部喜闻乐见的党性教育方法 ······························· 77

（一）坚持运用讲授式方法 ·· 78
　　（二）广泛运用渗透式方法 ·· 81
　　（三）倡导运用案例式方法 ·· 81
　　（四）深入运用互动式方法 ·· 85
　　（五）积极运用典型式方法 ·· 86
　　（六）大胆运用体验式方法 ·· 87
五、加强年轻干部党性教育的组织保障 ·· 91
　　（一）压实各级党组织的主体责任 ·· 91
　　（二）强化相关职能部门的工作职责 ····································· 92
　　（三）加强党性教育的工作统筹 ··· 92

第五章　年轻干部党性教育的创新思考 ································ 93
一、创新年轻干部党性教育思维理念 ··· 93
　　（一）树立全面发展的理念 ·· 93
　　（二）强化全面从严的理念 ·· 94
　　（三）坚持分类施教的理念 ·· 95
　　（四）突出实践育人的理念 ·· 95
　　（五）坚持运用现代科技手段的理念 ····································· 96
二、创新年轻干部党性教育方式方法 ··· 96
　　（一）采用案例教学的方式 ·· 96
　　（二）采用互动式学习的方式 ··· 97
　　（三）采用跨领域合作的方式 ··· 101
　　（四）采用个性化辅导的方式 ··· 102
三、创新年轻干部党性教育教学载体 ·· 102
　　（一）编写新的教材 ·· 103
　　（二）灵活运用新技术教学载体 ··· 103
　　（三）创新活动载体 ·· 104
四、打造年轻干部党性教育的创新拓展平台 ······························ 105
　　（一）灵活运用爱国主义教育基地 ····································· 105
　　（二）将党性教育与特色课程相结合 ·································· 106
　　（三）充分运用新媒体等宣传平台 ····································· 107

第六章　年轻干部党性教育的案例分析 ……………………………… 109
一、年轻干部成长的三个关键环节 ……………………………… 109
（一）案例背景 ………………………………………………… 109
（二）案例做法 ………………………………………………… 109
（三）案例启示 ………………………………………………… 110
二、干净与担当：共产党人"特殊材料"的重要配方 …………… 111
（一）案例背景 ………………………………………………… 111
（二）案例做法 ………………………………………………… 111
（三）案例启示 ………………………………………………… 112
三、加强党性锻炼，增强党性修养 ……………………………… 113
（一）案例背景 ………………………………………………… 113
（二）案例做法 ………………………………………………… 115
（三）案例启示 ………………………………………………… 117
四、红色教育赋能年轻干部党性教育培训现场教学点 ………… 120
（一）案例背景 ………………………………………………… 120
（二）案例做法 ………………………………………………… 120
（三）案例启示 ………………………………………………… 122
五、运用"智慧党建"赋能主题党日，抓实党性教育 …………… 123
（一）案例背景 ………………………………………………… 123
（二）案例做法 ………………………………………………… 124
（三）案例启示 ………………………………………………… 126

参考文献 …………………………………………………………… 128

附录一　中国共产党党员教育管理工作条例 …………………… 135
附录二　中国共产党纪律处分条例 ……………………………… 145
附录三　干部教育培训工作条例 ………………………………… 173
附录四　全国干部教育培训规划（2023—2027 年） …………… 183
附录五　中国共产主义青年团干部教育培训工作条例 ………… 197
附录六　全国团干部教育培训规划（2024—2028 年） …………… 205

导 论

新时代修好共产党人"心学"是党的永葆先进性、纯洁性的密钥。加强党性修养是保持和推进党的先进性的基础,是不断提升党员素质的有效方法,是完成所肩负的历史使命的保证。党的十八大以来,习近平总书记对加强党员特别是党员领导干部的党性修养有许多重要论述,为新时代年轻干部加强党性修养指明了方向和途径,是新时代年轻干部加强党性修养的指南。年轻干部是党的事业的后备力量和生力军,年轻干部成长事关党事业的薪火相传。做好新时代年轻干部的党性教育,必须着眼年轻干部自身特点和成长规律,组织广大年轻干部认真学习党内各项法规,严肃党内生活,严明党的纪律和规矩,才能不断提高党性修养,加快年轻干部成长成才。

一、党性的内涵

党性教育是年轻干部教育培训中不可或缺的环节,是推动党的先进性和纯洁性建设的动力源泉。加强年轻干部的党性教育,首先要明晰新形势下"党性"的概念,本章通过明确党性、党性教育的基本内涵和特点,进一步梳理党性教育与党性修养的关系。

(一) 党性的历史考察

早在19世纪,马克思、恩格斯就提出了"党性"一词。恩格斯在《傅立叶论商业的片段》的结束语中说道:"这种社会主义,由于自己在理论领域中没有党性,由于自己的'思想绝对平静'而丧失了最后一滴血、最后一点精神和力量。"①1863年,马克思写道:"在巴黎,在社会党内,党性和团结精神仍然占着统治地位。"②按照马克思主义经典作家的理解,党性最初表现为"哲学的党性""理论的党性"等形式③。所以,马克思、恩格斯所提出的"党性"与我们今天所使用的"党性"一词含义不尽相同。列宁也对党性的概念进行了界定。1894年列宁从哲学和世界观角度提出了党性问题,指出:"唯物主义本身包含所谓党性,要求在对事变作任何估计时都必须直率而公开地站到一定社会集团立场上。"④

中国共产党成立初期,党内还没有对"党性"一词进行明确界定。到延安时期,错综复杂的国际国内形势推动了党的领导人对党性等问题进行深入思考。在这一时期,中国共产党继承了列宁关于党性能够反映政党及其成员阶级属性的基本观点。

对于党性问题,我们党最早阐述它的是刘少奇,他在《人的阶级性》一文中对其作了精辟的概括:"共产党员的党性,就是无产者阶级性最高而集中的表现,就是无产者本质的最高表现,就是无产阶级利益最高而集中的表现。"⑤这一概括,指出了中国共产党党性的阶级基础,同时也指出了我们党的党性又不直接等同于阶级性,而是高于阶级性,是阶级性的升华。中国共产党是以中国工人阶级为主要阶级基础的政党,中国工人阶级所具有的基本特性理所当然地构成了中国共产党党性的阶级基础。同时,中国共产党又是有着远大理想、按照马克思列宁主义的革命理论建立起来的中国工人阶级的先锋队。因此,中国共产党的党性不仅具有工人阶级的一般特性,而且,把工人阶级与现代化大生产相联系的先进性,升华为共产主义的崇高理想和中国特色社会主义的坚定信念;把工人阶级的团结精神和组织纪律性,升华为党的民主集中制原则和铁的纪律;把工人阶级大公无私、集体主义的优秀品质,升华为全心全意为人民服务的根本宗旨;把工人阶级坚韧性、战斗性和革命彻底性,升华为为了人民的根本利益不惜牺牲一切的革命英雄主义精神。可见,中国共产党的党性是中国工人阶级的阶级性的集聚和升华,是高度发展了的阶级性。

---

① 《马克思恩格斯全集》第2卷,人民出版社1974年,第659页。
② 《马克思恩格斯全集》第30卷,人民出版社1974年版,第305页。
③ 陈培永:《什么是党性》,《岭南学刊》2015年第2期,第10—13页。
④ 《列宁全集》第1卷,人民出版社2013年版,第363页。
⑤ 中共中央文献研究室:《刘少奇年谱(1898—1969)》上卷,中央文献出版社1996年版,第358页。

1939年7月,刘少奇发表了题为《论共产党员的修养》的公开演讲,从党性高度提出了党员修养的任务,系统阐述了党性修养的目的、方法和要求,对我们党的党性教育实践产生了深远影响。毛泽东通过他在延安整风运动中的思考和总结,对"党性"的内涵进行了更为准确的界定。1942年3月11日,毛泽东在中共中央政治局会议上发言指出:"党性是一种科学,是阶级性的彻底表现。"①

　　可见,在这一时期,基于对中国共产党阶级属性的深刻认识,党内主要认为共产党人只有站稳无产阶级立场、树立无产阶级意识,才能具备党性,成为合格党员。

　　新中国成立后,历史方位发生了变化,"党性"概念遵循着延安时期对于"党性"的基本表述,但是其叙述重心已经根据当时的社会背景发生了改变。新中国成立初期,部分地方干部工作作风虚浮,不注重调查研究和深入人民群众。针对这种情况,1962年刘少奇指出:"必须把树立实事求是的作风,作为加强党性的第一个标准。"②在这一时期,除了强调实事求是的精神之外,中国共产党人在理解和阐释"党性"时还加入了群众观念。当时《人民日报》的一系列文章都指出树立群众观念的重要性。这些文章指出,"经济工作者工作中的党性,首先是要与群众有密切联系,……经济领导者工作中,党性的一个最重要的原则,便是经常关怀满足工人和职员的生活需要"③。可见,在社会主义革命和建设时期,继承和发扬实事求是的优良作风,树立密切联系群众、为人民服务的群众观念,成为中国共产党党性观念的主要内容。

　　到了改革开放和社会主义现代化建设新时期,中国共产党所处的环境发生了变化,在这一时期,为进一步加强党的建设,中国共产党人在继承延安时期和社会主义革命和建设时期对党性的阐述的基础上,增加了一系列新的观点和论断。党的十一届三中全会进一步强调了党的集中统一领导对社会主义现代化建设的重要性。为了调整领导班子,选好社会主义接班人,邓小平明确表示:"选干部,标准有好多条,主要是两条,一条是拥护三中全会的政治路线

---

① 中共中央文献研究室:《毛泽东年谱(1893—1949)》(修订本)中册,中央文献出版社2013年版,第367页。
② 中央档案馆、中共中央文献研究室:《中共中央文件选集(1949年10月—1966年5月)》第39册,人民出版社2013年版,第146页。
③ 《关于经济工作中的党性》,《人民日报》1953年1月22日。

和思想路线,一条是讲党性,不搞派性。"①整体而言,在改革开放初期,"讲党性,不搞派性"在党的领导人的言论中频繁出现,成为当时对党性问题的重要阐述。

这一时期,在组织纪律建设上,中国共产党把坚持民主集中制作为党员锤炼党性的重要途径。1993年6月25日,江泽民在纪念中国共产党成立72周年座谈会上也提到,在新的历史条件下,党员增强党性锻炼,必须"做遵守纪律、坚持民主集中制的模范"②。之后,胡锦涛进一步提出坚持民主集中制是"党性的要求"的观点,强调"党章规定的党员个人服从党的组织、少数服从多数、下级组织服从上级组织、全党各个组织和全体党员服从党的全国代表大会和中央委员会,……这四个服从都是党性的要求,一个也不能少,都要认真执行"③。可以看出,到20世纪90年代,中国共产党进一步建立起坚持民主集中制与党性之间的内涵关联,这也是党性内涵的进一步发展。

中国特色社会主义新时代又是中国共产党党性观念创造性发展的一个时期。这一时期对党性的内涵和意蕴的阐述得到了较大的扩展:一是明确党性的首要任务是坚定理想信念。二是认为"党性说到底就是立场问题"。三是强调"讲政治最根本就是要讲党性"。习近平强调"讲政治最根本就是要讲党性。……党的政治建设的首要任务,就是保证全党服从中央,坚持党中央权威和集中统一领导"④。四是提出"作风问题本质上是党性问题"的重要论断。习近平强调"作风问题本质上是党性问题。领导干部的作风直接关系党内风气和政治生态,关系民心向背,决定着党的群众基础"⑤。进一步阐明了党性与作风建设的辩证关系。五是提出"讲党性、讲原则,就要讲斗争"的论述。2021年9月1日,在中央党校(国家行政学院)中青年干部培训班开班式上,习近平明确指出,"共产党人讲党性、讲原则,就要讲斗争"⑥,这就强调了干部的斗争精

---

① 中共中央文献研究室:《三中全会以来重要文献选编》上,人民出版社1982年版,第163页。
② 中央文献研究室:《毛泽东邓小平江泽民论党的建设》,中央文献出版社、中共中央党校出版社1998年版,第591页。
③ 《胡锦涛文选》第1卷,人民出版社2016年版,第180页。
④ 习近平:《论党的自我革命》,党建读物出版社、中国方正出版社、中央文献出版社2023年版,第206页。
⑤ 中共中央文献编辑委员会:《习近平著作选读》第2卷,人民出版社2023年版,第110页。
⑥ 《习近平在中央党校(国家行政学院)中青年干部培训班开班式上发表重要讲话强调 信念坚定对党忠诚 实事求是担当作为 努力成为可堪大用能担重任的栋梁之才》,《人民日报》2021年9月2日。

神和斗争本领的养成。

综上,通过梳理不同历史时期中国共产党人对党性概念的阐释可以发现,在延安时期,毛泽东、刘少奇等领导人主要是以党的阶级性为根本出发点对党性作出概念界定和理论阐述;社会主义革命和建设时期中国共产党对党性概念的阐释有所延伸,更侧重强调实事求是精神,树立为人民服务,走群众路线与党性的结合;改革开放和社会主义现代化建设新时期,为了加强党的建设,中国共产党将反对派性,坚持民主集中制作为阐释党性概念的主要内容;中国特色社会主义新时代是中国共产党党性观念实现创新性、突破性发展的一个时期,党性的理论内核获得了更为丰富的发展。中国共产党的百年奋斗历程表明,中国共产党党员党性教育建设贯穿于不同的历史时期,高度重视党性教育是中国共产党在任何历史时期都需要坚持的要素。

(二) 党性的概念

明晰党性的概念是做好年轻干部党性教育的理论与实践的前提和基础。

第一,党性是一个哲学性概念。"党性"一词最早出现在1845年恩格斯批判那些宣扬"绝对的社会主义"思想家的论述中[1]。列宁曾大量使用过"党性"一词,在《列宁全集》中列宁使用党性一词达到260余次之多[2]。列宁将唯物主义与唯心主义两个哲学流派之争归结为不同的党派的斗争。因此,列宁认为,要"丢掉那种天真地认为理论没有对立之分,一切哲学总是服务于全体人类利益的幻想"[3]就必须强调哲学的党性。

第二,党性是一个政治性概念。从党性概念的演变历史来看,在马克思、恩格斯这一时代对党性的探讨始终立足于政党的阶级性。中国共产党成立早期继承了马克思主义经典作家关于党性能够反映政党及其成员阶级属性的基本观点。从政治角度来看,党性是具有政党鲜明的阶级立场与阶级取向的。因此,从政治维度,可以将党性定义为政党阶级性的最集中的体现,即"党性是一个政党固有的本质特性,是政党阶级性最高、最集中的表现"[4]。马克思主义政党区别于其他政党的重要标志就是历来都强调严格的党性。

---

[1] 《马克思恩格斯全集》第2卷,人民出版社1958年版,第659页。
[2] 龚少情:《对马克思主义经典作家党性概念的再认识》,《社会主义研究》2016年第4期,第28—35页。
[3] 陈培永:《什么是党性》,《岭南学刊》2015年第2期,第10—13页。
[4] 叶笃初、卢先福:《党的建设辞典》,中共中央党校出版社2009年版,第107页。

第三,党员的党性。这里的党性是指通过党员的党性修养、思想觉悟等体现出来的党员的党性。党员是政党的细胞,是政党的组成部分,党员个体的党性,标志着"党员个体行为取向符合党的奋斗目标要求的程度"①。从这个意义上说,党员的个人追求和价值取向越符合党的奋斗目标和价值取向,党员的党性就越强。那么每个党员的党性强弱就与一个政党是否有凝聚力有战斗力息息相关了。因此,作为政党的组成部分,党员个人要将党的奋斗目标、纲领、宗旨、价值追求转化为自己的价值理念,将党的事业作为自己毕生追求的事业,才能最大限度地凸显政党的党性。

(三)党性的特点

党性的特点主要表现在以下几个方面。

第一,阶级性与人民性。人民性是指要把实现好、维护好、发展好最广大人民根本利益作为出发点和落脚点。阶级性是人民性的领导力量,人民性是阶级性的根基血脉,共产党员要始终牢牢坚持以人民为中心的根本原则,站在广大人民群众的立场,随时准备为国家和人民的利益牺牲一切。

第二,先进性与纯洁性。先进性具体表现为以工人阶级中的先进分子为主要成员,以实现民族复兴、国家富强、人民幸福为目标引领,为建设社会主义现代化强国而不懈奋斗。纯洁性具体表现为其对党和人民忠诚的坚定信念。

第三,组织性与纪律性。组织性主要表现为坚持民主集中制。纪律性主要表现为在党规党纪面前人人平等,对党的任何组织和个人都具有同等的约束性。

第四,实践性与时代性。党性可以化为实践中的理论,体现为实际的行动,党性具有实践性的特质。时代性就是依据党所处时代的现实情况进行调整,具备时代色彩。

二、党性教育的基本内涵与特点

党性教育对于加强党的建设有着重要的作用,要深入理解党性教育,就要

---

① 梁道刚:《关于党性及党性教育和党性修养的几个基本理论问题》,《岭南学刊》2015年第2期,第14—18页。

明晰党性教育的基本内涵,明确党性教育的特点。

(一) 党性教育的基本内涵

党性教育是指党组织或党员为了提高党员的党性素养和党性水平,以增强和改进党的建设,有效地发挥党的表率作用和领导职能,以特定的内容通过有效的方法对党员进行的一种有组织、有计划、有目的的特殊思想政治教育实践活动。从广义上讲,党性教育还包括道德品行、法治思维、反腐倡廉等方面的内容。

党性教育的目的是通过各种形式的教育活动,使党员深化对党的理解,坚定对党的信念,增强党性观念,提高政治觉悟和执行能力,从而更好地履行党员的职责和使命。

党性教育的内容丰富多样,既包括党的理论和路线方针政策的教育,也包括党的历史和优良传统作风的教育,还包括道德品行和法治思维的教育。在教育形式上,党性教育既有集中的辅导授课,也有组织的集中教育,还有党员的个人自我教育。

(二) 党性教育的特点

党性教育与其他教育不同,它有特定的教学内容,主要有以下几方面的特点。

第一,时代性。党性教育受到经济、政治、文化等多种因素的影响,并随着时代的发展而不断创新和完善。党性的基本内涵是一以贯之的,但是党性教育的内容和形式都需要与时俱进,反映时代的特征和要求。党性教育不仅要跟上时代的步伐,还要积极引领时代潮流,推动社会的进步和发展。通过培养党员的先进性和纯洁性,引领社会风尚,推动社会的文明进步。随着科技的发展,党性教育的方式和手段也需要不断创新。例如,利用互联网、大数据等现代信息技术手段,开展线上教育、远程教育等,使党性教育更加便捷、高效、生动。党性教育需要针对当前社会的热点问题和难点问题进行深入分析和研究,提出切实可行的解决方案和措施。例如,针对当前存在的腐败问题、环境污染问题等,加强党员的廉政教育和环保意识培养,推动社会的和谐发展。党性教育的时代性要求党性教育必须与时俱进,不断创新和发展。

第二,针对性。党性教育的针对性是指党性教育必须根据党员的思想实际、工作需要和党的任务要求,有针对性地进行教育和培养。它是党性教育的重要特点之一。党性教育的针对性主要体现在以下几个方面：一是针对党员的思想实际。党性教育必须深入了解党员的思想状况，针对其存在的思想问题，开展有针对性的教育。例如，针对一些党员存在的理想信念动摇、组织纪律松懈等问题，加强理想信念教育和组织纪律教育，帮助他们坚定信念，提高组织性和纪律性。二是针对党员的工作需要。党性教育必须根据党员的工作性质和职责要求，有针对性地进行教育和培养。例如，针对领导干部，加强领导能力和廉政教育；针对基层党员，加强群众工作和服务群众的能力培养。三是针对党的任务要求。党性教育必须紧紧围绕党的中心工作和任务要求，开展有针对性的教育。例如，在全面从严治党的背景下，加强党员的廉政教育和作风建设，推动党的建设向纵深发展。为了实现党性教育的针对性，需要采取多种措施，如深入调查研究，了解党员的思想和工作状况；制订切实可行的教育计划和方案，明确教育目标和任务；采用多种教育方式和手段，如集中培训、个人自学、交流研讨等，提高教育的实效性。

党性教育的针对性是党性教育的重要特点之一，要求党性教育必须根据党员的思想实际、工作需要和党的任务要求，有针对性地进行教育和培养，以提高党员的党性修养和素质。

第三，严肃性。党性教育的严肃性是指党性教育在内容、形式和过程上都必须保持严谨、庄重和认真的态度，不能随意化、娱乐化或形式化。它是党性教育的重要特征，也是确保党性教育取得实效的重要保障。党性教育的严肃性主要体现在以下几个方面：一是内容的严肃性。党性教育的内容必须严谨、科学，符合党的理论和路线方针政策，体现党的优良传统和作风。教育内容要经过认真筛选和审定，确保其准确性和权威性。同时，教育内容还要紧密联系党员的思想实际和工作需要，具有针对性和实用性。二是形式的严肃性。党性教育的形式必须庄重、正式，符合党的形象和要求。教育形式要遵循党的组织原则和纪律要求，采用集中培训、专题研讨、座谈交流等方式进行。在教育过程中，要严格遵守党的政治纪律和政治规矩，保持教育的秩序和纪律。三是过程的严肃性。党性教育的过程必须认真、细致，注重实效。在教育过程中，要深入了解党员的思想状况和实际需求，制订切实可行的教育计划和方案。同时，要加强教育管理和监督，确保教育计划的落实和教育目标的实现。在教育结束后，还要进行认真的总结和评估，总结经验教训，不断完善和提高党性教育的质量和效果。

三、党性教育与党性修养

党性教育与党性修养既有区别又有着密切的关联。

(一) 党性修养的内涵

党性修养是指共产党员在政治、思想、道德品质和知识技能等方面,按照我们党的党性原则进行的自我教育、自我锻炼、自我改造和自我完善的过程。"修养"一词在中国古老的文化中存在久远,它最初的意思,是指通过内心的反省,培养一种完善的人格。"自天子以至于庶人,壹是皆以修身为本。"儒家的经典著作和古人的著作中,都包含了许多这样的观点。我国古代的文人雅士,无不以"修身,齐家,治国,平天下"为己任。这里,"修身"是第一位的。但是,我们共产党人所说的"修养",虽然包含了中国古代文化中的一些有益成分,但绝不等同于古人所说的"修身养性",而是与完成伟大任务、实现伟大目标紧密联系在一起的,是一个自觉改造自己主观世界的过程,是一个使自己的情操、风格、精神境界和言论行动更加符合客观世界发展规律、永远保持先进性的过程。一般而言,中国共产党所倡导的党性修养包括六个方面:理论修养、政治修养、思想道德修养、文化知识和业务能力修养、作风修养、组织纪律修养。这六个方面的统一,构成了工人阶级先锋战士所必需的基本素质要求。

党的先进性是具体的历史的,而作为党的先进性的集中体现的党性及党性修养,其内涵和要求也应该是具体的历史的。从本质上讲,无产阶级政党的党性具有相对的稳定性。比如:坚持马克思主义的科学世界观;坚持共产主义的理想和信念;坚持全心全意为人民服务的宗旨;坚持民主集中制的原则等。这些,构成了无产阶级政党党性的基本原则。但是,坚持无产阶级政党的党性,不仅要坚持党性的基本原则,还要把握党性的时代特征。在不同的历史时期和阶段,由于客观形势的发展和党的任务的变化,党性原则的具体要求也会发生显著的变化。党性的基本原则,比如全心全意为人民服务的宗旨,高度的组织纪律性等原则,在不同的历史条件下,都会有具体的、特定的内涵。例如:在革命战争年代,党的主要目标任务是推翻"三座大山",建立人民民主政权。这种时代的要求和当时中国的实际,要求共产党人必须同"反动派"进行殊死的搏斗。那么,那个时期共产党的党性的具体要求应该表现为一种特有的"牺牲精神",于是就有了"砍头不要紧,只要主义真"的大无畏的革命英雄主义精神。总结我们党执政多年的实践经验,在执政条件下,共产党的党性应该突出表现为能否过好权力关、地位关和名利关,集中体现在代表中国先进生产力的发展要求,代表中国先进文化的前进方向,代表中国最广大人民的根本利益,把坚持党的先进性和发挥社会主义制度的优越性落实到发展先进生产力、发展先进文化、实现最广大人民的根本利益上来,推动社会全面进步,促进人的全面发展。

(二)党性教育与党性修养的关系

党性教育与党性修养是相辅相成的,两者相互支撑,相互促进。党性教育是提高党员思想修养、党性锻炼、素质养成的根本途径,是有组织的集体修炼。而党性修养则是党员个体的自我教育、自我锻炼、自我改造和自我完善的过程。

党性教育必须通过党性修养才能发挥作用。党性教育的效果取决于党员是否真正将教育内容内化为自己的信仰、价值观和行为准则,这需要党员通过党性修养来实现。党员在接受党性教育的过程中,需要自觉地将学到的理论知识与实践相结合,通过自我净化、自我完善、自我革新、自我提高,将教育内容转化为自己的党性修养。

党性修养也离不开党性教育的引导和规范。党员个体的自我教育需要在党的指导下进行,需要遵循党性原则和党的纪律要求。同时,党性教育也为党员提供了学习的内容、方向和目标,帮助党员明确自己的责任和使命,增强党性修养的自觉性和主动性。因此,党性教育和党性修养相互支撑,相互促进。

党性教育与党性修养在加强党性锻炼、提高党员素质方面都有着重要作用,但它们在概念、实施方式和目标上存在一定的区别。

第一,概念上的区别。党性教育是由政党组织发起的,有目标、有计划、有规模地开展的党内教育活动。它旨在通过外在力量提升全体党员的政治素养与党性修养。而党性修养则是党员个体依据自己的学习规划、工作任务和要求进行理论学习和实践锻炼的自觉行为,它更侧重于党员的自我教育、自我锻炼和自我提高。

第二,实施方式上的区别。党性教育通常通过集中学习、培训、宣讲等方式进行,强调组织和集体的作用,由专业人员进行引导和指导。而党性修养则是党员个体在日常工作和生活中,通过自我学习、实践锻炼和反思总结等方式进行,更注重党员的自我管理和自我教育。

第三,目标上的区别。党性教育的目标是通过外在的教育活动,使党员掌握党的理论知识、路线方针政策和党的优良传统,增强党员的党性观念和组织纪律性。而党性修养的目标则是通过党员个体的自我教育和自我锻炼,使党员将党的理论知识内化为自己的行动自觉,提高党员的思想觉悟和道德品质,从而更好地履行党员的职责和使命。

总的来说,党性教育与党性修养是相互支撑的,两者不能各自孤立存在,而是相互促进、相辅相成的。党性教育为党性修养提供理论支撑和指导,而党性修养则是党性教育的具体实践和体现。

四、年轻干部的党性教育与后继有人的关系

抓好后继有人这个根本大计,必须源源不断培养选拔德才兼备、忠诚干净担当的高素质专业化干部特别是优秀年轻干部。年轻干部的党性教育与后继有人之间存在着密切的关系。党性教育是培养优秀年轻干部的基石,是确保党和人民事业后继有人的关键所在。

第一,党性教育对于年轻干部的成长和发展具有至关重要的作用。通过党性教育,年轻干部能够树立正确的世界观、人生观和价值观,增强政治意识、大局意识、核心意识、看齐意识,坚定理想信念,强化责任担当,锤炼为民情怀和务实作风。这不仅有助于年轻干部在工作中发挥积极作用,为实现党和人民事业做出贡献,同时也为他们未来的成长奠定坚实的基础。

第二,年轻干部是党和人民事业的接班人。通过党性教育,年轻干部能够全面深入地了解党的理论、路线、方针和政策,继承和发扬党的优良传统和作风,提高自身综合素质和能力水平。这样,年轻干部才能更好地适应时代发展的要求,应对复杂多变的国内外环境,担当起党和人民赋予的历史重任。

第三,党性教育也是确保党和人民事业后继有人的重要保障。通过加强党性教育,培养出忠诚干净担当的高素质年轻干部队伍,为党和人民事业的持续发展提供强有力的人才支撑。只有这样,党和人民事业才能够不断向前推

进,始终保持旺盛的生机与活力。

综上所述,年轻干部的党性教育与后继有人之间存在着密切的关系。通过加强党性教育,培养出优秀的年轻干部,确保党和人民事业后继有人,是当前党和国家事业发展的重要任务。只有不断加强党性教育,提高年轻干部的思想政治素质和综合能力水平,才能够为党和人民事业的发展提供源源不断的人才动力。

第一章
年轻干部党性教育的理论遵循

任何理论的发展都有其源头,也都是基于现有理论的基础之上进行创新发展的。年轻干部党性教育的理论之基来源于马克思、恩格斯、列宁、不同时期中国共产党人的党性教育思想以及习近平总书记关于党性教育的重要论述。

一、马克思主义经典作家关于党性教育的重要论述

马克思主义是中国共产党的指导思想,为我们党提供了解决问题的科学世界观和方法论。中国之所以能够取得今天如此大的成就,离不开马克思主义理论的指导。在建立无产阶级政党以及领导政党建设的过程中,马克思、恩格斯和列宁等经典作家都十分重视党性教育,提出了一系列关于党性教育的科学理论,这些理论内涵丰富、价值显著,为我们党进行党性教育提供了科学指南。马克思主义经典作家关于党性教育的重要论述,是年轻干部党性教育的理论基础,我们要从中国实际出发,对其进行丰富和发展,从而形成具有中国特色的党性教育理论。

(一)马克思、恩格斯关于党性教育的思想

马克思和恩格斯在指导工人阶级政党革命运动时,很早就注意到了党性问题并给予了高度重视,他们立足于不同维度与视野,对党性这一无产阶级政

党无法回避、必须回答的根本性问题发表了最早的阐述,涉及了党性的内涵、党性教育和党员干部的党性要求等多个方面,为无产阶级革命运动和政党建设,提供了有力的理论指导。

第一,党性具有阶级性和先进性。政党是一定阶级的利益代表,这就决定了它必然是为了维护特定阶级的利益而存在的,超阶级的政党是不存在的,否则,它在阶级社会就没有存在的基础。无产阶级政党是无产阶级的政治代表,是以马列主义为指导建立起来的政党,其本质必然是维护无产阶级的根本利益,最终目的是实现共产主义。离开了无产阶级这个基础,无产阶级政党就失去了阶级属性,无产阶级党性也就不复存在。因此,党性是无产阶级政党阶级性、先进性本质的集中体现,坚持党性就是要坚持党的先进性、阶级性。

马克思、恩格斯十分重视党的阶级性和先进性,他们认为,党性代表了无产阶级意志,保持党的先进性就是无产阶级党性最基本的体现。恩格斯曾明确指出,在阶级社会中,任何政治学说都有其阶级性的问题。因此,《共产党宣言》开篇就提到,共产党员的先进性体现在,在革命运动的各个发展阶段上,他们始终代表整个运动的利益[1]。无产阶级要想在与资产阶级斗争中取得胜利,决不能靠侥幸和偶然,一定要建立一个先进的政治组织,这个组织是代表无产阶级共同利益的,而能够进入这个组织的人也是最先进的,是坚持党性原则的先进共产党人。马克思、恩格斯还指出:"在实践方面,共产党人是各国工人政党中最坚决的、始终起推动作用的部分;在理论方面,他们胜过其余无产阶级群众的地方在于他们了解无产阶级运动的条件、进程和一般结果。"[2]可见,党性与党的阶级性、先进性紧密相连,没有党的阶级性、先进性,党性也就无从谈起。

在此基础上,马克思、恩格斯还认为,在无产阶级政党属性中,党性和人民性也具有内在统一性。《共产党宣言》明确指出,无产阶级运动是为了从压迫中解放出来,为大多数人谋利益的运动[3]。这是对无产阶级解放和全人类解放之间关系的进一步说明,体现了共产党的党性与人民性内在统一的本质特征。

第二,在理论宣传中贯彻党性原则,坚持党性教育。马克思和恩格斯认为,任何一个政党都离不开科学的理论指导,无产阶级革命要想成功,就必须

---

[1] 王涛:《马克思、恩格斯与"党性"概念的提出》,《上海党史与党建》2012年第7期,第9—12页。
[2] 《马克思恩格斯选集》第1卷,人民出版社2012年版,第413页。
[3] 马克思、恩格斯:《共产党宣言》,人民出版社2014年版,第7页。

以科学的理论作为其行动指南。他们在不断的探索和实践中发现，只有坚持科学社会主义才能实现全人类的解放事业，所以他们重视理论教育，重视思想建党，并从建党之初就高度重视党性教育的问题。马克思和恩格斯率先确立了马克思主义理论的党性原则，即唯物主义的基本方向，《共产党宣言》就是他们教导共产党人进行党性教育的第一本教科书，也是其最初的理论基础。马克思还指出，"最先进的工人完全了解，他们阶级的未来，从而也是人类的未来，完全取决于正在成长的工人一代的教育"[1]，因此"共产党一分钟也不忽略教育工人尽可能明确地意识到资产阶级和无产阶级的对立"[2]。在马克思主义的指导下，先后出现了各种革命团体，但由于受错误思想的干扰比较严重，许多革命团体并不是很成熟。恩格斯就曾经批判过德国的社会主义"在理论领域中没有党性"[3]，模糊了自身的阶级性，失去了自身的精神力量。这表明，任何一种思想理论如果丧失党性原则，就是抛却政治活动和理论自觉的阶级性，等同于失去生命和灵魂。

对此，马克思和恩格斯总结各国党的建设经验，再一次强调了党性教育的重要性，强调要组织党员进行理论学习，正如恩格斯所说："如果工人没有理论感，那么这个科学社会主义就决不可能像现在这样深入他们的血肉。"[4]可以说，马克思和恩格斯很早就意识到了党性教育的重要性，并给予了很高的关注。同时，他们还将党性问题延伸至政党层面。马克思曾高度赞扬无产阶级具备的党性原则和合作精神，谈道："在巴黎，在社会党内，党性和团结精神仍然占着统治地位。"[5]之后，《共产党宣言》提到的"共产党人从不屑于隐瞒自己的观点和意图"[6]，更是无产阶级政党成员党性立场的生动体现。

第三，坚守党性是党员干部的基本要求。人的思想会受到主客观因素的影响而不断变化，由此决定了思想认识、思想觉悟的提高是一个循序渐进的长久过程。对于一个共产党员来说，履行完入党手续只代表着组织入党，组织入党一时，思想入党一世，是否真正从思想上入党还需要长期加强自我修养和党性锻炼，思想上入党的过程就是不断增强党性的过程。因此，马克思、恩格斯

---

[1] 《马克思恩格斯全集》第16卷，人民出版社1964年版，第217页。
[2] 《马克思恩格斯选集》第1卷，人民出版社2012年版，第434页。
[3] 《马克思恩格斯全集》第2卷，人民出版社1957年版，第659页。
[4] 《马克思恩格斯选集》第3卷，人民出版社2012年版，第36页。
[5] 《马克思恩格斯全集》第30卷，人民出版社1975年版，第305页。
[6] 《马克思恩格斯选集》第1卷，人民出版社2012年版，第435页。

强调思想上入党的重要性,他们要求加入进来的成员一定要"承认共产主义",并且"生活方式和活动必须符合同盟的目的"①。从这个意义上来说,提高党性是党员真正从思想上入党的根本途径。

在革命运动中,面对小资产者和农民的大量进入,恩格斯认为这会对运动产生一定的危险,如果无产阶级对其他阶级的思想和愿望有所妥协或让步,那就会"丧失自己的历史的领导使命"②。对此,马克思、恩格斯特别强调,其他阶级出身的人在参加无产阶级运动时,必须要"无条件地掌握无产阶级世界观"③。在面对各阶级的革命分子入党问题时,马克思、恩格斯主张要严格把关,并且一定要用无产阶级的思想来改造好他们,从而防止他们将非无产阶级的思想带到党内来,对党造成不好的影响。

此外,马克思、恩格斯还认为,讲党性不讲派性是选干部的重要标准。以实现局部的少数人的利益为出发点和根本目标的宗派主义对加强党的团结和统一,维护党和人民血肉联系方面危害极大,是干部党性缺乏,党性不纯的突出体现。因此,马克思、恩格斯多次强调要反对宗派,马克思在《1871 年 9 月 17 日至 23 日在伦敦举行的国际工人协会代表会议的决议》中明确规定:"所有分部、支部和小组,今后不得再用宗派名称"。在实践中,马克思、恩格斯同巴枯宁主义者等各类宗派进行了卓绝斗争,保持了党的统一。

从马克思、恩格斯关于党性的论述中可以看出,他们对党性本质的理解包括两条思路:一是党员层面的党性,这是每一位党员都应普遍遵守的准则;二是政党组织层面的党性,这是对无产阶级政党利益指向和集体行为的规范。党员个体层面的党性与政党层面的党性是个性与共性的关系,这为后来无产阶级政党的政治建设提供了理论引导。

(二) 列宁关于党性教育的思想

马克思主义经典作家关于党性教育的论述,是在列宁这里开始成熟定型的。列宁的党性教育理论是在创建和领导俄国无产阶级政党的实践中产生的,其主要从党的阶级立场、理论水平、组织纪律等方面来强调要加强党性教育。

---

① 《马克思恩格斯选集》第 4 卷,人民出版社 1995 年版,第 397 页。
② 《马克思恩格斯选集》第 4 卷,人民出版社 1995 年版,第 639—640 页。
③ 《马克思恩格斯选集》第 3 卷,人民出版社 1995 年版,第 685 页。

19世纪末20世纪初,资本主义国家逐渐进入帝国主义阶段,国际共产主义运动面临严峻的形势。在俄国,沙皇专制统治下的社会矛盾激化,在这种背景下,建立坚强的革命领导核心成为迫切需要解决的问题。俄国社会民主工党是俄国无产阶级政党,其早期组织松散、纪律松弛,党员素质普遍不高,这给党的建设和革命事业带来了很大的困难。列宁意识到,要使党成为坚强的领导核心,必须加强党员的党性教育,提高党员的政治素质和组织纪律性。因此,列宁关于党性教育的思想主要是在创建和领导俄国无产阶级政党的实践中产生的。

第一,党性具有鲜明的阶级性。列宁认为,"党性是高度发展的阶级对立的结果和政治表现"①,共产党人是工人阶级中觉悟最高的先进分子,这部分人既有阶级的共性,又有先锋队的特性。马克思主义政党作为无产阶级政党,阶级的先进性决定了党性的先进性,但马克思主义政党的党性不完全等同于阶级性,它是高度发展升华了的阶级性。列宁继承了马克思和恩格斯的党性与阶级性、先进性相统一的观点。

列宁强调了党性的阶级性基础,他指出:"严格的党性是阶级斗争高度发展的伴随现象和产物。反过来说,为了进行公开而广泛的阶级斗争,必须发展严格的党性。"②这意味着,党性不仅体现了无产阶级的阶级立场和利益,而且是在阶级斗争的实践中形成的。列宁还明确了党性和非党性的界限。他认为"非党性是资产阶级思想,党性是社会主义思想"③,只有坚持社会主义立场,才能体现出真正的党性。列宁还强调了增强无产阶级党性的重要性。他指出:"觉悟的无产阶级的政党——社会民主党,完全应该随时同非党性作斗争,坚持不懈地为建立一个原则坚定的、紧密团结的社会主义工人政党而努力。"④列宁对党性具有鲜明的阶级性的相关论述体现了他对阶级立场的重视、对社会主义思想的坚持。

第二,无产阶级政党要具备一定的理论水平。列宁认为只有用先进理论指导无产阶级政党,这一先进组织的先进性才能够得到充分的体现和发挥⑤。无产阶级政党的理论水平是至关重要的,因为它关乎政党的思想统一和行动

---

① 《列宁全集》第3卷,人民出版社1987年版,第301页。
② 《列宁选集》第1卷,人民出版社2012年版,第672页。
③ 《列宁选集》第1卷,人民出版社2012年版,第676页。
④ 《列宁选集》第1卷,人民出版社2012年版,第672页。
⑤ 《列宁选集》第1卷,人民出版社2012年版,第242页。

一致。只有具备高度的理论水平,无产阶级政党才能正确地认识世界和改造世界。同时,列宁也强调了理论和实践的结合。他认为,无产阶级政党的理论水平不仅体现在对马克思主义理论的掌握上,更体现在将这些理论转化为实践的能力上。只有将理论与实践紧密结合,才能真正发挥理论的作用,推动革命事业的发展。为了提高无产阶级政党的理论水平,列宁主张加强对党员的思想教育,提高党员的理论素养和思想觉悟。因此,列宁认为无产阶级政党要具备一定的理论水平,并且要注重理论和实践的结合。

第三,党性是政治开展的条件和标志。列宁把党性提高到政治的高度提醒全党予以重视,指出:"党性既是政治开展的条件,也是政治开展的标志"①。他认为,为了建立一个集中统一的马克思主义政党,首先要把那些完全献身革命、在理论和实践方面最有修养、对革命最忠诚、同无产阶级保持密切联系的职业革命家组织起一个中央领导核心,使党能够成为既有坚强领导,又有广泛群众基础的党,从而成为不可战胜的党。为此,他提出了"打倒无党性论"的口号,指出:"无党性论无论何时何地都是资产阶级的武器和口号……但是,无论何时何地,我们也不应当削弱我们的严格的党性。"②为了有效地开展革命斗争,无产阶级政党必须有严格的党性。因此,列宁认为"严格的党性是高度发展的阶级斗争的随行者和结果"③,他要求全体党员特别是党员干部一定要维护原则,并要为了维护广大群众的利益不能仅仅停留在口头上,而是要切实采取行动,使他们逐渐摆脱各种资产阶级思想的影响,并且要"有明确的思想、明确的观点和原则性的路线"④。

第四,高度重视党性教育。加强党性教育是党的思想建设的中心环节,列宁曾经指出:"我们的任务是要保护党的巩固性、坚定性和纯洁性。"⑤因此他十分重视加强党性教育,认为要想在阶级斗争中取得胜利,就必须要有严格的党性。他也十分重视理论教育的指导作用,他认为:"没有革命的理论,就不会有革命的运动。"⑥工人的运动离不开科学社会主义理论的指导,要建立一个具有最坚强党性的政党,就必须要加强理论的学习,通过加强党性教育从而建设一

---

① 《列宁全集》第 24 卷,人民出版社 1988 年版,第 465 页。
② 《列宁全集》第 10 卷,人民出版社 1988 年版,第 41 页。
③ 《列宁全集》第 1 卷,人民出版社 1988 年版,第 656 页。
④ 《列宁全集》第 17 卷,人民出版社 1988 年版,第 366—369 页。
⑤ 《列宁全集》第 6 卷,人民出版社 1988 年版,第 458 页。
⑥ 《列宁选集》第 1 卷,人民出版社 2012 年版,第 311 页。

个不可战胜的无产阶级政党。此后,列宁在总结俄国布尔什维克党建设经验的基础上,又明确提出要不断提高党员质量,提高党员自身素质。他还突出强调要注重对全体党员进行普遍的思想政治教育,特别是做好新入党青年党员的思想教育工作等。

第五,加强党性教育是党的组织建设的重要保证。一方面,加强党性教育,能够提高党员干部的思想觉悟,统一思想,步调一致,为党的组织统一奠定基础。列宁指出:"没有思想上的统一,组织统一是没有意义的。"[①]只有思想上统一了,组织上的统一才能建立在高度自觉的基础之上。另一方面,加强党性教育,有利于落实民主集中制,开展好党内政治生活。通过加强党性教育,能够提升党的干部党性修养,才能使之更好地处理党员个人与组织之间、党员与党员之间、地方与中央之间的关系,才能正确处理党内出现的分歧与矛盾,保证党内政治生活的正常开展,更好地落实民主集中制。因此,党性教育是党的组织建设的重要保证。

第六,加强党性教育与党的纪律建设的重要关系。一方面,加强党性教育有利于维护和加强党的纪律。另一方面,无产阶级政党的党性也要依靠严格的组织纪律来加强。列宁强调:"无产阶级的无条件的集中制和极严格的纪律,是战胜资产阶级的基本条件之一。"[②]战胜资产阶级的先决条件,就是无产阶级要无条件服从组织纪律。只有严格党的组织纪律,无产阶级政党才能夺取革命胜利的果实。基于此,列宁对维护党的集中统一、严格党的纪律提出了三点要求:第一,党要按照民主集中制原则行事;第二,党要加强与无产阶级最广大劳动群众的联系;第三,党要坚持正确的政治领导。列宁认为无产阶级政党的党性要靠严格党的组织纪律性来加强,这不仅包括遵守党的章程和规定,也包括党员的自我教育和自我管理。

二、不同时期中国共产党人关于党性教育的重要论述

不同时期中国共产党人关于党性教育的重要论述,是马克思主义党性教

---

① 《列宁全集》第5卷,人民出版社1988年版,第247页。
② 列宁:《共产主义运动中的"左派"幼稚病》,人民出版社1949年版,第4页。

育理论在中国革命、建设和改革过程中的应用与发展。在这漫长的奋斗历程中,经过奠基、弘扬、丰富,形成了中国化的马克思主义党性教育思想。这些不同时期的思想是一脉相承、与时俱进的,是习近平总书记关于党性教育重要论述的深厚理论基础。

(一)毛泽东关于党性教育的思想

毛泽东关于党性教育的思想在中国共产党的历史中占据着重要的地位。他的党性教育理念贯穿于中国革命时期和建设时期,为培养党员的忠诚、纪律和革命意识提供了理论指导。同时,毛泽东也是马克思主义党性教育理论中国化的奠基人,他关于党性教育的主要思想表现在以下几个方面。

第一,强调党性是阶级性最高的表现。毛泽东继承了列宁关于党性反映政党阶级属性的观点,将颇为抽象的党性概念加以具体化,回答了"党性是什么"的问题。毛泽东认为,党性是一种彻底的阶级性,根植于无产阶级的优秀品格之中,党员只有站稳无产阶级立场,才能坚持党性。1942年3月,毛泽东在中共中央政治局会议上强调,"党性是一种科学,是阶级性的彻底表现,是代表党的利益的"①,明确指出了党性的阶级属性。毛泽东指出:"我们是站在无产阶级的和人民大众的立场。"②从中可以看出党性问题的本质是立场问题,因为党性不仅仅是对党组织的一种归属和信仰,更是对党的立场和方向的坚定表达。党性问题的关键在于立场的坚定。一个真正具有良好党性的党员,应当在任何情况下都坚定地站在党和人民的立场上,积极支持党的决策和部署,不受外部干扰和诱惑。党性问题的重要性在于,它直接影响到党的团结统一和事业发展的前进方向。只有党员具备良好的党性,才能更好地履行党员的责任和义务,为党的事业发展贡献力量。可以看出毛泽东认为党性问题就是立场问题。

第二,无产阶级政党党性表现为实事求是的学习态度。毛泽东在《改造我们的学习》一文中,阐明了主观主义和马克思主义两种相互对立的态度。毛泽东指出"党性不纯的一种表现"③就是主观主义。同时,他也批判了一些党员同

---

① 中共中央文献研究室:《毛泽东年谱(1893—1949)》(修订本)中卷,中央文献出版社2013年版,第367页。
② 《毛泽东选集》第3卷,人民出版社1991年版,第848页。
③ 《毛泽东选集》第3卷,人民出版社1991年版,第800页。

志"唯上""唯书"的教条主义思想。针对党内存在的这些问题,毛泽东提出了思想教育也不能脱离现实,要坚持从实际出发、理论联系实际、实事求是的思想路线。这表明,中国共产党纯洁的党性就体现在马克思主义的科学态度上,而这种科学态度正是实事求是,理论与实际密切联系,缺失了实事求是的科学态度就是党性缺失。毛泽东认为党性表现为实事求是的学习态度是非常重要的,它体现了无产阶级政党的坚定信仰、求真务实的工作作风以及对于改造世界的坚定信念。毛泽东强调了实事求是作为党性的重要组成部分,要做到理论和实践相统一,从而增强党性。所以,无产阶级政党要克服非无产阶级意识,坚持实事求是的学习态度,做到理论和实践相统一,从而增强党性。

第三,强调始终将人民群众的利益放在首位。党性是党员干部立身、立业、立言、立德的基石,毛泽东坚持辩证唯物主义和历史唯物主义知行统一的认识论、实践论,并将其贯彻在知、信、行相统一的党性观中,他指出:"共产党员无论何时何地都不应以个人利益放在第一位,而应以个人利益服从于民族的和人民群众的利益。"[1]共产党员要具备党性,就要牢记不论做什么工作,身处什么职位,都是人民的公仆,都要履行公仆的职责。毛泽东在《反对自由主义》一文中明确了一个共产党员所应具备的精神品格,就是应该光明磊落、忠厚老实、积极工作,把革命利益放在首位。为此,他主张在为人民群众服务的伟大实践之中增强党性,并强调人的正确思想"只能从生产斗争、阶级斗争和科学实验这三项社会实践中来"[2]。

第四,党性教育是解决党员思想入党问题、增强党的先进性和纯洁性的必然要求。先进性和纯洁性是马克思主义政党的本质属性。加强党性教育能够增强党员党性,永葆党的先进性和纯洁性。新民主主义革命时期,由于党的组织基础最大部分由农民和其他小资产阶级出身的成分构成,部分党员虽然在组织上入党,但"思想上并没有完全入党",残存着非无产阶级思想,"有些人就是一辈子也没有共产党员的气味"[3]。为了解决思想入党问题,保持党员队伍先进性和纯洁性,毛泽东认为需要加强党的思想建设,把党性教育贯彻到党的建设始终,通过对党员的党性教育来提高他们的党性修养。他提出"需要在思

---

[1] 《毛泽东选集》第3卷,人民出版社1991年版,第522页。
[2] 《毛泽东文集》第8卷,人民出版社1999年版,第386页。
[3] 《毛泽东选集》第3卷,人民出版社1991年版,第875页。

想上整顿,需要展开一个无产阶级对非无产阶级的思想斗争"①,从而彻底纠正党内存在的各种非无产阶级思想。所谓思想斗争,就是指通过开展党性教育"破除资产阶级思想、小资产阶级思想的影响……才能够有马列主义的党性"②,肃清党内错误思想,筑牢党员信仰之基,保持党员队伍的先进性和纯洁性。他发表了《关于纠正党内的错误思想》,指出了要通过对党员加强教育来纠正党内错误思想。毛泽东在延安整风中进一步明确指出有的党员还存在组织上入党,但思想上并没完全入党的问题。这个判断为及时做好干部党性教育工作指明了努力方向。

第五,党性教育是巩固党的团结统一、增强战斗力的重要保障。团结统一是无产阶级政党建党的重要原则,维护党的团结和集中统一是我们党取得胜利的重要法宝。1937年5月,毛泽东在延安召开的中国共产党全国代表会议上指出:"只有经过共产党的团结,才能达到全阶级和全民族的团结……完成民族和民主革命的任务。"③为了应对当时党内存在的山头主义,毛泽东提出要"巩固党的组织和党内的团结与统一","严厉地批评与纠正一切小组织的行动",要"加强对于党内原则的教育"④。这里的"党内原则的教育",其实就是加强党内团结的党性教育。毛泽东认为,加强党性教育是增强党员纪律性,保持党的团结统一和提高党组织战斗力的关键所在。皖南事变爆发后,毛泽东也要求全党重视"党员的党性教育与党性学习"⑤,通过党性教育增强政治意识,促进广大党员在思想上行动上同党中央保持高度一致,巩固党的团结统一。

(二)邓小平关于党性教育的思想

邓小平关于党性教育的思想在此前的基础上进一步进行了发展,他主要从反对派性、"解放思想,实事求是"、注重思想教育工作等方面来阐述党性教育。

第一,强调增强党性必须消除派性。邓小平强调增强党性必须消除派性,

---

① 《毛泽东选集》第3卷,人民出版社1991年版,第875页。
② 《毛泽东文集》第2卷,人民出版社1993年版,第426页。
③ 《毛泽东选集》第1卷,人民出版社1991年版,第278页。
④ 中共中央文献研究室:《建党以来重要文献选编(1921—1949)》第15册,中央文献出版社2011年版,第264页。
⑤ 中共中央文献研究室:《建党以来重要文献选编(1921—1949)》第18册,中央文献出版社2011年版,第70页。

这体现了他对于党内团结和集中统一的重视,以及对党的领导核心地位的坚决支持。消除派性是指消除党内的小集团和派别,防止派别斗争和个人崇拜等不利于党内团结和集中统一的现象。邓小平认为,消除派性是党性教育的重要内容之一,是增强党员的政治觉悟和党性修养的关键。他指出,派性是党的大敌,是阻碍党内团结和集中统一的主要因素,必须坚决加以清除。消除派性要求全党同志树立正确的政治观点,增强党性意识,坚决维护党的团结统一,反对任何形式的派别斗争和个人崇拜。

他积极进行拨乱反正,解放思想,实事求是,投入大量精力抓消除派性的问题,强调"每个干部都要把党性放在第一位"[1],不能搞派性。他认为只有增强共产党员的党性,才能抵制错误思想,提高党员自身素质。对此,他进一步强调:"所有共产党员都要增强党性,遵守党的章程和纪律。"[2]邓小平还认为"以人划线""以派划线"来用干部都是违背原则的,因此他把讲党性不讲派性作为选拔干部的重要标准,在领导干部选用方面提出了高要求。他认为领导干部不能让那些不讲党性、搞派性的人来当,否则,党和国家的事业就会遭到严重损害。此外,他还提倡广大党员干部都要积极主动地参与到党性教育的活动中来,自觉接受人民监督,主张以法律为依据开展党性教育活动,增强党员党性。邓小平的这些观点,凸显了讲党性对于党的领导、党的事业的重要性。

第二,强调突出解放思想和实事求是的精神。邓小平强调党性中解放思想和实事求是的精神是指在党性教育中,要坚持解放思想和实事求是的原则,不断推动党员和干部增强政治觉悟、锤炼工作作风,以更加开放和务实的态度应对党面临的各种问题和挑战。他认为思想僵化导致随风倒的现象增多,这是对共产党员党性的违背[3]。因此,他认为党性教育要鼓励党员和干部敢于思考、勇于创新,不断开拓进取,摆脱僵化和守旧思想,勇于拥抱新思想、新理念,从而更好地适应时代的发展和党的事业的需要。党性教育要坚持从实际出发,联系实际、解决实际问题,不断提高党员和干部的工作作风和能力,真正做到理论联系实际、实事求是,不断推动党的事业不断向前发展。邓小平主张在党性教育中要树立开放的思想态度,鼓励党员和干部勇于接受各种不同的观点和意见,倾听群众的声音,积极吸收各种新鲜的思想和经验,不断开阔视野,

---

[1] 《邓小平文选》第2卷,人民出版社1994年版,第2页。
[2] 《邓小平文选》第3卷,人民出版社1993年版,第46页。
[3] 《邓小平文选》第2卷,人民出版社1994年版,第142页。

拓展思维,从而更好地适应党的事业发展的需要。邓小平还曾批评一些干部在工作中说话做事随风倒,不讲党性原则。他认为思想僵化导致随风倒的现象增多,这是对共产党员党性的违背。因此,邓小平鼓励全党要从实际出发,理论联系实际,勇于思考、勇于开动脑筋,这样党和国家的事业才会焕发生机,大步向前。

第三,注重思想政治工作。随着社会主义市场经济的不断发展,党内腐败问题频频出现,这也对加强党的思想政治工作提出了更为迫切的需求。1983年10月,在中央整党议题中,针对党内残余问题和在新的历史发展条件下产生的消极的东西,邓小平指出:"对大多数党员来说,是通过思想教育,增强党性。"[1]邓小平非常重视思想政治工作,通过强化党内思想政治工作来强化党员和干部的思想政治建设,提高其政治觉悟和党性修养。重视年轻干部的思想教育,对其进行理论武装、政治教育、思想引导和道德建设等方面的工作,有利于不断提高党员和干部的思想政治素质,增强党的凝聚力和战斗力,为改善党群关系、实现党内党风好转提供了根本保证。

(三)江泽民关于党性教育的思想

20世纪80年代末,党中央将"建设一个什么样的党、怎样建设党"视为决定党和国家命运的重大而紧迫的问题。针对党内外、国内外的严峻形势,党中央认真总结党建工作的经验与教训,高度重视党性教育。江泽民紧密结合时代发展的新形势,立足于我国改革开放和现代化建设的新实践,对党性教育继续进行探索,不断地充实党性教育内容,构建起了党性教育体系。

第一,坚持党性原则是坚持党性和人民性相统一。这同马克思主义经典作家以及毛泽东、邓小平所倡导的党性原则是一脉相承的,共产党员的一切行动都要从党和人民的利益出发。党的十三届六中全会通过的《中共中央关于加强党同人民群众联系的决定》指出,"共产党员如何对待群众,是一个根本的立场问题,世界观问题,党性问题"[2],改善党群关系就要坚定不移加强廉政建设,在党内进行马克思主义群众观以及党的群众路线的教育。这就从党性的高度来要求全党始终保持同人民群众的血肉联系。党的十五届六中全会通过

---

[1]《邓小平文选》第2卷,人民出版社1994年版,第38页。
[2]《中共中央关于加强党同人民群众联系的决定》,《党建》1990年第6期,第4—7页。

的《中共中央关于加强和改进党的作风建设的决定》以密切党同人民群众联系为核心,提出"八个坚持、八个反对",着力解决党的思想作风、工作作风、生活作风等问题,保持党的先进性和纯洁性。

第二,强调加强共产党员的理论学习教育。中国共产党是工人阶级的先锋队,用先进的理论武装全党,是我们党永葆先锋队本色的必然要求。江泽民认为,理论学习教育是提高党员政治觉悟和党性修养的重要途径,也是加强党的思想建设和组织建设的关键举措。"拒绝用先进理论武装头脑的人,就不会有真正的党性"①,学习先进理论是年轻干部提高政治觉悟和党性修养的前提。对此,江泽民提出了"三个代表"重要思想,创新了马克思主义中国化的理论,并将这一思想作为党员党性教育的重要内容。"三个代表"重要思想科学回答了在新的历史时期我们党应如何进行党的建设,以更好地保持党的先进性和纯洁性。他的提倡和号召下,党中央先后开展了学习邓小平理论和"三个代表"重要思想的活动,以学习党的创新理论为重点,在具体运作上既借鉴了以往成功经验,又有所创新,为此后党中央继续用发展着的马克思主义武装全党、指导实践提供了范例和经验。

第三,在党的思想建设中凸显党性教育。在社会主义市场经济条件下,江泽民提出要把党性教育贯穿思想建设之中,他指出:"加强党的思想建设,要在全党系统地深入地进行马列主义、毛泽东思想基本理论的教育,特别是马克思主义哲学教育,党的基本路线的教育,党的基本知识的教育。进行这'三个基本'教育,一定要贯穿党性教育,突出用马克思主义的世界观、方法论武装广大党员。"②凸显了党性教育在思想建设中的地位。1990年,江泽民在全国党校校长座谈会上强调"把党性教育作为党校的必修课"③。"必修课"的定位彰显了党性教育在党校教育课程体系中的重要地位,促使坚定党性成为每一位受训党员干部的必备素养。

第四,开展"三讲"教育。1998年11月,中共中央决定对县级以上党政领导干部自上而下、分期分批进行以"讲学习、讲政治、讲正气"为主要内容的党性党风教育。"三讲"教育是党中央开展党性教育的重要举措,也是党内集中

---

① 中共中央文献研究室:《十三大以来重要文献选编》中,中央文献出版社1991年版,第285页。
② 《中共中央关于加强和改进新形势下党校工作的意见》,人民出版社2015年版,第21页。
③ 中央文献研究室:《毛泽东邓小平江泽民论党的建设》,中央文献出版社、中共中央党校出版社1998年版,第30页。

教育的一种表现方式。江泽民指出,党员干部都要坚持学习马克思列宁主义、毛泽东思想、邓小平理论,集中进行讲学习、讲政治、讲正气的党性党风教育,坚定理想信念。通过这种方式,正风肃纪,使党员坚定正确政治立场,保持廉洁奉公、勤政为民的品格。

第五,注重加强领导干部的党性教育。江泽民强调改进和加强党员特别是领导干部的教育工作,要把党性教育贯穿干部思想建设工作始终,用马克思主义理论武装干部头脑。他指出,建设一支高素质的干部队伍,是我们的事业兴旺发达、国家长治久安的重要保证。提高领导干部素质,最根本、最关键的是提高其思想理论素质,也就是在领导干部中加强理论建设和理论武装。[①] 1992年中共中央发出通知,强调各级党校要把党性教育作为必修课贯穿学习始终,要注把马克思主义理论教育同坚强党性结合起来。党的十四大明确要求,党的干部要注重提升党性修养,坚强党性,努力成为落实党的路线方针政策、推进改革和发展事业、服务群众的先进分子。江泽民在提到加强干部队伍建设和防止、纠正用人上的不正之风等问题时,也强调要坚持把教育放在优先位置。

第六,强调在实践锻炼中加强党性教育。江泽民认为,在新的时代条件下谈论党性问题,要理论联系实际,体现时代要求。改革开放和社会主义现代化建设是党领导人民开启的伟大事业,也是需要党和人民共同参与的伟大实践,它为共产党员发挥作用、施展才华提供了广阔天地,也给共产党员的党性修养提出了新的内容和新的考验。共产党员只有积极投身于改革和建设的伟大实践,争做发展先进生产力的模范,争做推进先进文化的代表,努力践行党的宗旨,才能不断增强党性,永葆先进性。因此,江泽民要求干部要深入实际,深入群众,在实践中研究社会各种问题,了解国情,并将理论与实际相结合,在实践中认识世界和改造世界。[②]

(四) 胡锦涛关于党性教育的思想

在新世纪新时期,胡锦涛从新形势新问题出发,紧紧抓住党的执政能力和先进性建设这条主线,在继承中央领导集体党性教育思想的基础之上,主要围

---

① 石云霞:《马克思主义理论教育思想发展史研究》下,中国社会科学出版社2012年版,第1032页。
② 江泽民:《爱国主义和我国知识分子的使命——在首都青年纪念五四报告会上的讲话》,人民出版社1990年版。

绕党性教育的主体、党性教育的基本内容、党性问题的本质等方面来阐述党性,促进了党性教育的不断发展。

第一,强调党性教育的主体是领导干部。领导干部是党性教育的主体,是党的事业发展的中坚力量。胡锦涛指出,"党性修养是每个领导干部的终身课题"①,要求领导干部坚持不懈加强党性修养与党性锻炼,不断改造主观世界,始终保持共产党员政治本色,树立和弘扬党的优良作风,发挥党性教育中领导干部的主体作用。胡锦涛还将加强领导干部的党性修养,作为党的执政能力建设与先进性建设的重要内容,并以此为基础提出加强党性修养的总体要求。

第二,注重党员的德育教育。德与才是古今中外识人、用人之本源,也是选拔领导干部的首要条件。胡锦涛提出,要按照科学发展观,培养"德才兼备、以德为先"的干部。他要求党员尤其是领导干部要把德育摆在首位,并明确指出"'德'的核心就是党性"②。德育教育是加强党性教育的重要内容之一,是提高年轻干部的思想品德和政治素质的关键举措。胡锦涛注重党员的德育教育,强调培养党员的思想品德和政治素质,倡导党员树立正确的世界观、人生观和价值观,强调党员的社会责任感和使命感,倡导廉洁奉公、清正廉明,加强道德修养和文明礼貌教育,为党员的思想道德建设提供重要保障。

第三,强调党性问题就是作风问题。党性是内化于心、党风是外化于行,内外两个方面密切联系,相互影响。胡锦涛抓住了作风问题的本质,明确指出"领导干部作风问题,说到底是党性问题……党性纯洁则作风端正,党性不纯则作风不正"③,影响党风建设的首要因素就是党员党性的强弱。为了"以坚强党性保证党的作风建设",胡锦涛对党员的党性提出了明确的要求:做一个合格共产党员要具有鲜明的党性;要求承认并遵守党章党规的人才能入党;要求党员在工作中要发扬求真务实精神。同时,他还认为要大力增强为民、务实、清廉教育,引导全体党员加强党性锻炼,提高办事能力和思想道德修养,自觉抵制拜金主义、享乐主义,守住共产党人的底线,为党和人民奋斗终身。

第四,强调通过党性教育保持党的先进性。胡锦涛指出要加强党的先进性,就要保持共产党员的先进性。首先,他指出要严格监督党员的各项工作,

---

① 《胡锦涛文选》第3卷,人民出版社2016年版,第196页。
② 中共中央文献研究室:《十七大以来重要文献选编》上,中央文献出版社2009年版,第866页。
③ 中共中央文献研究室:《十七大以来重要文献选编》上,中央文献出版社2009年版,第850页。

加强对党员的文化教育。因为他认为党员同志武装头脑最根本的途径就是通过教育和学习,所以他提倡建立完善的思想理论体系,提升党员整体素质。其次,他强调要加强党员党性锻炼。正如他在 1995 年时曾发表的关于领导干部要带头增强党性的讲话中指出:"我们党一贯重视加强党员特别是领导干部党性锻炼,在不同历史时期,总是联系面临的形势和任务,针对党员和领导干部实际情况,提出党性锻炼的重点和要求,帮助大家提高自己的素质。"[①]因此,他要求党员要深入学习重要理论,经常开展教育实践活动,保持共产党员的先进性。他认为针对当时党内突出问题,要加强党的先进性和纯洁性建设就要开展教育活动,将党员经常性教育和集中性教育相结合。此外,他还十分重视党员干部教育培训机构的建设,包括各级党校、行政学院、干部学院等,尤其作为党性教育的主阵地的党校。

不同时期中国共产党人对于党性教育的阐释的侧重点各有所不同,但是这些领导人的思想和实践共同强调了党性教育对于年轻干部的重要性,认为只有坚持党性教育,不断提高年轻干部的思想政治觉悟和道德品质,才能够保持党的先进性和纯洁性,确保党始终保持先进性和纯洁性。

三、习近平总书记关于新时代党性教育的重要论述

党的十八大以来,习近平总书记对加强党员特别是党员领导干部的党性教育有许多重要论述,形成了完整的党性教育思想体系。习近平总书记关于新时代党性教育的重要论述,将马克思主义党性理论同党的建设实践相结合,既继承和发扬了党的光荣传统和优良作风,又创新和发展了党性修养思想,具有鲜明的中国特色和时代特征。认真学习这些重要论述,对于全党"不忘初心、牢记使命"、坚定共产主义信仰和中国特色社会主义信念、永葆生机活力,具有重要的历史和现实意义。

(一)关于新时代党性教育的地位

党性教育在年轻干部成长过程中发挥着重要作用,习近平对党性教育有

---

① 《胡锦涛文选》第 1 卷,人民出版社 2016 年版,第 162 页。

着独特的认识,对党性教育的地位也有一系列重要论述。

第一,党性是党员干部"四立"的基石。习近平对党性的地位和作用有独到的认识,他指出:"中国共产党人的坚强党性,是我们党保持先进性和纯洁性、提高领导水平和执政能力的重要保证。"①对于党员干部个人而言,党性是做一个纯正的共产党员,发挥好先锋模范作用的前提和基础,是党员干部"立身、立业、立言、立德的基石"②,党性教育"不仅能够震撼一瞬间、激动一阵子,而且能够铭记一辈子、影响一辈子"③。如果"动摇了信仰,背离了党性,丢掉了宗旨,就可能在'围猎'中被人捕获。只有在立根固本上下功夫,才能防止歪风邪气近身附体"④。

在习近平看来,党员干部严守党性,是立身、立业、立言、立德的前提条件。首先是立身。为政之道,修身为本。党员干部要以党性立身做事,把说老实话、办老实事、做老实人作为党性修养和锻炼的重要内容,敢于坚持真理,善于独立思考,坚持求真务实。党员干部只有党性坚定,才能行稳致远。其次是立业。党员干部要继承和发扬党的优良传统,贯彻实事求是的思想路线和工作路线,全心全意为人民服务。党员干部只有筑牢党性根基,才能实现建功立业。再次是立言。党员干部立言意味着提高理论素养,不仅要立马克思主义之言,也要立党的创新理论之言。其中,党性掌握立言的方向和程度,党性的强弱决定着立言水平的高低,党员干部不断加强党性修养才能立好言。最后是立德。才者,德之资也;德者,才之帅也,"对领导干部而言,党性就是最大的德"⑤。习近平强调干部的培养和选拔要坚持德才兼备、以德为先的标准,这里的"德"内涵丰富,本质上就是以坚强党性为基石的良好品德。党性是共产党人的立德之本。习近平指出:"一个人只有明大德、守公德、严私德,其才方能用得其所。"⑥党性是党员干部道德修养的重要内容。党员干部必须注重自身的品德修养,树立正确的世界观、人生观和价值观,保持高尚的道德情操和良好的生活作风,做到清正廉洁、勤政为民。

第二,党性教育是共产党人的"心学"。"心学"作为中国传统文化的重要

---

① 习近平:《在纪念万里同志诞辰100周年座谈会上的讲话》,《人民日报》2016年12月6日。
② 《习近平关于全面从严治党论述摘编》,中央文献出版社2016年版,第25页。
③ 习近平:《在全国党校工作会议上的讲话》,《求是》2016年第9期。
④ 《习近平关于全面从严治党论述摘编》,中央文献出版社2016年版,第68页。
⑤ 习近平:《在全国党校工作会议上的讲话》,《求是》2016年第9期。
⑥ 《习近平谈治国理政》,外文出版社2014年版,第173页。

范畴,习近平结合新时代党的建设中碰到的实践问题进行创新转化,赋予其新时代内涵和党性特质。习近平明确指出:"党性教育是共产党人修身养性的必修课,也是共产党人的'心学'。"①心学是中华传统文化的精华,以明代思想家王阳明为代表,主张"知行合一""致良知"。所谓良知,就是"知善知恶"。习近平把党性教育比作共产党人的"心学",就是要借鉴古人的修养方法,把"知"与"行"有机结合起来,以知促行、以行促知,通过党性教育和修养,使共产党员自觉抵制不良风气的侵蚀,从而永葆共产党人的先进性和纯洁性。习近平指出:"培养干部,要抓好党性教育这个核心。"②。"心学""必修课""核心"的提法,把党性教育的地位和作用提到了前所未有的高度。

要修好共产党人的"心学",首先要建立在全心全意为人民服务这个牢不可破的根基上。全心全意为人民服务始终是我们党的根本宗旨。从井冈山的星星之火,到艰苦卓绝的长征路,再到新中国的成立,直至今天,我们党与人民群众始终风雨同舟、血脉相通、生死与共。新的长征路上,要牢记人民是我们党执政的最大底气,群众路线是党的生命线和根本工作路线。这也是修好共产党人"心学"的出发点和落脚点。习近平强调要"深刻认识党同人民生死相依、休戚与共的血肉联系"③,深刻揭示了党始终坚持人民立场,与人民站在一处。除此之外,要修好共产党人的"心学"还要坚定理想信念。习近平强调坚定理想信念"要常修常练、常悟常进"④。"欲事立,须是心立。"对共产主义的信仰,对中国特色社会主义的信念,是共产党人的政治灵魂,是共产党人经受住任何考验的精神支柱。

第三,党性教育是党员修身养性的必修课。习近平指出:"党性教育是共产党人修身养性的必修课"⑤。当前,党和国家处在一个新的历史方位,怎样走好新时代的长征路是每个党员必须认真思考的问题。党性教育作为党的一项基础性工作,对于年轻干部正心修身具有重要意义。党性教育有助于引导年轻干部树立正确的思想观念,有助于强化年轻干部对党规党纪的

---

① 习近平:《在全国党校工作会议上的讲话》,《求是》2016年第9期。
② 《习近平谈治国理政》,外文出版社2014年版,第417页。
③ 习近平:《关于〈中共中央关于党的百年奋斗重大成就和历史经验的决议〉的说明》,《人民日报》2021年11月17日。
④ 习近平:《努力成长为对党和人民忠诚可靠、堪当时代重任的栋梁之才》,《求是》2023年第13期。
⑤ 习近平:《在全国党校工作会议上的讲话》,《求是》2016年第9期。

认识,同时还有助于提升年轻干部的道德修养。习近平强调:"坚强的党性,是成为高素质领导干部的首要条件。"①这也说明党性教育对于领导干部成长成才的重要性。同时,党员的党性不是自发形成的,也不是组织上入党就可以保持终生的,而是要经过长期接受党性教育,自觉进行党性修养,才能养成和坚守。习近平指出:"党性不可能随着党龄的增加而自然增强,也不可能随着职务的升迁而自然增强,必须在严格的党内生活锻炼中不断增强。"②在教育学习方面,他强调,"不能企望通过一两次教育活动,就可以宣布大功告成。'革命尚未成功,同志仍须努力',这句话是永远的进行时"③。习近平的这些重要论述,对于教育党员干部有着重大意义。在党的二十大报告中,习近平总书记把"坚持党性党风党纪一起抓""提高党性觉悟"作为全面从严治党战略部署的重要内容,为共产党人在新时代新征程上立身、立业、立言、立德,继续修好"心学"指明了方向、提供了根本遵循。

(二) 关于新时代党性教育的目标要求

党性教育目标是党对党员所要达到的标准的要求。合理设置党性教育目标,是提高党性教育效果,确保党性教育落到实处,实现党性教育科学化的必然要求。习近平指出:"历次党内集中教育活动的实践告诉我们,要使活动取得成功,确定一个合适的目标十分重要。"④

党章是加强党性修养的根本标准。党章是党的总章程,集中体现了党的性质和宗旨、党的理论和路线方针政策、党的重要主张,规定了党的重要制度和体制机制,是全党必须共同遵守的根本行为规范,也是进行党性教育的根本依据。"党性教育首先要学好党章。"⑤2012 年 11 月 16 日,即党的十八大闭幕后不久,习近平就以《认真学习党章 严格遵守党章》为题发表署名文章,强调"党章就是党的根本大法,是全党必须遵循的总规矩","全党要牢固树立党章意识,真正把党章作为加强党性修养的根本标准"⑥。除了总纲部分的规定外,

---

① 习近平:《领导干部要加强党性修养提高综合素质》,《人民日报》2009 年 3 月 2 日。
② 《习近平关于全面从严治党论述摘编》,中央文献出版社 2016 年版,第 25 页。
③ 《始终牢记党的初心和使命——记习近平总书记在内蒙古考察并指导开展"不忘初心、牢记使命"主题教育》,《人民日报(海外版)》,2019 年 7 月 18 日。
④ 《习近平谈治国理政》,外文出版社 2014 年版,第 373 页。
⑤ 习近平:《在全国党校工作会议上的讲话》,《求是》2016 年第 9 期。
⑥ 习近平:《认真学习党章 严格遵守党章》,《求是》2012 年第 23 期。

党章第三条规定的党员八项义务,是对党员党性的基本要求,也是党性教育的基本目标。党员八项义务是一个有机的整体,第一项是学习的义务,第二项是执行路线方针政策的义务,第三项是坚持党的宗旨的义务,第四项是遵纪守法、执行党的决议的义务,第五项是维护党的团结统一的义务,第六项是开展批评与自我批评的义务,第七项是联系群众、维护群众正当利益的义务,第八项是发扬社会主义新风尚的义务。这八项义务综合起来便构成衡量党员党性修养的基本标尺。

永葆党的先进性和纯洁性。习近平指出:"先进性和纯洁性是马克思主义政党的本质属性。"[1]在新形势新条件下,先进性和纯洁性作为中国共产党的本质属性,是党不变色不变质的集中体现,成为党性教育的目标指向。永葆党的先进性和纯洁性意义重大,关系到党的生死存亡和前途命运。"如何永葆先进性和纯洁性、永葆青春活力,如何永远得到人民拥护和支持,如何实现长期执政"[2],这是我们党要回答好、解决好的根本性问题,也是党性教育的目标指向。党员是党的肌体的细胞,是党的活力的源泉,想要永葆党的先进性和纯洁性,就必须先保证广大党员个体的先进性和纯洁性,以党员个体的先进性、纯洁性建设去推动党的先进性、纯洁性建设。习近平指出:"中国共产党人的坚强党性,是我们党保持先进性和纯洁性、提高领导水平和执政能力的重要保证。"[3]而"共产党员的党性不是随着党龄增长和职务提升而自然提高的"[4],因此,习近平要求各级党员、干部要常破"心中贼",勤掸"思想尘",多思"贪欲害",守住初心和使命,就是守住了共产党人的本色。习近平总书记关于党性教育的重要论述,直接目标是党员干部加强个体层面的先进性和纯洁性建设,通过多种途径锤炼自身党性修养,最终的目标指向是在政党层面永葆党的先进性和纯洁性,巩固党的长期执政地位。

不同层次的党员其党性要求的标准高度也会有所不同,对于领导干部而言,要执行比普通党员更高的标准。为了培养适应新时代党性要求的党员干部,习近平不断强调和概括党员干部的党性标准。譬如,2013年6月28日,他在全国组织工作会议上提出了"信念坚定、为民服务、勤政务实、敢于担当、清

---

[1] 《习近平谈治国理政》第2卷,外文出版社2017年版,第43页。
[2] 《习近平谈治国理政》第3卷,外文出版社2020年版,第529页。
[3] 习近平:《在纪念万里同志诞辰100周年座谈会上的讲话》,人民出版社2016年版,第8页。
[4] 《习近平谈治国理政》第3卷,外文出版社2020年版,第538页。

正廉洁"①的好干部标准;2015年6月30日,他在会见全国优秀县委书记时又提出党员干部要做政治的明白人、发展的开路人、群众的贴心人、班子的带头人的"一把手"标准;2015年12月,他在全国党校工作会议上提出了"具有铁一般信仰、铁一般信念、铁一般纪律、铁一般担当"②的"四铁"干部标准;2018年7月,在全国组织工作会议上,他又提出了"忠诚干净担当"的高素质干部标准。这些都是领导干部的核心素养,也是对其进行党性教育的核心要求。

(三) 关于新时代党性教育的内容

党性教育教什么？这是关系党性教育成败的核心问题。习近平指出,在新时代,党性教育要"深入开展理想信念教育、党的宗旨教育,深入开展党史国史教育、革命传统教育,深入开展道德品行教育、法治思维教育、反腐倡廉教育,把党章和党规党纪学习教育作为党性教育的重要内容"③。纵观习近平的重要论述,新时代党性教育的核心内容有以下几点。

第一,以坚定理想信念为首要任务。中国共产党从弱到强的成功秘诀就是具备坚定的理想信念,因此加强党性教育,首先就是要加强理想信念教育。对于共产党人来说,理想信念尤其重要,坚定崇高的理想信念是中国革命和建设事业取得胜利的精神法宝。习近平深刻指出:"坚定理想信念,坚守共产党人精神追求,始终是共产党人安身立命的根本。对马克思主义的信仰,对社会主义和共产主义的信念,是共产党人的政治灵魂,是共产党人经受住任何考验的精神支柱。形象地说,理想信念就是共产党人精神上的'钙',没有理想信念,理想信念不坚定,精神上就会'缺钙',就会得'软骨病'。"④因此,党性教育必须把理想信念教育放在第一位,"我们共产党人锤炼党性,首要的就是坚定共产主义远大理想和中国特色社会主义共同理想"⑤。"要教育引导广大党员、干部坚定理想信念、坚守共产党人精神家园。"⑥从政党层面来说,"一个政党的衰落,往往从理想信念的丧失或缺失开始"⑦。因此,坚定理想信念对于党的事

---

① 《习近平谈治国理政》,外文出版社2014年版,第412页。
② 《习近平关于全面从严治党论述摘编》,中央文献出版社2016年版,第139—140页。
③ 习近平:《在全国党校工作会议上的讲话》,《求是》2016年第9期。
④ 《习近平关于全面从严治党论述摘编》,中央文献出版社2016年版,第57页。
⑤ 习近平:《在纪念邓小平同志诞辰110周年座谈会上的讲话》,《人民日报》2014年8月21日。
⑥ 《习近平在中共中央政治局第五次集体学习时强调 积极借鉴我国历史上优秀廉政文化 不断提高拒腐防变和抵御风险能力》,《中国组织人事报》2013年4月22日。
⑦ 《习近平谈治国理政》第2卷,外文出版社2017年版,第34页。

业取得成功也是至关重要的。在对年轻干部进行理想信念教育的过程中,要发挥理想信念在个人、政党中起到的作用。

第二,判断党性教育是否取得成效要以践行党的性质和宗旨为重要标尺。中国共产党的宗旨是全心全意为人民服务,这是中国共产党区别于其他政党的根本标志,是党的全部事业的根本出发点和落脚点,是保持党的先进性的内在要求,也是中国共产党人党性的集中体现。习近平指出:"老百姓衷心拥护共产党,就是因为中国共产党始终全心全意为人民服务、为各民族谋幸福。"①"为民"是年轻干部践行党的性质宗旨的价值导向,"服务"是年轻干部践行党的性质宗旨的目标和方法导向。进行党的宗旨教育,就是要激发和增强广大党员、干部全心全意为人民服务的党性觉悟,贯彻党的群众路线,提高群众工作本领,密切联系和服务群众。习近平指出:"党性和人民性从来都是一致的、统一的。"②我们任何时候都必须"始终把实现好、维护好、发展好最广大人民根本利益作为一切工作的出发点和落脚点"③。只有加强党的宗旨教育,让党员、干部时刻牢记全心全意为人民服务的根本宗旨,始终把人民对美好生活的向往作为我们的奋斗目标,不忘初心、牢记使命,才能保持共产党人的政治本色。

第三,党的作风教育。作风反映的是党的形象和素质,关乎党的生命,体现的是党性。对作风起决定性作用的是党性,因此,作风也是衡量共产党人党性的重要标志,加强和改进作风建设是保持党同人民群众血肉联系的必要途径。习近平指出,"作风问题根本上是党性问题",要"透过作风看党性,在解决作风问题的基础上解决好党性问题"④。在作风教育中,习近平特别强调实事求是。他指出:"敢不敢坚持实事求是,考验着我们的政治立场,考验着我们的道德品质,始终是领导干部党性纯不纯、强不强的一个重要体现。"⑤公私关系也是他强调的重点。他说,作风问题,很多是因公私关系没有摆正而产生的,"衡量党性强弱的根本尺子是公、私二字"⑥。这就告诫广大党员干部一定要大公无私,一心为公。

---

① 《习近平在青海考察时强调 坚持以人民为中心深化改革开放 深入推进青藏高原生态保护和高质量发展》,《人民日报》2021年6月10日。
② 《习近平谈治国理政》,外文出版社2014年版,第154页。
③ 习近平:《始终坚持和充分发挥党的独特优势》,《求是》2012年第15期。
④ 《习近平关于全面从严治党论述摘编》,中央文献出版社2016年版,第154页。
⑤ 《习近平党校十九讲》,中共中央党校出版社2014年版,第283页。
⑥ 《习近平关于全面从严治党论述摘编》,中央文献出版社2016年版,第155页。

第四，以遵守党章党规为根本遵循。党性是政党阶级性最高最集中的表现，是一个政党的生命所系、力量所在，更是一个政党固有的本质特性。作为把本阶级的利益和思想集中起来又化为行动的政治组织，政党在为本阶级的利益进行的长期斗争中，高度集中地发展了本阶级的特性，从而形成政党本身的特性，即党性。共产党员的党性，首先表现为一种观念，其最根本的就是世界观。党员入了党就要按照党章的要求树立正确的世界观或改造世界观，这就离不开党组织的教育、管理和监督。党章明确规定，每一个共产党员不论职务高低，都必须编入党的一个支部、小组或其他特定组织，参加党的组织生活，履行党员义务，遵守党的纪律，接受党内外群众的监督，不允许有任何不参加党的组织生活的特殊党员。这是保证党组织对党员进行教育、管理和监督的一项十分重要的组织措施，也是党员加强党性锻炼和党性修养的重要途径。

党性是共产党员的立身之本。党性强弱是衡量共产党员优秀与否的重要标尺。对每一个共产党员来说，加强党性修养都是必修课，是人生永恒的主题。中国共产党是一个与时俱进的政党，党性修养在不同的时代具有不同的内涵。

学好党章是党员干部加强党性修养的首要任务。"党性教育首先要学好党章。"2012年11月16日，即党的十八大闭幕后不久，习近平就以《认真学习党章 严格遵守党章》为题发表署名文章，强调"党章就是党的根本大法，是全党必须遵循的总规矩"。纪律规矩是维护党的团结统一，实现党的奋斗目标的根本保证。习近平指出："讲规矩是对党员、干部党性的重要考验，是对党员、干部对党忠诚度的重要检验。"①加强纪律修养，最重要的是加强政治纪律的修养。2013年1月，习近平在第十八届中央纪律检查委员会第二次全体会议上的讲话中指出："党的纪律是多方面的，但政治纪律是最重要、最根本、最关键的纪律，遵守党的政治纪律是遵守党的全部纪律的重要基础。政治纪律是各级党组织和全体党员在政治方向、政治立场、政治言论、政治行为方面必须遵守的规矩，是维护党的团结统一的根本保证。"②要"强化政治意识、大局意识、核心意识、看齐意识，确保在思想上政治上行动上始终同党中央保持高度

---

① 中共中央文献研究室：《十八大以来重要文献选编》中，中央文献出版社2016年版，第350页。
② 中共中央文献研究室：《十八大以来重要文献选编》上，中央文献出版社2014年版，第131—132页。

致"①,否则,在这方面出了问题,就是方向性的大问题。这就要求全体党员干部加强对党章和其他党内法规的学习,自觉用党规党纪约束自己的言行。

(四)关于新时代党性教育的功能

党性教育作为中国共产党人保持先进性和纯洁性的核心因子,具有独特的功能。

第一,政治导向功能。党性教育可以为年轻干部指明正确的政治方向。党性教育一方面可以为年轻干部引领思想方向,通过让年轻干部学习党的理论、纲领、路线、方针和政策,使党员形成符合党的意识形态的思想观念,确保党员在思想上与党中央保持高度一致。另一方面,党性教育有利于年轻干部坚定政治立场。党性教育还可以为年轻干部提供政策导向,帮助年轻干部深入理解和认同党的各项政策。通过对党的理论、路线、方针、政策的学习,年轻干部能够更准确地把握政策的精神实质和核心要义,从而确保在政策执行过程中不偏离方向。同时也有利于提升年轻干部的政策执行能力。党性教育不仅注重理论传授,还强调实践能力的培养。通过案例分析、模拟演练、实地考察等方式,提高年轻干部在政策执行中的应变能力和解决实际问题的能力,确保政策能够有效落地。由此看来,政治导向功能是党性教育的首要功能。

第二,文化传承功能。文化传承功能是党性教育的重要功能。党性教育是我们党长期以来积累的宝贵经验和优良传统,它不仅是一种思想教育,也是一种文化传承。党的十九届六中全会提道:"我们实施中华优秀传统文化传承发展工程,推动中华优秀传统文化创造性转化、创新性发展。"②这说明弘扬中华优秀传统文化不仅要传承还要创新。习近平总书记关于党性教育的相关论述中就体现了其文化传承功能。习近平强调党性教育是"共产党人的'心学'","心学"是中国传统文化的重要范畴,这也体现了党性教育与中华优秀传统文化的结合。在党性教育中,我们不仅强调年轻干部要坚定理想信念、提高政治觉悟,还要求他们深入了解和传承我们党的红色文化、革命文化和社会主义先进文化。这种文化传承的过程,能够使年轻干部更加深入地理解党的历史、党的宗旨和党的优良传统,增强对党的认同感和归属感。

---

① 《习近平关于全面从严治党论述摘编》,中央文献出版社2016年版,第91页。
② 《中共中央关于党的百年奋斗重大成就和历史经验的决议》,《人民日报》2021年11月17日。

同时,通过党性教育,我们还可以引导年轻干部在工作中注重文化传承,将党的优良传统和作风融入日常工作中,传承红色基因,推动形成良好的组织文化和工作氛围。这种文化传承不仅有助于提高年轻干部的思想觉悟和政治素养,还有助于推动组织的发展和进步。可以说文化传承功能是党性教育的重要功能之一,它对于培养年轻干部的文化自觉和文化自信,推动党的建设和国家文化软实力的提升都具有重要意义。

(五) 关于新时代党性教育的实践路径

党的十八大以来,对于如何加强党性教育,习近平立足于当前的时代诉求,科学建构了党性教育的实践路径。

第一,加强党性教育需要用好思想政治教育手段。年轻干部的党性不会自然形成,需要在长期的实践锻炼中培养党性。习近平强调"加强思想教育和理论武装,是党内政治生活的首要任务"[①]。由此可见,加强思想政治教育在党性教育中不可或缺。思想政治教育可以帮助年轻干部提高思想觉悟和政治素养。通过理论学习、思想交流和自我反思等方式,可以帮助年轻干部深入思考自身存在的问题和不足,明确努力方向和改进措施,进一步提高自身的思想境界和政治素质。

第二,充分发挥制度治党优势。在中国共产党百年开展党性教育的过程中,其中重要的经验就是推进党性教育长效化。在新民主主义革命时期,针对党内成员思想复杂、党性薄弱等问题就通过了《中共中央关于增强党性的决定》这一文件。习近平同样强调"从严治党靠教育,也靠制度"[②]。因此,加强年轻干部的党性教育,要充分利用制度治党的优势。其中,可以健全完善党性分析制度。党性分析有助于发现和纠正年轻干部在思想、工作和生活等方面存在的问题,深刻开展自我剖析,写好党性分析报告,有助于及时帮助年轻干部解决困难和矛盾,提高年轻干部的工作能力和服务水平。

第三,以家风建设促进党风建设。党性教育并不是无源之水,也需要在一定的环境进行开展。党性教育活动的具体实施会受到环境的制约和影响。家庭环境和党内政治环境构成了党性教育的主要背景。无论在什么时候,年轻

[①] 《习近平谈治国理政》第2卷,外文出版社2017年版,第34页。
[②] 《习近平在党的群众路线教育实践活动总结大会上强调 历史使命越光荣奋斗目标越宏伟 越要增强忧患意识越要从严治党》,《人民日报》2014年10月9日。

干部都要注重家庭环境建设,学习优秀的红色家风,这些对年轻干部的党性锻炼起着重要的作用。习近平指出:"领导干部的家风,不是个人小事、家庭私事,而是领导干部作风的重要表现。"①家庭是社会的基本细胞,是落实基层党风廉政建设的重要阵地,也是培育和践行社会主义核心价值观的重要载体。良好的家风对于年轻干部个人和家庭成员的成长都具有重要意义,同时也能够对党风建设产生积极的推动作用。在开展党性教育时应该注重家风建设,将其作为促进党风建设的重要途径。通过加强家庭教育、培育良好家风、开展家庭助廉活动等方式,推动家风建设与党风建设的相互促进、共同发展。

综上所述,习近平总书记关于新时代党性教育的重要论述,阐明了新时代党性教育的作用和意义、新时代党性教育的目标要求、如何进行新时代的党性教育等一系列基本问题,形成了完整的党性教育思想体系。

---

① 《习近平主持召开中央全面深化改革领导小组第十次会议强调　科学统筹突出重点对准焦距　让人民对改革有更多获得感》,《人民日报》2015年2月28日。

第二章
年轻干部教育培训中党性教育的历史考察

一、新民主主义革命时期年轻干部党性教育的历史实践与经验总结

(一) 新民主主义革命时期年轻干部党性教育的背景

新民主主义革命时期,民族战争与阶级斗争相互交错,如何认识无产阶级在民主革命进程中的历史地位,如何认识党所担负的伟大任务,如何统一全体党员的意志以夺取革命的胜利,是党的建设必须要回答的重要问题。因此,对党员干部,尤其是年轻干部进行党性教育,就显得尤为重要。

此外,中国共产党自身具有很强的青年属性,党的早期组织中,青年占比达70%。这些年轻干部在党的革命和建设事业中发挥了重要作用。因此,党始终注意团结青年、培养青年、引领青年,经过实践探索,初步形成了培养新干部的思想。

在延安时期,中共中央更加重视对干部和知识青年的教育。设立了干部教育部,并成立了多所学校,如陕北公学等,对在职干部进行分类教育,有针对性地设计教学内容。同时,中央党校也在这个时期成立,并逐步规范化、体系化。这些举措都为年轻干部的党性教育提供了重要的平台和机会。

总的来说,新民主主义革命时期,年轻干部党性教育的历史背景是复杂的,包括民族战争与阶级斗争的交织、党的建设需要、党的青年属性以及延安时期干部教育体系的形成等多个方面。这些因素共同作用,推动了年轻干部

党性教育的发展。

(二) 新民主主义革命时期年轻干部党性教育的历史实践

在新民主主义革命时期,中国共产党对年轻干部进行了深入而广泛的党性教育,积累了丰富的实践经验。

一方面,党通过创办革命刊物、出版马列书籍、指导马克思主义研究会、开办党校和训练班、进行整风等形式,对年轻干部进行了马克思主义理论教育、社会主义和共产主义理想信念教育。这些教育实践活动帮助年轻干部确立了正确的世界观、人生观和价值观,坚定了他们的革命信仰和理想信念。

另一方面,党还注重在实践中锻炼年轻干部,鼓励他们走向群众,参与革命斗争。通过实践锻炼,年轻干部不仅提高了自己的领导能力和工作水平,还更加深入地了解了人民群众的需求和利益,增强了党与人民群众的联系。

此外,党还建立了以各级党校为中心的干部教育培训体系,对年轻干部进行系统的党性教育和培训。这一举措为年轻干部的成长提供了重要的制度保障,也为中国共产党的干部队伍建设奠定了坚实基础。

总之,新民主主义革命时期年轻干部党性教育的历史实践是中国共产党革命和建设事业中的重要组成部分,为培养一代又一代忠诚干净担当的优秀干部提供了宝贵经验和启示。

(三) 新民主主义革命时期年轻干部党性教育的经验总结

新民主主义革命时期,中国共产党对年轻干部进行党性教育时,第一,坚持理论教育与实践相结合。党不仅重视马克思主义理论教育,确保年轻干部掌握科学的世界观和方法论,而且强调将理论应用于实践,鼓励年轻干部在革命斗争中学习、成长。第二,突出理想信念教育。在这个时期,党特别重视对年轻干部进行社会主义和共产主义理想信念教育,帮助他们确立坚定的革命信仰,为革命事业奋斗终身。第三,密切联系群众,注重作风建设。党教育年轻干部要始终保持与人民群众的紧密联系,深入了解群众需求,真心实意为群众服务,同时注重培养艰苦奋斗、廉洁奉公等优良作风。第四,建立健全干部教育培训体系。通过建立各级党校、训练班等培训机构,党为年轻干部提供了系统、全面的党性教育和培训,确保了干部队伍的素质和能力不断提升。第五,注重在斗争中培养和选拔干部。党坚持在革命斗争中发现、培养和选拔干部,特别是在艰苦的环境中锻炼和考验年轻干部,确保他们能够在复杂多变的革命形势中胜任领导工作。第六,不断加强党的自身建设。党始终重视自身建设,包括思想建设、组织建设、作风建设等各个方面,为年轻干部提供了良好的成长环境和条件,也确保了党的路线、方针、政策得到有效贯彻和执行。

这些经验总结不仅为新民主主义革命时期党的建设和事业发展提供了有力保障,也为后来各个历史时期的党性教育工作提供了宝贵借鉴和启示。

二、社会主义革命和建设时期年轻干部党性教育的历史实践与经验总结

(一) 社会主义革命和建设时期年轻干部党性教育的背景

社会主义革命和建设时期,年轻干部党性教育的背景主要基于以下几个方面。

第一,社会制度的根本变革。随着新中国的成立,中国进入了社会主义革命和建设的新阶段。这一时期,社会制度发生了根本性的变革,对干部队伍提出了新的要求。为了适应这一变革,党需要加强对年轻干部的党性教育,确保他们能够适应新的社会制度和发展要求。

第二,经济建设的迫切需要。在社会主义革命和建设时期,经济建设成为国家的中心任务。为了推动经济的发展,党需要培养一支具备高度党性和专业能力的干部队伍。因此,对年轻干部进行党性教育,提高他们的政治觉悟和领导能力,成为当时的重要任务。

第三,干部队伍年轻化的趋势。随着老一辈革命家的逐渐退出,年轻干部开始逐渐崭露头角。为了确保党和国家事业的持续发展,党需要加强对年轻干部的培养和教育,使他们能够迅速成长为党和国家的中坚力量。

第四,国际形势的复杂多变。在社会主义革命和建设时期,国际形势复杂多变,尤其是与西方国家的关系紧张。这种形势下,党需要加强对年轻干部的党性教育,坚定他们的政治立场,提高他们应对复杂国际环境的能力。

社会主义革命和建设时期年轻干部党性教育的背景主要基于社会制度的根本变革、经济建设的迫切需要、干部队伍年轻化的趋势以及国际形势的复杂

多变等方面。这些因素共同作用，推动了当时党对年轻干部党性教育的重视和加强。

（二）社会主义革命和建设时期年轻干部党性教育的历史实践

新中国成立之后，中国共产党对干部工作采取了一系列加强举措，通过党性教育不断提升干部队伍建设的纯洁性，为这一时期的国家建设创造了有利的条件。

在新中国成立初期，针对新老干部不适应新中国建设事业发展的实际情况，我们党先后出台了《中共中央关于加强理论教育的决定（草案）》等一系列政策文件，对干部教育的培训工作作出了详细的部署安排，并且形成了以党校为核心、覆盖全国的干部教育培训体系。在这一时期，党还在大力培养教育年轻干部。这一时期的年轻干部，大多是在革命战争中成长起来的，虽然他们有着坚定的革命信仰和丰富的斗争经验，但缺乏系统的理论学习和科学的管理知识。因此，党组织通过加强思想教育和实际斗争锻炼，促使年轻干部全面成长。在思想教育方面，党组织注重用马克思主义理论武装年轻干部的头脑，提高他们的政治觉悟和理论水平；在实际斗争锻炼方面，党组织则通过安排年轻干部到基层工作、参与重大工程项目建设等方式，让他们在实践中增长才干、锤炼品质。1953年前后，国民经济迅速恢复，党逐步提出了以"一化三改"为主要内容的过渡时期总路线。这一时期党主要是以保障过渡时期总路线和"一五"计划的落实实施为主要目的强化对干部的培养和党性教育。在社会主义过渡时期，中国共产党深刻认识到干部学习培训的重要性，认为这是对干部队伍进行全面提升、适应社会主义革命和建设需要的关键环节。1953年4月开始，中央密集制定并下发了多项关于干部理论教育和文化教育的专门指示，如《中国共产党中央委员会关于一九五三——一九五四年干部理论教育的指示》和《中共中央关于加强干部文化教育工作的指示》等，这些文件明确提出了干部教育培训的目标、内容和方法，并对各级党组织提出了明确要求。中央的这一系列文件，不仅为干部教育培训提供了政策依据，而且为各级党组织开展干部学习培训指明了方向。根据中央的要求，全国各地积极响应，大力倡导和组织干部在职学习，形成了浓厚的学习氛围。在这一时期，党校、干部学校以及普通高等院校等阵地得到了充分利用，成为培训教育干部的重要基地。通过大规模的培训教育，干部的政策理论水平、业务知识和经营管理能力得到了极大提高。这不仅为当时的社会主义革命和建设提供了有力的人才保障,也为后来的干部队伍建设奠定了坚实的基础。

(三) 社会主义革命和建设时期年轻干部党性教育的经验总结

在社会主义革命和建设时期,我们党始终高度重视年轻干部的培养与教育,特别是党性教育。这一时期,党在领导人民进行革命、建设和改革的伟大实践中,积累了丰富的经验,这些经验对当今和未来的年轻干部培养工作仍然具有重要的指导意义。

一是坚持马克思主义指导地位,确保年轻干部政治上的坚定性。社会主义革命和建设时期,党始终坚持马克思主义在意识形态领域的指导地位,强调年轻干部必须深入学习马克思主义理论,坚定共产主义信仰。通过组织学习、讨论、宣传等多种方式,使年轻干部深刻领会马克思主义的基本原理,掌握科学的世界观和方法论,确保在政治上始终与党中央保持高度一致。

二是强化理论武装,提高年轻干部的理论素养。在这一时期,党注重通过系统的理论学习和培训,提高年轻干部的理论素养。通过举办各种形式的培训班、研讨会、讲座等,使年轻干部全面系统地学习马克思列宁主义、毛泽东思想等党的理论,深刻理解社会主义革命和建设的规律,增强分析问题和解决问题的能力。

三是加强实践锻炼,增强年轻干部的实践能力。实践是检验真理的唯一标准。社会主义革命和建设时期,党积极组织年轻干部参与实际工作,通过实践锻炼提高他们的能力。年轻干部被派往农村、工厂等各个基层领域,深入实际,调查研究,解决实际问题。这些实践经历使年轻干部更加深入地了解国情,增强了他们的责任感和使命感。

四是严格党内政治生活,锤炼年轻干部的党性修养。党内政治生活是锻炼党性、提高思想觉悟的重要途径。在社会主义革命和建设时期,党严格党内政治生活,要求年轻干部严格遵守党的纪律和规矩,增强党的意识和大局意识。通过批评与自我批评、民主集中制等党内政治生活制度,使年轻干部的思想受到洗礼,党性得到锤炼。

五是发挥先进典型示范引领作用,激发年轻干部的内在动力。在社会主义革命和建设时期,党注重发挥先进典型的示范引领作用。通过表彰先进、树立榜样等方式,激发年轻干部的内在动力。这些先进典型不仅是年轻干部学习的榜样，更是他们前进的动力源泉。

六是建立健全制度机制，保障年轻干部党性教育的长效性。制度是保证工作顺利进行的重要保障。在社会主义革命和建设时期，党制定了一系列关于年轻干部培养和教育的制度机制，如干部选拔任用制度、干部培训制度等。这些制度机制的建立和实施，为年轻干部党性教育的长效性提供了有力保障。

三、改革开放和社会主义现代化建设新时期年轻干部党性教育的历史实践与经验总结

（一）改革开放和社会主义现代化建设新时期年轻干部党性教育的背景

改革开放以来，国际形势发生着重大的变化，国内的发展也面临着巨大的挑战。为了更好地应对历史方位的转变，解决党在建设过程中出现的诸多问题，顺利开展社会主义现代化建设，年轻干部必须要接受持续且深入的党性教育，不断增强自身的理想信念，从而推动中国特色社会主义的发展。

第一，应对多变的国际形势的客观需要。改革开放带来了经济社会的快速发展，也带来了各种思想文化的交流碰撞。在这一时期，全球的政治格局也发生了变化，苏联在20世纪90年代初的崩溃与解体使国际共产主义运动遭到了严重的打击，美苏对立格局的结束也使全球政治格局走向了多极化，国际关系更加复杂。在多变的国际形势中，各种思潮和观点对我国产生冲击。通过党性教育，可以确保年轻干部坚定共产主义理想和中国特色社会主义信念，不受外部不良思想的影响。国际形势的复杂多变要求年轻干部具备高度的政治敏锐性和鉴别力，而且了解国际动态、掌握国际规则对于年轻干部来说至关重要，在这种背景下更需要通过党性教育来使年轻干部能够准确识别国际形势中的机遇与挑战，做出正确的判断和决策。

政治格局的多极化使得经济全球化的趋势更为明显。在经济全球化的大背景下，人民的生活水平显著提高，中国经济发展越来越具有活力，但是另一方面，一些西方发达国家也将享乐主义、拜金主义等价值观渗透到中国，对部分党员干部进行了思想上的腐蚀。经济全球化带来了更多的诱惑和挑战，年轻干部必须增强拒腐防变的能力，自觉遵守党纪国法，做到清正廉洁、公正执

法。党性教育可以帮助他们树立正确的权力观、地位观和利益观,增强自我约束和自我监督的能力。

政治格局上的多极化与经济上的全球化也促使世界文化朝着多元化的方向发展,这也影响着人们的价值选择和生活观念。西方的资本主义思想对中国传统价值观念和意识形态造成了巨大的冲击,一些国家的恶意丑化也对中国的国际形象造成一定的影响。面对这种情况,年轻干部进行党性教育就显得尤为重要。党性教育不仅能够帮助年轻干部坚定理想信念,提高政治觉悟,还能够增强他们的文化自觉和文化自信。通过深入学习党的理论和路线方针政策,年轻干部能够更好地理解和把握中国特色社会主义的发展方向,从而在面对西方思想冲击时保持清醒的头脑和坚定的立场。

此外,党性教育还能够培养年轻干部的责任意识和担当精神。在面对国际国内的复杂形势时,年轻干部要敢于发声、敢于亮剑,坚决维护国家的利益和尊严。通过党性教育,年轻干部能够增强自己的责任感和使命感,以更加积极的态度和行动参与到国家的发展和国际竞争中。

第二,推进我国改革开放和社会主义现代化建设的现实需要。党的十四大提出要建立社会主义市场经济体制,在建立社会主义市场经济体制的过程中,确实激发了经济发展的活力,推动了我国的经济快速增长。但同时也带来了许多新的挑战,包括社会矛盾的增加、利益关系的复杂化等,这些挑战要求年轻干部必须具备坚定的党性,有高度的政治觉悟和敏锐的洞察力。受到多元文化思潮的影响,一些年轻干部容易犯理想信念不坚定等错误。因此,加强年轻干部党性教育,提高他们的政治素质和思想觉悟,成为推进我国改革开放和社会主义现代化建设的迫切要求。

第三,加强党的自身建设的必然选择。随着我国社会主义市场经济体制建设和改革开放的纵深发展,外部环境的冲击使得一些党员的世界观和人生观发生扭曲,一些党员在诱惑下做出各种违法乱纪的行为。习近平在2012年就指出,党的领导和执政水平、党组织的建设情况、党员干部的素质和能力等都与党所承担的历史使命有着一定差距。[①] 面对这种情况,更要进一步加强对年轻干部的党性教育,使得广大年轻干部可以深刻认识到各项风险的长期性与艰巨性。

---

① 《习近平谈治国理政》第1卷,外文出版社2014年版,第15页。

（二）改革开放和社会主义现代化建设新时期年轻干部党性教育的历史实践

党的十一届三中全会召开之后，邓小平开始积极开展拨乱反正工作，开启党性教育的新征程；1989年党的十三届四中全会召开之后，江泽民开始对党员干部进行深入的教育培训，推进了党性教育的新实践；党的十六大召开之后，胡锦涛对干部队伍的建设提出了更高的要求，并且高度关注党风建设，推动了党性教育的新发展；党的十八大召开之后，以习近平同志为核心的党中央加大党性教育的力度，将党性教育推向一个新高度，开辟了党性教育的新境界。

第一，开启党性教育新征程。1978年至1989年，这一时期在中国历史上具有划时代的意义。它不仅标志着中国从"文化大革命"的混乱中走出，开始了改革开放的伟大征程，更在这一进程中，为年轻干部党性教育开启了新的篇章。首先，重新确立了马克思主义实事求是的思想路线。这一思想路线的确立，是对我国社会主义建设经验的深刻总结。实事求是，是马克思主义的根本观点，是党的思想路线的实质和核心。只有坚持实事求是，才能正确地认识和解决我国社会主义建设中的各种问题。在这一思想的指导下，我国开始拨乱反正，逐步恢复了正常的社会秩序和经济建设。这也成为新时期党性教育的转折点。其次，恢复重建教育培训机构，推动党性教育正规化发展。党中央在1980年召开的十一届五中全会上通过了《关于党内政治生活的若干准则》，这是比较全面和系统化的党规党法，文中明确提出了增强党性的要求，这也成为改革开放初期党性教育的规范性文献。干部教育培训工作的恢复始于1977年3月的中央党校复校，同年10月，中央作出了要办好各级党校的重大决定，自此全国各地以党校为主的教育培训机构逐步地恢复或新建起来。各级党校、行政学院等教育培训机构得到了恢复和重建，为党员干部提供了系统的理论学习和实践锻炼的机会。同时，我国还加强了干部教育的制度建设，推动了干部教育的正规化和专业化。这些措施的实施，为我国培养了一大批优秀的年轻干部，为党和国家事业发展提供了有力的人才保障。最后，开展大规模整党，着重加强党风党纪教育。整党运动是我们党在改革开放初期进行的一次重要的党内整顿活动。通过这次整党，我们党清除了党内的一些腐败分子和不合格党员，纯洁了党的组织，提高了党的战斗力。同时，我们党还加强了党风党纪教育,要求党员干部严格遵守党的纪律和规矩,增强党的凝聚力和战斗力。这些措施的实施,为我们党树立了良好的形象,赢得了人民群众的信任和拥护。

第二,推进党性教育新实践。1989年至2002年,是中国改革开放和社会主义现代化建设的关键时期,也是年轻干部党性教育取得新实践的重要时期。这一时期,我国不断完善干部教育培训制度,推进党性教育的新实践,为年轻干部的成长和发展提供了有力支持。首先,我国完善了中国特色的干部教育培训制度。在1992年召开的党的十四大上,增强党性这一关键内容也被正式写进了党章,对党员的党性修养要求也因此有了更为明显的提升。在这一阶段,我国在总结过去经验的基础上,进一步明确了干部教育培训的目标、任务和要求。通过制定和实施一系列法规和政策,我国建立起了一套符合中国国情、具有中国特色的干部教育培训制度。中共中央在1990年9月和1995年9月先后颁布了以加强党校工作为核心内容的通知与条例,清晰明确地规定其任务安排、教学科研、师资力量、后勤保障等相关内容,对党校工作逐步迈向规范化与制度化起到了积极的推动作用。这些都为年轻干部提供了更加系统、全面的学习和发展机会,促进了他们的快速成长。其次,我们党开展了"三讲"教育。1995年11月江泽民提出了"讲学习,讲政治,讲正气"的重要论述[①]。以此开展的"三讲"教育旨在强化年轻干部的党性党风建设,提高他们的思想政治素质。通过开展"三讲"教育,我们党引导年轻干部深入学习党的理论和路线方针政策,增强他们的政治敏锐性和政治鉴别力。此外,我们党还开展了"三个代表"重要思想学习教育活动。这一教育活动旨在强化干部队伍建设,提高年轻干部的政治素质和工作能力。

第三,推动党性教育新发展。2002年至2012年,是我国改革开放和社会主义现代化建设的重要十年,也是年轻干部党性教育取得新发展的黄金时期。这一时期,我国针对新的形势和任务,采取了一系列有力措施,推动年轻干部党性教育不断向前发展。首先,我们党开展了保持共产党员先进性教育活动。这一活动旨在加强党的先进性建设,提高党员干部的思想政治素质。其次,我们党开展深入学习实践科学发展观活动。这一活动强调要以科学发展观为指导,加强党的执政能力建设。年轻干部通过深入学习和实践科学发展观,不仅

---

① 《江泽民文选》第1卷,人民出版社2006年版,第483页。

提高了自身的理论水平,还增强了解决实际问题的能力,为推动经济社会又好又快发展提供了有力支撑。同时,我们党还加强了党员干部的反腐倡廉教育。面对复杂的国内外环境,我们党深刻认识到反腐倡廉工作的重要性,通过开展警示教育、加强制度建设等措施,坚决惩治腐败现象,维护了党的纯洁性和形象。此外,我们党还健全了党员干部的教育培训机构,使党性教育工作日益科学化。2005—2006年期间,浦东、井冈山、延安等地的干部学院陆续建立,与中央党校和国家行政学院共同构建了中央层面的"一校五院"的干部培训体系,为年轻干部提供了内容丰富、形式多样的培训和教育平台。颁布于2006年1月的《干部教育培训工作条例(试行)》首次采用党内法规的形式对相关工作提出了明确的要求与严格的规范,有力地提升了党员的思想政治觉悟,为加强高素质、高水平、高质量的干部队伍建设打牢了根基,推动了党的干部教育培训工作向着新的阶段迈进。

第四,开辟党性教育新境界。2012年至今,年轻干部党性教育进入了一个全新的发展阶段,开辟了新的境界。我们党紧密结合时代发展和实践要求,采取了一系列创新举措,推动党性教育不断向纵深发展。

首先,开展了系列主题教育,如"两学一做"学习教育、"不忘初心、牢记使命"主题教育、党史学习教育等,这些教育以习近平新时代中国特色社会主义思想为指导,通过深入学习党的理论和路线方针政策,引导年轻干部不断增强党性修养,坚定理想信念。这些主题教育的常态化开展,使得年轻干部的党性锻炼得到有力的加强。

其次,狠抓作风建设与反腐倡廉建设,以零容忍的态度惩治腐败现象,坚决纠正"四风"问题,营造风清气正的党内政治生态。党中央把作风建设作为加强党性教育的着力点,制定并出台了"中央八项规定",开展了深入的反腐工作。通过加强党内监督、完善制度机制、强化纪律约束等措施,我们党不断提高自身的纯洁性和战斗力,为年轻干部树立了良好的榜样。

此外,坚持依法依规治党,完善党性教育制度化建设。通过制定和实施一系列党内法规,我们党不断规范党员干部的行为,确保党性教育的制度化和规范化。2019年10月召开的党的十九届四中全会上通过了《中共中央关于坚持和完善中国特色社会主义制度 推进国家治理体系和治理能力现代化若干重大问题的决定》,进一步在制度层面明确强调了全面从严治党的关键地位。这些法规的制定和实施,为年轻干部提供了明确的行为准则,引导他们依法依规履职尽责。

最后,充分利用新媒体资源,开创党性教育新方式。通过运用互联网、大数据、人工智能等现代信息技术手段,不断创新党性教育的方式方法,提高教育的针对性和实效性。2014年,"共产党员"微信、易信正式发布;2015年12月,全国第一批党性教育基地网上展示馆正式推出;2019年,中宣部推出"学习强国"平台,等等。这些新媒体资源的运用,为年轻干部提供了更加便捷、高效的学习渠道,增强了党性教育的吸引力和感染力。

总的来说,2012年至今是年轻干部党性教育开辟新境界的重要时期。通过开展系列主题教育、狠抓作风建设与反腐倡廉建设、坚持依法依规治党以及充分利用新媒体资源等措施,我国成功地推动了年轻干部党性教育的新发展,为党和国家事业发展注入了新的活力。

(三)改革开放和社会主义现代化建设新时期年轻干部党性教育的经验总结

党性教育不是抽象孤立的,而是一个动态发展的过程。中国共产党从改革开放以来开展的党性教育虽然经历过曲折,但是也获得了显著的成效。总结这些经验有助于更深入地探索和认识党性教育的本质和规律,为今后推动党性教育走深走实打好基础。

第一,坚持以发展的马克思主义为指导。中国共产党作为一个以马克思主义为指导的无产阶级政党,从诞生之日起就将马克思主义鲜明地写在了自己的旗帜上。习近平指出,马克思主义对人类所有的知识进行了批判和吸收,并伴随着时代的变迁、社会的发展、科学技术和实践的进步而不断得到充实与完善,是目前为止人类最为先进的思想理论体系。[1] 坚持以发展的马克思主义为指导,意味着我们在推进年轻干部党性教育时,要始终将马克思主义作为根本遵循,不断结合新的实践、新的时代条件,发展马克思主义,丰富其内涵和时代价值。这一过程中,我们既继承了马克思主义的基本原理,又根据中国的具体国情和时代特点,对其进行了创新和发展,形成了具有中国特色的马克思主义理论体系。在年轻干部党性教育中,坚持以发展的马克思主义为指导,还意味着我们要注重理论联系实际,强调马克思主义的实践性和指导

---

[1] 中共中央文献研究室:《十七大以来重要文献选编》中,中央文献出版社2011年版,第253页。

性。我们引导年轻干部深入学习马克思主义理论，同时鼓励他们将这些理论应用到实际工作中，解决实际问题，推动事业发展。这种理论与实践相结合的教育方式，不仅提高了年轻干部的理论素养，也增强了他们的实践能力和创新意识。

第二，服务于党的中心任务和工作大局。在对年轻干部进行党性教育的过程中，始终服务于党的中心任务和工作大局，这一原则体现了党性教育的高度政治性和时代性，也是我们在新时代加强和改进年轻干部党性教育的根本遵循。服务于党的中心任务和工作大局，意味着年轻干部党性教育必须紧密围绕党的中心工作和国家发展大局来展开。在不同时期党性教育也是会动态发展的。例如改革开放初期，党性教育在解放思想、实事求是的原则指导下重新开展；党的十三届四中全会结束之后，党性教育的重点聚焦到以"三讲"教育、"三个代表"重要思想为核心的学习上；党的十六大之后，党性教育更多地围绕保持党员的先进性、深入学习实践科学发展观等内容；党的十八大之后，党中央紧紧围绕"两个一百年"奋斗目标的总体要求，开展了多项主题教育，切实提高了年轻干部的党性素养。服务于党的中心任务和工作大局还要求党性教育必须注重培养年轻干部的大局意识和全局观念。要引导年轻干部站在党和国家事业发展的高度，认识和处理问题，确保各项工作符合党和人民的根本利益。这种大局意识和全局观念的培养，有助于提高年轻干部的战略眼光和决策水平，使他们更好地担当起历史赋予的重任。

第三，立足于解决党内存在的突出问题。立足于解决党内存在的突出问题，意味着在进行年轻干部党性教育时，始终坚持问题导向，紧密围绕党内存在的实际问题来开展教育。无论是思想观念的偏差、作风不正的问题，还是组织纪律的松弛、腐败现象的滋生，都以高度的政治责任感和使命感，通过党性教育来加以解决。这种立足于解决问题的教育方式，使年轻干部在接受教育的过程中，能够更加清醒地认识到自身存在的问题和不足，从而更加自觉地加以改进和提高。强化问题意识、突出问题导向是中国共产党在党性教育开展过程中始终坚持的重要方向，有利于及时发现党员队伍中不良思想和错误倾向。

第四，充分发挥党性教育制度的保障作用。改革开放初期，党中央开始加强党内法规的制度建设，出台了一系列文件，这也推动党性教育工作重新步入正轨；党的十三届四中全会后大力推进了干部教育培训体系与制度的建设；党的十六大之后,中央颁布了诸多条例来规范领导干部的廉政制度体系;党的十八大以来,党内的主题教育逐渐走向制度化,党性教育的常态化建设更为显著。在新形势下开展好党性教育,更要充分发挥党性教育制度的保障作用,通过制度化供给,促使新时代党性教育迈上更高的台阶。

第三章
新时代加强年轻干部党性教育的现实际遇

在社会时代不断的发展过程中,社会各项制度建设逐步趋于完善,我国的社会主义建设事业也在不断深化,而年轻干部属于建设中国特色社会主义事业的中坚与骨干力量,因此要注重对于年轻干部的各方面能力的提升,特别是年轻干部的政治能力水准一定要符合规范要求,这不仅关乎年轻干部个人的未来、党的各项事业进一步发展,更是关乎实现中华民族伟大复兴的关键。对于年轻干部来说,政治能力是评判一个年轻干部能力的首要标准,在新形势下年轻干部政治能力提高是我们党政治建设的首要任务,同时也是确保年轻干部可以应对各种各样风险考验,有效履行历史使命的重要步骤。

一、新时代加强年轻干部党性教育的现实意义

(一)加强年轻干部的党性教育是贯彻新时代党的建设总要求的必然举措

新时代党的建设总要求是:坚持和加强党的全面领导,坚持党要管党、全面从严治党,以加强党的长期执政能力建设、先进性和纯洁性建设为主线,以党的政治建设为统领,以坚定理想信念宗旨为根基,以调动全党积极性、主动性、创造性为着力点,全面推进党的政治建设、思想建设、组织建设、作风建设、纪律建设,把制度建设贯穿其中,深入推进反腐败斗争,不断提高党的建设质量,把党建设成为始终走在时代前列、人民衷心拥护、勇于自我革命、经得起各

种风浪考验、朝气蓬勃的马克思主义执政党。

在新形势下提升年轻干部的政治能力,关系着党和国家的发展命运。习近平要求,应该把青年一代培养成为有着全面素质发展的合格社会主义建设者,这是有关国家和民族前途命运的重要任务,是全党的共同政治责任,而年轻干部是我们党的重要组成部分,也是党未来的接班人,所以一定要对年轻干部进行有效的党性教育和政治能力培养,提高年轻干部的政治能力,强化其政治责任感与使命感。新形势下加强年轻干部党性教育,关系着党员领导干部队伍的整体素质的培养,以及相关的领导班子基础的建设质量。需要注重年轻干部的政治能力提升尤其是党性教育,这是具有前瞻性的队伍建设部署工作。提升年轻干部的政治能力有利于提升党的领导干部整体的素养,强化领导班子的基础,为国家、民族的发展建设提供信得过、靠得住的坚实领导后盾,使得年轻干部可以成为优秀的领导、建设人才的来源。新形势下年轻干部提高政治能力,关系着党的建设质量,党的建设是非常重要的一个任务,党的建设质量需要通过党员团体、干部团体等部分的整体素质、能力提升来体现,而年轻干部政治能力提升是衡量党的建设的关键性指标。党的生命力、活力的来源是年轻干部,在党的队伍团体之中,始终有着充满奋斗精神、有着崇高理想的年轻干部群体,他们以国家和民族的振兴为己任,因此对于年轻干部政治能力的提升,关系着党的队伍建设的质量,有着非常重要的意义。

(二) 加强年轻干部的党性教育是贯彻习近平总书记关于党性教育的重要论述的必然要求

在社会时代的发展过程中,我国的社会主义事业取得了举世瞩目的成就,在一系列辉煌成就取得的过程中,离不开党的领导和人民的积极参与,中国特色社会主义进入了新时代。这个新时代是承前启后、继往开来,在新的历史条件下继续夺取中国特色社会主义伟大胜利的时代;是全面建成小康社会、进而全面建成社会主义现代化强国的时代;是全国各族人民团结奋斗、不断创造美好生活、逐步实现全体人民共同富裕的时代;是全体中华儿女勠力同心、奋力实现中华民族伟大复兴中国梦的时代;是我国日益走近世界舞台中央、不断为人类作出更大贡献的时代。在这个中国特色社会主义发展的新时代之下,习近平多次在相关的会议中强调年轻干部要牢记坚定理想信念，坚持从实际出发、实事求是。因此，全党的同志尤其是一些年轻干部，需要时刻进行党性锻炼，强化对于政治觉悟和政治能力的提高，要有对党忠诚、为党尽职、造福人民的根本政治担当，注重对于共产党人政治本色的认知，有效抵抗各种风险的考验。新形势下年轻干部提高政治能力是大势所趋，而且在我国的党员干部队伍之中，年轻干部占据着非常大一部分的数量，是未来进行党和国家建设、治理、发展的主要力量，年轻干部的党性教育水准高低关系着社会主义建设的方方面面。在这种情况下，年轻干部应全力学习贯彻习近平总书记关于党性教育的重要论述，有效地增强"四个意识"，在内心的深处坚定"四个自信"，提高党性修养，提升政治觉悟、政治能力，为中国特色社会主义建设贡献自己的力量，更好地适应新形势对于年轻干部的要求。

（三）加强年轻干部的党性教育是确保党和国家事业薪火相传、后继有人的战略关键

习近平总书记关于青年工作的重要思想把我们党对青年工作的规律性认识提升到了新的高度，是马克思主义辩证法的典范，是新时代开展青年工作的根本遵循。从历史逻辑看，青年是党和国家事业薪火相传、后继有人的关键，也是我们党不断从胜利走向新的胜利的重要保证。纵观百年党史和党领导下的中国青年运动史，青年与党始终同心同德、命脉相连，党始终领导青年、指引青年、组织青年前行，青年也始终紧紧团结在党的周围，两者命运紧密相连、休戚与共。从现实逻辑看，将党的青年工作作为战略性工作是促进党自我革命的重要举措。《中共中央关于党的百年奋斗重大成就和历史经验的决议》明确指出，"要源源不断把各方面先进分子特别是优秀青年吸收到党内来"[1]。跳出历史周期率，永葆生机活力，就要勇于自我革命。年轻干部是党坚持自我革命的重要一环，这是因为"我们是革新者的党，而总是青年更乐于跟着革新者走"[2]。只有做好年轻干部的工作，才能永葆党的生机活力，才能保证党的事业薪火相传。中国共产党波澜壮阔的百年历史证明，只有将后继有人作为根本大计，才能使红色江山代代相传、永不变色。

---

[1] 《中共中央关于党的百年奋斗重大成就和历史经验的决议》，《人民日报》2021年11月17日。
[2] 习近平：《在庆祝中国共产主义青年团成立100周年大会上的讲话》，《人民日报》2022年5月11日。

二、新时代加强年轻干部党性教育的机遇与挑战

(一) 新时代加强年轻干部党性教育的机遇

党在成立初期就将青年和青年工作放在至关重要的地位。习近平指出:"过去、现在、将来青年工作都是党的工作中一项战略性工作。"①中国共产党之所以能够取得一个又一个胜利,关键在于掌握青年、赢得青年。明确青年工作战略要求是做好新时代党的青年工作的理论前提,也是开展青年工作探索的思想动力和行动保障。从大历史观和青年运动史的角度来看,党的青年工作经历的四个历史阶段凸显了"革命"救国、"建设"兴国、"改革发展"富国和"民族复兴"强国的时代主题。不同历史时期,青年工作尤其是年轻干部培养的具体内容和实践方略也各不相同。因此,深刻认识党对年轻干部培养的战略既是新时代党的青年工作理论研究的关键性、核心性问题,也是推动党的青年工作实践发展所需解决的重大问题。

(二) 新时代加强年轻干部党性教育的挑战

从挑战上来说,前进道路上的风险和考验对新时代年轻干部党性教育提出了许多新要求。

一是国际环境风起云涌、波谲云诡,对干部教育培训工作提出了新要求。习近平在中央党校(国家行政学院)中青年干部培训班开班式上强调,"当前,世界百年未有之大变局加速演进,中华民族伟大复兴进入关键时期,我们面临的风险挑战明显增多,总想过太平日子、不想斗争是不切实际的。要丢掉幻想、勇于斗争,在原则问题上寸步不让、寸土不让,以前所未有的意志品质维护国家主权、安全、发展利益。共产党人任何时候都要有不信邪、不怕鬼、不当软骨头的风骨、气节、胆魄"②。当今世界正处于百年未有之大变局,"两个大局"同步交织、相互激荡,唯有从恢宏的大历史观出发,我们才能真正把握中国

---

① 习近平:《在庆祝中国共产主义青年团成立100周年大会上的讲话》,《人民日报》2022年5月11日。
② 《习近平在中央党校(国家行政学院)中青年干部培训班开班式上发表重要讲话》,《中国青年报》2021年9月1日。

特色社会主义的丰富内涵和实践走向,才能实现中华民族伟大复兴的宏伟战略全局;唯有跳出社会形态、意识形态去看不同文明,才能真正达至文明交流互鉴,才能真正意义上理解历史的深刻内涵和中国发展;唯有构建大视野、大历史、大时代、大体系的多维视角,我们方能挣脱简单的现实主义牢笼去深刻理解中国发展的历史规律和国际关系的演变机理。因此,年轻干部总想过太平日子、不想斗争是不切实际的,要丢掉幻想,增加勇于斗争、善于斗争的本领,这也对干部教育培训工作尤其是党性教育提出新的挑战。党、国家和时代要求年轻干部要有敢于激发、善于激发、主动激发的历史主动性,因此塑造一支堪当民族复兴重任的年轻干部队伍是党性教育工作的关键点和着眼点。社会存在和社会意识辩证关系的原理也告诉我们,人们在改造社会的过程中,不能完全受制于社会存在的基本条件和现实从而选择随波逐流、无所作为,而是要在遵循历史发展规律的前提下,去自觉能动地改造社会。

二是部分年轻干部的政治素养、理论水平、专业能力、实践本领、党性修养跟不上时代步伐。

通常我们讲修养,可能会自然想到艰难困苦的条件,历史也给了我们许多这样的励志故事。但是恰恰也是这些故事的主人公,他们中的一部分最后是在"胜利和成功的时候",因为没有讲"修养",而是腐化堕落,最后还是无法避免地灭亡了。无论是基于历史文化传统的故事,还是党内的实际,我们的党员尤其是年轻干部,不但要在艰苦的、困难的以至失败的革命实践中锻炼自己,加紧自己的党性修养,而且要在顺利的、成功的、胜利的革命实践中锻炼自己,加紧自己的修养。有些党员受不起成功和胜利的鼓励,在胜利中昏头昏脑,因而放肆、骄傲、官僚化,以至动摇、腐化和堕落,完全失去他原有的革命性。这在我们共产党员中,虽是个别但却呈现年轻化趋势。

70后、80后、90后干部逐步成为干部队伍主体,00后也开始进入干部队伍,这些干部都是改革开放以来成长起来的,文化程度较高。但总体上对党的历史、优良传统缺乏深刻认知,党的基本理论和党性训练相对较弱,能否经受住重大关口的考验,是我们党面临的一个重要课题。部分年轻干部客观上相对缺乏重大斗争的经历,由于缺乏大风大浪的考验,一些年轻干部一旦遇到逆境、遇到重大斗争,就可能暴露出不敢斗争、不善斗争的问题。

三是年轻党性教育工作本身还存在许多不适应、不符合新时代要求的问题,需要不断改革创新。

《2018—2022年全国干部教育培训规划》提出目标：干部教育培训体系改革更加深化，干部素质培养的系统性、持续性、针对性、有效性不断增强，具有先进培训理念、科学内容体系、健全组织架构、高效运行机制的新时代中国特色社会主义干部教育培训体系不断完善。

《全国干部教育培训规划(2023—2027年)》提出目标：干部教育培训体系更加科学健全，培训内容更具时代性系统性，培训方法更具针对性有效性，培训保障更加坚实有力，培训制度更加规范完备，选育管用机制更加协同高效。

三、新时代加强年轻干部党性教育的问题分析

(一) 有些年轻干部对于马克思主义的理论知识基础认识存在不足

在当前的一些年轻干部之中，其对于马克思主义理论认识不够充足，这主要表现在三个方面。第一个方面是年轻干部对于马克思理论知识没有足够的重要性认识，将进行马克思主义理论学习作为门面功夫，认为学习或者是不学习无关紧要，没有马克思主义理论的知识储备，依然可以进行工作，这种只重视工作任务，不重视政治能力建设的思想，严重影响其政治能力的提高。第二个方面是进行马克思主义理论学习的方式、方法运用不正确，这表现在年轻干部对于马克思主义原著无法深入研读，体悟不到马克思原理的深刻内涵，学习或者是阅读一些马克思主义理论的内容习惯于快餐式的方法，没有专门拿出一些时间来进行精细化的理论知识探究学习，这导致了部分年轻干部的政治素养较低。第三个方面是对于马克思主义理论知识的学习和使用没有深刻结合，一些年轻干部虽然学习了马克思主义知识理论，但是学过之后并不会与实际工作相结合，学习归学习，使用归使用，两者没有结合，这样即使学习了马克思主义理论也无济于事。

(二) 有些年轻干部的基础政治素养还不够完善

对于年轻干部的基础政治素养来说，现阶段其不完善之处主要有三个表现：第一个表现是看问题没有时刻从政治的角度出发，辨别不清政治问题，在一些事情处理方面很难做到见微知著，对于政治不敏感，无法把一些问题解决

在萌芽中。第二个表现是很少从政治的方向来对于某一事件进行分析,针对一些复杂的问题还无法看透其本质,无法掌控复杂多变的问题。第三个表现是不会从政治的方向上进行一些事件的处理,抓不住问题的主要方面,处理矛盾时也意识不到矛盾时的主要方面,或者是遇见矛盾就逃避,将复杂的问题推出去,不会迎难而上。

(三)有些年轻干部缺乏党性的锻炼,斗争的精神也不充足

一些年轻干部在党性锻炼上经验较少,没有经历过严肃的党内政治生活的历练,无法适应严格认真的党内生活,认为自我批评等措施只是针对个别高级领导干部,且自我虚荣心强,没有认识到政治生活的严谨性。而且一些年轻干部在党性教育培训方面接受不多,只注重工作能力的培养,政治能力提升遭遇瓶颈,同时也缺乏实际的历练,年轻干部一线基层的工作经验少,造成了眼高手低的情况。最为重要的一点是一些年轻干部斗争的精神不足,没有敢干敢拼的劲头,对于工作上的困难非常容易出现厌倦、逃避的状况,这样就会严重地影响到年轻干部党性修养的提升。

(四)党性教育的灵活性、针对性、时效性不强

近年来,随着党校教育对年轻干部的党性教育不断发展创新,取得了明显成效,但也存在讲历史很过瘾、讲现实很乏力,触及现实问题找不到接口,激发不了情感共鸣和价值认同,难以产生持久的精神力量;有的教师甚至借"古"讽今、厚"古"薄今;培训简单化,有的把党性教育等同于现场教学,教学形式单一,现场教学"走马观花";党性教育现场教学相互复制,缺乏特色、缺乏深度;缺少考核检验教育成效的有效办法,等等。

第四章
新时代年轻干部党性教育的路径优化

提高年轻干部党性教育质量,是新时代党的思想建设的一项重要而迫切的课题。在考察历史、夯实理论、分析现状、明确要求的基础上,本章将着重从制度机制、教育途径、教育内容、教育方法、组织保障等五个方面,进一步思考新时代年轻干部党性教育的路径优化。

一、健全年轻干部党性教育制度机制

新时代年轻干部党性教育是一项全党全社会共同参与的艰巨任务,需要常抓不懈、久久为功。要确保新时代年轻干部党性教育取得实效,不断提高党性教育质量,就必须在总结教育经验,分析问题短板,把握教育规律,紧跟时代要求,符合工作实际的基础上,建立一套科学规范、运行高效、保障有力的长效工作机制。

(一) 健全党性教育资源开发利用机制

"党性教育资源是指能形成党性教育能力,构成党性教育条件、满足党性教育活动、具有党性教育价值的各种因素。"[①]党性教育资源是承接党性教育内容、实施党性教育方法、实现党性教育目标的载体,是党性教育有效开展的基

---

① 肖小华:《浅谈党性教育资源的整合与开发》,《中共珠海市委党校珠海市行政学院学报》2015年第3期,第59—62页。

本前提。党性教育的效果,很大程度上受党性教育资源开发利用程度的影响。党性教育资源涵盖的范围很广,既可以分成显性党性教育资源和隐性党性教育资源,或物质类党性教育资源和非物质类党性教育资源,也可以分成有形党性教育资源和无形党性教育资源。有形党性教育资源主要指革命旧居旧址、博物馆、纪念馆、纪念碑、红色书信、红色标语、先进事迹发生地、警示教育基地、廉政文化基地等具有一定物质形态的党性教育资源,无形党性教育资源主要指红色歌谣、红色诗词、红色故事、井冈山精神、长征精神、延安精神、载人航天精神、抗震救灾精神等不具有物质形态的党性教育资源。有形党性教育资源能够让年轻干部身临其境地感受历史。无形党性教育资源虽然看不见、摸不着,但却能被年轻干部留在记忆深处。年轻干部的党性教育,要深入开发利用好党性教育资源,提高党性教育资源的使用效益。一是对于党性教育资源的利用视野要广。不仅利用好革命历史资源,还要利用好当代具有党性教育意义的各类资源;既要充分开发利用有形党性教育资源,又要充分开发利用无形党性教育资源。二是处理好数量与质量的关系,树立质量意识。党性教育资源需要一定的数量,但关键还在于质量,在于发挥其党性教育的效果,使每一类党性教育资源都成为生动的党性教育课、生动的党性教育教材。三是在提炼主题上下功夫。党性教育资源无论其以什么形式呈现,关键要烘托主题。开发党性教育资源过程中,要坚持历史与现实、感性与理性、内容与形式相结合,深入挖掘人物、事件、遗迹、作品背后所蕴含的精神内核和党性要求,归纳、总结、提炼出具有理论高度、时代气息、现实启迪的主题。四是加强对党性教育资源的整合利用。既可以围绕一个主题,将不同党性教育资源进行整合,也可以围绕一种党性教育资源,从不同角度凝练主题。五是提高党性教育资源开发利用规范化、专业化水平。可以成立专门的党性教育资源开发研究中心,建立科学的党性教育资源评价指标体系,由专门部门、专业人员按照规范化流程、标准开发党性教育资源。党性教育资源开发出来后,由干部教育培训主管部门通过第三方进行评估,评估通过后通过一定形式予以公布,供有需求的单位使用。干部教育培训主管部门加强党性教育资源尤其是现场教学基地的规范管理,出台规范性意见,提高全国党性教育资源的开发和建设水平。

(二)健全党性教育保障机制

党性教育既是一项日常性任务,也是一项专业性工作;既是一项系统性工程,又是一门综合性学科。任何一种教育,都包括教育者、受教育者、教育影响三大因素。从思想教育的一般要求来讲,党性教育的有效实施,离不开包括党组织、干部教育培训机构等在内的教育者对党性教育的系统谋划、具体组织,离不开受教育者即广大年轻干部的自觉践行、积极参与,同样也离不开教育影响即教育者与受教育者进行教育活动时所依赖的机构、师资、课程、教材、经费等的基础保障。新时代党员干部党性教育质量提升,必须加大保障力度,健全保障机制。一是加强各类培训基地建设。党校(行政学院)、干部学院是党性教育主阵地,高校培训基地等干部教育培训机构是党性教育重要基地,承担着党性教育集中培训的重要任务。各类干部教育培训机构应突出主责主业,深化教学改革,完善培训内容,优化课程设计,创新培训方式,高质量完成党性教育集中培训任务。干部教育培训主管部门应加强对党校(行政学院)、干部学院等各类干部教育培训机构的工作指导,定期开展办学质量评估,重点评估党性教育培训质量,推动干部教育培训机构提高党性教育培训质量。二是加强党性教育师资队伍建设。年轻干部党性教育质量提升,关键要建设一支政治强、业务精、作风好的党性教育师资队伍。加强党性教育专职教师队伍建设,通过培训进修、挂职锻炼、科研资助等方式加大专职教师培养力度。把党性教育师资纳入各级人才政策支持范畴。定期对专职教师进行表彰奖励,评选党性教育名师。建立国家级和省级党性教育优秀教师师资库,实现优质师资资源共享。改革党性教育教师职称评聘办法,加强思想政治考核,突出教学能力,克服唯论文、唯"帽子"、唯学历、唯奖项、唯项目等倾向。开发、整合、优化党性教育兼职教师资源,选聘思想政治好、实践经验丰富、理论水平高的领导干部、企业经营管理人员、专家学者和先进模范人物、优秀基层干部等担任兼职教师,鼓励退休干部返聘任教,提高兼职教师授课比例,充分发挥兼职教师的作用。三是提高党性教育课程教材建设水平。完善党性教育课程教材开发和更新机制,具备条件的地方和部门,可以按照新时代党性教育新任务新要求,开发符合需求、务实管用的党性教育课程和教材,定期评选推介一批党性教育精品课程和教材,建立国家级和省级精品课程库,实现课程资源共享。四是加大经费保障力度。各级财政部门要将党性教育经费列入年度财政预算,保证党性教育工作的需要。

(三) 健全党性教育考核评价机制

考核评价是对党性教育效果实施监督控制的有效手段。年轻干部的党性教育，必须通过开展科学规范的考核评价，来准确地了解掌握年轻干部的教育成效。考核评价机制，主要用于对年轻干部参加党性教育的效果进行考核评价。年轻干部党性教育成效考核评价机制应该包括考核评价主体、考核评价内容、考核评价方式、考核评价档次、考核评价结果运用等要素。一是明确考核评价主体。考核评价主体是多方面的，具体需要根据党性教育的途径来明确。比如，通过党性教育集中培训加强党性教育，组织部门和党校（行政学院）、干部学院是考核评价的主体；通过党内集中教育活动加强党性教育，党组织及其组织部门是考核评价的主体；通过党内政治生活加强党性教育，党组织及其组织部门是考核评价的主体。二是合理设置考核评价内容。对党员干部党性教育成效的考核评价应该是全方位的，既包括年轻干部在党性教育过程中的思想认识、学习态度、理论知识掌握程度、考勤纪律、党性分析质量、分析问题和解决问题能力等方面，也包括接受党性教育后的思想政治素质、理论学习自觉性、工作表现和实绩、作风纪律、发挥模范带头作用、组织评价和党员群众评议结果等方面。这些考核评价内容，每个方面都可以细化为若干个具体的考核评价指标。三是完善考核评价方式。考核评价要坚持训中考核与训后考核相结合，定性考核与定量考核相结合，组织考评、群众评议与党员干部自评相结合，参加某次党性教育的专项考核、平时党性教育考核、年终党性教育考核与一定时期内党性教育考核相结合。年轻干部党性教育考核可以与干部教育培训考核、干部考核、集中教育活动成效评价等结合起来进行，也可以单独进行。四是规范考核评价档次。年轻干部党性教育考核综合评价结果，可以设置为优秀、合格、基本合格、不合格四个档次。五是加强考核评价结果运用。考核评价主体应该建立完善年轻干部党性教育档案，对年轻干部党性教育形成书面的考核评价意见并归入档案。把年轻干部党性教育考核评价结果作为干部选拔任用、评先评优的重要依据。

（四）健全党性教育宣传研究机制

要提高年轻干部党性教育质量，就必须进一步提高全党全社会对加强年轻干部党性教育重要性的认识。一是加大党性教育宣传力度。通过印发文件、媒体宣传等多种方式，广泛宣传党性教育重要性，让各级党组织和广大年轻干部深刻认识到党性教育作为共产党人的"心学"在党的思想建设中的核心作用，深刻认识到在面对具有许多新的历史特点的伟大斗争，面对世界百年未有之大变局的背景下,加强党性教育、提高年轻干部党性修养的重要性、紧迫性。围绕一些党组织和年轻干部存在的"党性教育主要是党校的事""党性教育是软任务"等认识误区,有针对性地开展宣传活动,让其消除认识误区,增强对党性教育的正确认识,积极投入党性教育实践。二是深入抓好党性教育理论阐释。组织干部教育培训机构、专家学者对中国共产党党性的鲜明特征、基本内涵、实践要求等重大理论和实践问题,进行全面、深入研究,鼓励具备条件的党组织和干部教育培训机构举办党性教育研讨会、党性教育论坛、党性教育征文等活动,力争涌现一批阐释透彻、逻辑严密、具有较强权威性和广泛影响力的研究成果,让各级党组织和广大党员干部进一步加深对中国共产党党性的认识,进而准确把握新时代年轻干部党性教育的基本理念、目标指向、主要原则、评估维度,进一步坚定做好党性教育的思想自觉和行动自觉。三是加强党性教育规律研究。年轻干部的党性生成及变化是有规律的,党性教育的组织实施也是有规律的。党性教育是一门研究党员干部党性生成及变化规律和党性教育规律的学科。应该高度重视党性教育学科体系建设,引导和鼓励有关部门、培训机构和专家学者深入开展党员干部党性生成及变化规律和党性教育规律研究。

二、拓展年轻干部党性教育途径

什么是党性教育途径?党性教育途径是指党性教育者促进、帮助党性教育对象提升党性的渠道与方式的总称。党性教育途径是保证党性教育内容得以传导、党性教育方法得以运用、党性教育效果得以产生、党性教育目标得以实现的基本渠道。党性教育途径大致可以分为集中培训、集中教育活动、党内政治生活、日常监督管理、实践锻炼、自我教育等六个方面。

(一) 加大集中培训力度

集中培训指的是年轻干部在党校(行政学院)、干部学院等干部教育培训机构接受的有组织、有计划的党性教育培训。集中培训包括短期集中培训和长期集中培训,短期集中培训一般为1个月以下的培训,长期集中培训一般为1个月及以上的培训。集中培训由于具有时间集中、目标明确、使用资源丰富、运用方法多样等优势,党性教育的效果也比较容易显现。

因此,党长期以来把集中培训作为加强党性教育的主要途径,各级党校(行政学院)、干部学院在党性教育集中培训中也发挥了主渠道、主阵地作用。新时代年轻干部党性教育要充分用好集中培训这种有效途径,进一步加大力度,可以通过开设党性教育集中培训专题班次,分期分批组织年轻干部接受党性教育,优化课程体系,改进培训方法,提高培训针对性实效性;开设非党性教育集中培训专题班次的,也要把党性教育作为培训的主要内容,使年轻干部参加培训的过程成为接受党性教育、加强党性锻炼的过程。

(二)抓好集中教育活动

"党内集中教育活动是指党在关键的历史时期或是党内矛盾突出之际,集中一段时间,在全党范围内开展马克思主义理论和形势政策教育,端正党员的态度,解决党内思想和作风问题,完成党的自身建设,统一全党的思想和认识,凝聚全党的共识和力量,以完成国家和人民重任的大规模教育实践活动。"[1]开展集中教育活动,是我们党特有的加强马克思主义教育的实践形式,是加强党的先进性和纯洁性建设的宝贵经验。1941年延安整风运动开启了我们党大规模党内集中教育活动的先河,从此,我们党根据时代发展和党的建设需要,开展过若干次党内集中教育活动,尤其是党的十八大以来,我们党先后开展了党的群众路线教育实践活动、"三严三实"专题教育、"两学一做"学习教育、"不忘初心、牢记使命"主题教育等,让领导干部一次又一次地接受深刻的党性教育。实践证明,党内集中教育活动,对于年轻干部加强党性锻炼具有重要作用,是党性教育的主要途径,尤其是对于短期内集中解决年轻干部某个方面或者某几个方面的思想和作风问题具有立竿见影的效果。新时代年轻干部党性教育,要继承和发扬党内集中教育优良传统,把党性教育与集中教育活动结合起来,将党性教育作为集中教育活动的重要内容,开展党内集中教育活动时,注重加强年轻干部党性教育,解决年轻干部党性方面存在的突出问题。

(三)严格党内政治生活

党内政治生活是年轻干部进行党性锻炼的主要平台。开展严肃认真的党

---

[1] 黄文燕:《新中国成立以来党内集中教育活动的方法探析》,《乐山师范学院学报》2020年第2期,第132—140页。

内政治生活,是我们党的优良传统和政治优势。延安时期,整风运动之所以能取得重大成功,一个很重要的原因就是严肃党内政治生活。近年来,我们党查处的一批腐败分子,其腐败堕落无一不是从践踏党内政治生活开始的。党的十八大以来,以习近平同志为核心的党中央坚持全面从严治党,从党内政治生活抓起,集中整治党风,净化党内政治生态,发展积极健康的党内政治文化,党内政治生活展现新气象。严格的党内政治生活,对年轻干部加强党性锻炼、检身正己非常有帮助,一次高质量的民主生活会、组织生活会,会让年轻干部记忆深刻、受益终身,严肃认真的谈心谈话,对年轻干部提高思想认识非常管用。《关于新形势下党内政治生活的若干准则》规定了坚定理想信念、坚持党的基本路线、坚决维护党中央权威、严明党的政治纪律、保持党同人民群众的血肉联系、坚持民主集中制、发扬党内民主和保障党员权利、坚持正确选人用人导向、严格党的组织生活制度、开展批评和自我批评、加强对权力运行的制约和监督、保持清正廉洁的政治本色等12个方面党内政治生活内容。这12个方面中的每一个方面对年轻干部锤炼党性都非常重要。新时代加强年轻干部党性教育,要把党内政治生活的宝贵经验传承好、发扬好,提高党内政治生活的政治性、时代性、原则性、战斗性,让年轻干部在严肃认真的党内政治生活中经受考验、接受锻炼。

(四) 强化日常监督管理

党性教育不是一时一刻的工作,也不可能一劳永逸,需要细水长流、常抓不懈。每一名年轻干部都处在一个组织当中,年轻干部思想作风状况、纪律意识、党性表现会体现在日常工作生活当中,党性教育的大部分工作应该集中在加强对领导干部的日常教育管理监督上。要坚持把政治坚定、党性坚强作为好干部的第一标准来选拔任用干部,充分体现党性要求,重视了解干部党性表现,形成重党性的用人导向。加强新任职年轻干部党性教育,党委或党委组织部门的负责同志在任职谈话时要重点强调党性要求。各级党组织要把党性教育体现在年轻干部的"严早严小严预防"之中,坚持敢抓敢管、严抓严管,管好关键人、管到关键处、管住关键事、管在关键时,既要管工作也要管思想、管作风、管纪律。及时关注年轻干部的思想动态、工作状态、作风表现,既要掌握八小时以内的表现,也要了解八小时以外的表现,了解年轻干部的平时德行和操守。年轻干部犯了错误,绝不能视而不见、捂着盖着,要积极运用"第一种形态",对于年轻干部身上存在的苗头性、倾向性问题,及时"红脸出汗",让年轻干部在严格的日常监督管理中加强党性锻炼、提高党性修养。

(五) 用好实践锻炼平台

实践锻炼是年轻干部接受党性教育的重要途径。正如习近平指出的,"广大党员、干部要在经风雨、见世面中长才干、壮筋骨,练就担当作为的硬脊梁、铁肩膀、真本事,敢字为先、干字当头,勇于担当、善于作为,在有效应对重大挑战、抵御重大风险、克服重大阻力、解决重大矛盾中冲锋在前、建功立业"①。各级党组织要高度重视在实践中教育年轻干部增强党性,通过实践来检验年轻干部的党性。坚持把基层单位、艰苦岗位、重大战略、重点工程、复杂环境作为年轻干部党性教育的实践载体。对于缺乏基层工作经历的年轻干部,要有计划地安排到基层和生产一线锻炼;对于缺乏艰苦环境锻炼的年轻干部,要有计划地安排到急难险重任务中经受考验。继续实施援疆、援藏、援青等计划,选派年轻干部到国家重大战略等地区挂职,参与处置重大突发事件。组织年轻干部经常深入基层、深入群众开展蹲点调研,多渠道锤炼党性。

(六) 注重加强自我教育

党性教育既是一种外在的教育,也是一种内在的教育。内在的教育,也就是自我教育、自我约束,外在的教育,也就是组织的教育监督,都是党性教育的重要途径。内因是事物发展变化的根本原因。党性教育的效果最终要通过年轻干部的自律、自我约束来体现。年轻干部有了自律意识,才能自觉规范自己的言行,自觉践行党的要求、遵守党的纪律。因此,新时代年轻干部党性教育,要教育引导年轻干部自觉加强自我教育,把党性要求、初心使命内化于心,融入个人学习、工作和立身行事中。年轻干部要养成良好的学习习惯,努力改造主观世界,始终保持理论清醒和政治坚定;自觉在艰苦环境、危难时刻磨炼意志、砥砺品质,在践行党的宗旨中增强党性;自觉接受组织和群众的监督,经常对照党章,认真查找并改正自身党性方面存在的问题;自觉从革命先辈、模范人物的崇高风范中汲取力量。

---

① 《习近平谈治国理政》第3卷,外文出版社2020年版,第542—543页。

三、针对年轻干部需求丰富党性教育内容

内容是决定党性教育质量的关键因素。党的十八大以来,党性教育已经初步建立了比较完善的内容体系。但正如有的学者提出,"构建适应全面从严治党大背景的干部党性教育内容体系,提升干部党性教育的针对性、实效性和科学性,是当前加强和改进干部党性教育的重大理论课题和内在要求"①。新时代年轻干部党性教育质量提升,必须在现有的基础上,针对年轻干部需求不断丰富党性教育的内容,建立起更加完善、更加符合时代要求的党性教育内容体系,使党性教育内容始终满足党性教育需求,跟进时代发展步伐。

(一)深化年轻干部党性教育需求调研

增强党性教育内容的针对性,是提高党性教育质量的必然要求。如何增强年轻干部党性教育内容的针对性?关键在于年轻干部党性教育的内容要能够紧扣党和国家中心工作,紧跟时代发展步伐,紧贴年轻干部队伍实际。要做到这三个方面要求,就必须深化党性教育需求分析,把需求分析贯穿党性教育全过程。

在对年轻干部进行党性教育时,一方面要准确把握时代特征,基于具有许多新的历史特点的伟大斗争、推进新时代党的建设新的伟大工程、推进中国特色社会主义伟大事业、实现中华民族伟大复兴的中国梦,了解把握新时代落实党的路线、方针、政策和党中央重大决策部署对年轻干部党性提出的新要求。另一方面要深入分析世界百年未有之大变局对年轻干部队伍世界观、人生观、价值观带来的影响,深入分析西方意识形态渗透、多元价值观对年轻干部理想信念带来的冲击,深入分析深化改革开放和社会主义市场经济体制对年轻干部思想观念带来的变化,深入了解90后甚至00后年轻干部对中国共产党、马克思主义、共产主义、中国特色社会主义的认识,分析年轻干部的党性情况。可以通过网上调查、问卷调查、随机采访、座谈交流等多种方式,了解年轻干部

---

① 田仁来、杨艳红、李江:《全面从严治党视阈下干部党性教育内容体系的构建》,《领导科学论坛》2018年第9期,第52—53页。

的党性教育需求。在此基础上,把中央的要求、时代的需要与年轻干部的需求结合起来,制订党性教育计划,明确党性教育目标,确定党性教育内容,提高党性教育的针对性。

(二)认真抓好基本内容教育

新时代年轻干部党性教育,要结合党完成新时代历史使命的需要,结合新发展阶段年轻干部的思想政治状况,抓好基本内容的教育。党性教育的内容可以从以下几个方面去理解。

第一,坚定马克思主义信仰。新时代年轻干部的党性教育是一项重要任务,而坚定马克思主义信仰是其中的基本内容。这不仅关系到年轻干部个人思想的发展和成长,更直接关系到党和国家的未来。马克思主义作为科学的理论体系,揭示了人类社会发展的客观规律,为我们认识世界和改造世界提供了强大的思想武器。对于年轻干部来说,坚定马克思主义信仰,就是要深刻理解和把握马克思主义的基本原理和精神实质,将其作为行动指南和工作遵循。在党性教育中,需要引导年轻干部系统学习马克思主义理论,包括马克思主义哲学、政治经济学和科学社会主义等。通过学习,使年轻干部能够深入理解马克思主义关于人类社会发展规律、无产阶级革命的理论,以及社会主义建设和发展的基本原理。同时,也要注重教育年轻干部将理论学习与工作实践相结合,运用马克思主义的立场、观点和方法分析解决实际问题,不断提高理论素养和实践能力。

第二,坚定共产主义理想。共产主义理想作为共产党人的最高追求,不仅是党性的集中体现,更是新时代年轻干部在面对各种风险挑战时能够坚定信念、勇毅前行的精神支柱。要教育年轻干部坚定共产主义理想,就要引导年轻干部深刻理解和把握共产主义的科学内涵和历史必然性。共产主义是人类社会发展的最高形态,是实现人类全面解放和自由的理想社会。要让年轻干部通过学习马克思主义经典著作和党的理论创新成果,不断加深对共产主义理想的认识和理解,增强对共产主义事业的信念和信心。同时,坚定共产主义理想还需要年轻干部在实践中不断锤炼和升华。年轻干部要将共产主义理想转化为推动工作的强大动力,积极投身到新时代中国特色社会主义伟大事业中去,为实现中华民族伟大复兴的中国梦贡献自己的力量。在工作中,年轻干部要勇于担当、敢于创新,不断提高业务能力和综合素质,以实际行动践行共产主义理想。

第三，坚定中国特色社会主义信念。新形势下教育年轻干部要坚定中国特色社会主义信念需要注重以下几个方面：一是要深刻理解和把握中国特色社会主义的科学内涵和核心要义。年轻干部要通过学习党的历史、理论和路线方针政策，深入理解中国特色社会主义的发展历程、理论体系和制度优势，明确中国特色社会主义是科学社会主义理论逻辑和中国社会发展历史逻辑的辩证统一。二是要教育引导年轻干部在实践中不断锤炼和提升对中国特色社会主义的信念。年轻干部要积极参与实际工作，深入了解国情、民情，把握经济社会发展的大势和规律。通过实践，不断加深对中国特色社会主义的认识和理解，增强对中国特色社会主义道路、理论、制度、文化的自信。三是要教育引导年轻干部不断提高政治敏锐性和鉴别力，坚定政治立场，坚决维护党中央权威和集中统一领导。在面对各种风险挑战时，要始终保持清醒的头脑和坚定的信念，勇于担当、敢于斗争，坚决同一切违背中国特色社会主义原则的言行作斗争。

第四，坚持人民至上。新时代年轻干部党性教育的基本内容中，坚持人民至上是一个核心要素。这一原则体现了党的初心和使命，也是年轻干部在工作中必须坚守的根本立场。首先，人民至上是党性教育的根本出发点和落脚点。党性教育的核心目标是培养党员干部坚定的政治信仰、高尚的道德品质和为人民服务的能力。而这一切的出发点和落脚点都是为了更好地服务人民。因此，坚持人民至上，就是要把人民的利益放在首位，把人民的需求作为工作的导向，确保党性教育的成果能够真正惠及广大人民群众。其次，人民至上是检验党性教育成效的重要标准。党性教育的效果如何，最终要由人民来评判。只有真正做到了人民至上，才能够赢得人民的信任和支持，才能够取得工作的实效。因此，在党性教育中，要注重引导年轻干部树立正确的群众观，增强群众意识，提高服务群众的能力和水平，确保党性教育的成果能够转化为服务人民的实际行动。此外，坚持人民至上还需要年轻干部在实践中不断锤炼和升华。党性教育不仅仅是一种理论灌输，更是一种实践锻炼。年轻干部要通过深入基层、深入群众，了解人民的需求和关切，积极回应人民的期待，用实际行动践行人民至上的原则。同时，要在实践中不断总结经验、反思不足，不断完善自己的工作方式和方法，提高服务人民的质量和效率。最后，坚持人民至上还需要年轻干部时刻保持清醒的头脑和坚定的信念。在面对各种复杂情况和挑战时,要始终保持对人民的深厚感情和高度责任感,坚守人民至上的原则不动摇。同时,要不断加强自身的党性修养和业务能力提升,以更好地适应新时代党的工作要求和人民群众的期待。

第五,严守党的纪律规矩。党的纪律规矩是党的生命线,是维护党的团结统一、保持党的先进性和纯洁性的重要保障。年轻干部作为党和国家事业的中坚力量,必须严守党的纪律规矩,确保在思想上、政治上、行动上始终与党中央保持高度一致。首先,严守党的政治纪律和政治规矩。要教育引导年轻干部坚定政治信仰,增强"四个意识",坚定"四个自信",做到"两个维护"。在政治立场、政治方向、政治原则、政治道路上必须与党中央保持高度一致,决不允许有丝毫偏离和动摇。其次,严守党的组织纪律。要教育引导年轻干部严格执行党的组织原则,遵循组织程序,服从组织安排。在选人用人、干部选拔等方面,要坚持公平、公正、公开的原则,坚决防止和反对任人唯亲、拉帮结派等不正之风。此外,年轻干部还要严守党的工作纪律、群众纪律、廉洁纪律等。在工作中要勤勉尽责、严谨细致,确保各项工作任务落到实处;在群众工作中要密切联系群众、倾听群众呼声,切实解决群众关心的实际问题;在廉洁自律方面要坚守底线、不越红线,做到清正廉洁、公私分明。为了加强年轻干部的纪律规矩教育,可以采取多种措施。例如,通过举办专题培训班、开展警示教育、组织学习交流等方式,引导年轻干部深刻认识严守党的纪律规矩的重要性和必要性。同时,还可以结合具体案例进行剖析,让年轻干部从中汲取教训、引以为戒。

第六,维护党的团结统一。1941年7月中央政治局通过的《中共中央关于增强党性的决定》,是党的历史上第一个以党性为主题的中央文件,也是迄今为止唯一一个直接以增强党性命名的中央文件。该文件强调,虽然经过20年的革命锻炼,我们党已经成为国家政治生活中重要的力量和决定的因素,但是,我们面临的革命事业仍然是伟大而艰难的。当时各种反动势力蠢蠢欲动,这就要求中国共产党需要更进一步加强集中统一领导。而要达到所需的集中、统一、团结,全体党员特别是干部党员就要增强党性锻炼,把个人利益服从于全党利益,把党的部分利益服从于全党的利益。这里的全党的利益是指无产阶级的利益。习近平在中共中央政治局2021年12月召开的党史学习教育专题民主生活会上指出,"善于在总结历史中统一思想、统一行动,是我们党的成功经验"。保持党的团结统一是我们党的成功经验。党的团结统一是党的生命，是党的力量所在。在党性教育中，要通过理论学习和实践锻炼，使年轻干部深刻认识到党的团结统一对于党的生存和发展具有的重要意义。要引导他们从历史和现实的角度，理解党的团结统一是党战胜一切困难和挑战的重要法宝。党性教育要注重培养年轻干部的团结协作精神。要鼓励年轻干部积极参与党的组织生活和政治生活，加强党性锻炼和党性修养，提高政治觉悟和政治能力。通过团队协作和集体行动，增强党的凝聚力和向心力。党性教育还要引导年轻干部正确处理个人与组织、局部与全局的关系。在维护党的团结统一的过程中，个人要服从组织、局部要服从全局。年轻干部要时刻以党的利益为重，以大局为重，自觉维护党的团结统一。在面对不同意见和分歧时，要学会通过沟通、协商和讨论来解决问题，而不是采取对立和分裂的态度。

第七，发扬党的光荣传统和优良作风。2021年3月1日，习近平在中央党校（国家行政学院）中青年干部培训班开班式上强调："我们党团结带领人民取得了革命、建设、改革的伟大成就，很重要的一条就是我们党在长期实践中培育并坚持了一整套光荣传统和优良作风。这些光荣传统和优良作风是我们党性质和宗旨的集中体现，是我们党区别于其他政党的显著标志。党要得到人民群众支持和拥护，就必须持之以恒发扬党的光荣传统和优良作风。"中国共产党在长期的奋斗中形成了许多光荣传统和优良作风。这些光荣传统和优良作风是党的政治优势，是党的精神力量所在。党的光荣传统和优良作风涵盖了多个方面。其中，密切联系群众是党的一大传统。党始终坚持以人民为中心的发展思想，始终保持与人民群众的紧密联系，确保党的决策和行动始终符合人民的根本利益。此外，实事求是是党的基本思想路线和工作作风，它要求我们在任何情况下都要坚持从实际出发，理论联系实际，不断推动工作的深入发展。艰苦奋斗、自力更生是党在长期的革命和建设中形成的宝贵精神财富，它激励我们在面对困难和挑战时要坚定信念，勇往直前。批评与自我批评是党保持肌体健康的重要武器，它帮助我们及时发现和纠正错误，确保党的队伍始终保持纯洁性和先进性。在加强党性教育的过程中，要使广大年轻干部深刻认识到发扬党的光荣传统和优良作风的重要性，自觉将其融入日常工作和生活中。同时，要紧密结合实际，根据新时代的特点和要求，不断创新发扬党的光荣传统和优良作风的方式和方法。例如，可以通过开展主题教育、组织学习交流等方式，推动广大年轻干部在实践中不断践行这些传统和作风。

第八,坚持实事求是的思想路线。实事求是作为党的思想路线,始终是马克思主义中国化理论成果的精髓和灵魂。坚持实事求是,根本在于始终坚持党的群众路线。群众路线是我们党的根本工作路线,与实事求是的思想路线相辅相成、完全统一。一方面,实事求是是在实践基础上认识世界的过程,这一过程要通过"从群众中来"才能实现,只有及时发现、总结、概括人民创造的新鲜经验,才能获得正确反映客观规律的真理性认识,才能制定出符合客观规律的科学决策。另一方面,实事求是又是在实践基础上改造世界的过程,这一过程要通过"到群众中去"才能实现,来自群众的正确意见和真理性认识只有为群众所掌握,才能转化为改造世界的实际行动。坚持实事求是不仅是党的思想路线的核心,更是马克思主义中国化理论成果的精髓和灵魂。年轻干部作为党和国家事业的新鲜血液和生力军,必须深刻理解并坚定不移地贯彻这一思想路线。要教育年轻干部从政治高度认识坚持实事求是的重要性。实事求是不仅是个人道德修养的体现,更是党的工作的基石。年轻干部要牢固树立实事求是的观念,将其作为立身、做事、谋发展的根本原则。要引导年轻干部深入实际、深入群众,进行调查研究。这是坚持实事求是的前提和基础。年轻干部要摒弃形式主义和官僚主义,真正深入基层、深入一线,了解实际情况,听取群众意见,从实践中发现问题、解决问题。同时,要培养年轻干部独立思考、勇于实践的精神。年轻干部要敢于面对问题,敢于挑战权威,敢于在实践中检验和发展真理。要在实践中不断总结经验教训,不断完善自己的思想和行动。最后,要建立健全考核评价机制,激励年轻干部坚持实事求是。对于在工作中坚持实事求是、取得显著成绩的年轻干部要给予表彰和奖励;对于违背实事求是原则、造成不良影响的要严肃处理。通过考核评价机制,引导年轻干部在实践中不断锤炼党性、提升能力。

第九,保持清正廉洁的政治本色。党性教育中,保持清正廉洁的政治本色不仅是对党员干部个人品行的要求,更是对党的整体形象和战斗力的维护。首先,清正廉洁是共产党人的立身之本,是任何时候都不能丢失的政治本色。在党性教育中,强调清正廉洁的重要性,就是要引导年轻干部树立正确的权力观、地位观、利益观,始终坚守共产党人的政治操守和道德底线。其次,保持清正廉洁的政治本色是党的先进性和纯洁性的内在要求。党的先进性和纯洁性是通过每一个党员干部的具体行动来体现的。只有年轻干部都保持清正廉洁,党才能永葆生机和活力,才能赢得人民群众的信任和拥护。在党性教育中,要实现保持清正廉洁的政治本色这一目标,需要做到以下几点:一是加强理想信念教育。通过深入学习党的理论和历史,使年轻干部坚定共产主义信仰,增强党性观念,自觉抵制各种腐败思想的侵蚀。二是强化纪律规矩意识。年轻干部要严格遵守党的政治纪律和政治规矩,做到心中有党、心中有民、心中有责、心中有戒,确保在任何时候任何情况下都能守住纪律规矩的底线。三是倡导廉洁自律的生活作风。年轻干部要自觉践行党的优良传统和作风,做到勤俭节约、艰苦奋斗,不追求奢华享乐,不沾染不良习气,始终保持共产党人的高尚品格和廉洁形象。

第十,培育高尚道德情操。人无德不立,官无德不为。政德是年轻干部的政治坚守。年轻干部的政德如何,体现着年轻干部的党性。习近平指出:"立政德,就要明大德、守公德、严私德。"①从现实来看,绝大多数年轻干部的政德是好的,但仍有一些年轻干部追求权力、追求名利、追求享乐,以自我为中心,行为没有任何底线。这些年轻干部不但自己走向堕落和腐败,还且影响和带坏了一个地方的风气和政治生态。新时代年轻干部党性教育,要把加强政德教育作为基本任务,教育引导年轻干部明大德、守公德、严私德。

第十一,强化法治思维。法治思维是指以法治价值和法治精神为导向,运用法律原则、法律规则、法律方法思考和处理问题的思维模式。对于年轻干部来说,具备法治思维不仅是对其个人素质的基本要求,更是推动依法治国、建设社会主义法治国家的必然要求。首先,强化法治思维有助于年轻干部在工作中做到依法决策、依法行政、依法办事。在处理问题时,能够自觉运用法律手段,而不是仅凭个人意志或经验,确保决策的科学性和合法性。其次,强化法治思维有助于提升年轻干部的公信力和形象。在公众面前,年轻干部能够展现出对法律的尊重和敬畏,以法治精神为导向处理问题,从而赢得公众的信任和尊重。在党性教育中强化法治思维,需要注重以下几个方面:一是加强法律知识学习,使年轻干部掌握基本的法律知识和法律技能;二是培养法治精神,使年轻干部树立法治信仰,尊重法律、遵守法律、维护法律;三是注重实践锻炼,使年轻干部在处理实际问题时能够自觉运用法治思维和法治方式。强化法治思维是党性教育中的重要内容之一。通过加强法律知识学习、培养法

---

① 《习近平李克强栗战书赵乐际分别参加全国人大会议一些代表团审议》,《人民日报》2018年3月11日。

治精神和实践锻炼等多种方式,可以有效提升年轻干部的法治思维和法治能力,为推动依法治国、建设社会主义法治国家作出积极贡献。

第十二,树立正确的权力观、政绩观、事业观。政绩观是一面镜子,映照出中国共产党人的党性、作风和担当。党的十八大以来,习近平在多个场合反复强调,要教育引导广大党员干部树立正确的权力观、政绩观、事业观,增强责任感和使命感。首先,权力观是年轻干部对待权力的基本态度和看法。正确的权力观要求年轻干部明确权力来自人民,必须始终用来为人民服务,而不是为个人谋取私利。树立正确的权力观,就是要坚持权为民所赋、权为民所用的马克思主义权力观,清醒认识到自己手中的权力、所处的岗位,是党和人民赋予的,是为党和人民做事用的。其次,政绩观是年轻干部对待工作成果的态度和看法。正确的政绩观强调实绩实效,要求年轻干部在工作中注重解决实际问题,追求人民群众的满意度和获得感。党员干部要摒弃形式主义、官僚主义等不良作风,坚持实事求是、真抓实干,以实际成效检验工作成果。树立正确的政绩观,就是要涵养"功成不必在我"的坦荡胸怀和"功成必定有我"的历史担当,把为民办事、为民造福作为最重要的政绩,把为老百姓做了多少好事实事作为检验政绩的重要标准。最后,事业观是年轻干部对待职业发展和事业成就的态度和看法。正确的事业观要求年轻干部始终坚持以人民为中心的发展思想,将个人事业发展与党和人民的事业紧密联系在一起。树立正确的事业观,就是要始终牢记"为中国人民谋幸福,为中华民族谋复兴"的初心使命,提振攻坚克难、奋力拼搏的精气神。年轻干部要树立正确的职业理想,追求高尚的职业道德,不断提升自己的业务能力和综合素质,为党和人民的事业作出更大的贡献。在党性教育中,要通过各种形式加强对年轻干部的权力观、政绩观、事业观的教育和引导。通过案例分析、理论研讨、实践锻炼等多种方式,使年轻干部深刻认识到树立正确观念的重要性,自觉将正确的观念转化为实际行动,不断提升自己的党性修养和工作水平。

第十三,发扬担当和斗争精神。习近平 2019 年 9 月在中央党校(国家行政学院)中青年干部培训班开班式上指出:"广大干部特别是年轻干部要经受严格的思想淬炼、政治历练、实践锻炼,发扬斗争精神,增强斗争本领,为实现'两个一百年'奋斗目标、实现中华民族伟大复兴的中国梦而顽强奋斗。"[①]党的

---

① 《习近平谈治国理政》第 3 卷,外文出版社 2020 年版,第 225 页。

十八大以来,习近平总书记多次就"斗争"发表重要论述,"斗争"成为习近平总书记系列重要讲话中的高频词。斗争是一切事物发展的动力,是打破旧平衡、实现新平衡的重要手段。斗争是马克思主义与生俱来的政治本色,是共产党人鲜明的政治品格。共产党员保持斗争精神,既是一种思想状态,也是一种党性原则。当今世界正经历百年未有之大变局,是世界之变、时代之变、历史之变。应对这一大变局,需要广大年轻干部保持战略定力,坚守信念,敢于斗争,善于斗争。"中华民族伟大复兴,绝不是轻轻松松、敲锣打鼓就能实现的,实现伟大梦想必须进行伟大斗争。"[1]新时代年轻干部党性教育,必须把保持斗争精神作为一项基本任务,教育引导年轻干部深刻认识斗争内涵,正确把握斗争方向,始终保持斗争意志,灵活掌握斗争方法,扎实提高斗争本领,敢于同敌对势力作斗争、与损害党和人民利益的行为作斗争、与不良风气和腐败现象作斗争、与困难挫折作斗争、与自己作斗争。另外还要加强担当教育。我们党是一个勇于担当重任的马克思主义政党,毅然承担起实现民族独立和人民解放、国家富强和人民幸福的历史使命,带领人民取得一个又一个伟大胜利。党的十八大以来,以习近平同志为核心的党中央,以巨大的政治勇气和强烈的责任担当,推动党和国家事业取得历史性成就、发生历史性变革,迎来了中华民族从"站起来"、"富起来"到"强起来"的伟大飞跃。实践证明,敢于担当、积极作为,是中国共产党由小到大、由弱到强、由胜利走向胜利的成功法宝,也是中国共产党始终站在时代前列、赢得人民衷心拥护的宝贵经验,更是中国共产党区别其他政党的鲜明特质。党的性质宗旨和奋斗目标,决定了年轻干部必须具备敢于担当、积极作为的政治品质,否则就无法坚守党的初心使命。新时代是奋斗者的时代,是年轻干部担当作为的时代。新时代年轻干部党性教育,必须把勇于担当作为、忠诚履职尽责作为基本任务,教育引导年轻干部,锤炼求真务实的过硬作风,发扬奋发有为的精神,不负时代重托,不负人民期望,用担当作为诠释对党的忠诚。

(三) 精心抓好重点内容教育

党性教育涉及的内容是多方面的,既包括理想信念教育、马克思主义理论教育、党的宗旨教育、党章党规党纪教育等重点内容,也包括体现不

---

[1] 《习近平谈治国理政》第3卷,外文出版社2020年版,第225页。

同时期、不同阶段、不同任务的基本内容。党性教育内容体系,就是包括重点内容和基本内容在内,根据时代发展要求,不断进行丰富、完善、更新、调整的体系。

第一,不断强化理想信念教育。这是新时代年轻干部党性教育的首要任务。习近平指出:"共产主义远大理想和中国特色社会主义共同理想,是中国共产党人的精神支柱和政治灵魂,也是保持党的团结统一的思想基础。"[①]牢固不变的理想和坚定如一的信念,是中国共产党人党性的精神内核。年轻干部党性的坚定,首先来自理想的崇高,来自信仰的牢固和信念的坚定。理想信念关系到党员干部的世界观、人生观、价值观,是年轻干部思想的"总开关"。年轻干部能否在大是大非面前坚持原则,能否在各种诱惑面前保持定力,能否在困难和挑战面前坚定信心,关键看理想信念是否坚定。新时代年轻干部党性教育,首要任务就是教育引导年轻干部坚定对马克思主义的信仰,坚定对共产主义和社会主义的信念,坚定对实现中华民族伟大复兴中国梦的信心,始终忠诚于党,忠诚于祖国,忠诚于人民。

第二,学思践悟习近平新时代中国特色社会主义思想。理论上清醒,党性才能坚定,理论武装对党性修养起着固本强基的作用。马克思主义是关于全世界无产阶级和全人类彻底解放的学说,深刻揭示了自然界、人类社会和人类思维发展的普遍规律。在党性教育中,必须加强马克思主义理论教育,为年轻干部增强党性打牢理论基础。新时代加强年轻干部马克思主义理论教育,最重要、最根本、最紧迫的就是用习近平新时代中国特色社会主义思想武装年轻干部的头脑,教育引导年轻干部读原著、学原文、悟原理,全面系统学、深入思考学、联系实际学,深刻领会贯穿其中的马克思主义立场、观点、方法,增强政治判断力、政治领悟力、政治执行力,学深悟透、融会贯通、真信笃行。可以定期围绕学习贯彻习近平总书记系列重要讲话精神,举办专题培训班,有计划地组织年轻干部进行集中学习培训。

第三,加强"以人民为中心"思想的教育。全心全意为人民服务的宗旨,体现了中国共产党党性的本质特征,是衡量年轻干部党性修养的重要标准。党的十八大以来,习近平站在新的历史方位,提出"以人民为中心"的思想,这是党的根本宗旨的继承和发展。党的十九大报告对"以人民为中心"这一重大思

[①] 《习近平谈治国理政》第3卷,外文出版社2020年版,第49页。

想的丰富内涵作了深刻阐述:"人民是历史的创造者,是决定党和国家前途命运的根本力量。必须坚持人民主体地位,坚持立党为公、执政为民,践行全心全意为人民服务的根本宗旨,把党的群众路线贯彻到治国理政全部活动之中,把人民对美好生活的向往作为奋斗目标,依靠人民创造历史伟业。"[①]新时代加强党的根本宗旨教育,主要任务就是要加强"以人民为中心"的思想教育,教育引导年轻干部牢固树立党的群众观点,实践党的群众路线,坚持把人民群众放在心中最高的位置,把实现好、维护好、发展好人民群众利益作为一切工作的出发点和落脚点,真诚倾听群众呼声,真实反映群众愿望,努力为群众办实事、办好事。

第四,加强党章党规党纪教育。中国共产党是靠革命理想和铁的纪律组织起来的马克思主义政党,纪律严明是党的优良传统和独特优势。党章是党的"根本大法",是党的性质和宗旨的集中体现。作为管党治党的总规矩,党章的每一条规定都是必须遵守的纪律。党规党纪是对党章的延伸和具体化,《中国共产党章程》第三十九条规定:"党的纪律是党的各级组织和全体党员必须遵守的行为规则,是维护党的团结统一、完成党的任务的保证。党组织必须严格执行和维护党的纪律,共产党员必须自觉接受党的纪律的约束。"

新时代年轻干部党性教育,应该把加强党章党规党纪教育作为重要内容。加强党章党规党纪教育,首要的是教育引导年轻干部学习党章、贯彻党章、维护党章。各级党组织应该经常组织年轻干部学习党章,重温入党誓词,让年轻干部强化党的意识,牢记自己的身份是共产党员,第一职责是为党工作。每位年轻干部要把党章作为自己的案头书,经常学习、遵照执行。党的纪律主要包括政治纪律、组织纪律、廉洁纪律、群众纪律、工作纪律、生活纪律。在这些纪律中,政治纪律是最根本、最重要的纪律。加强党规党纪教育,首要的是加强政治纪律和政治规矩教育,教育引导年轻干部提高政治站位,坚定政治立场,保持头脑清醒,在思想上政治上行动上同党中央保持高度一致,做政治上的明白人。

四、运用年轻干部喜闻乐见的党性教育方法

什么是党性教育方法?党性教育方法,是在一定的党性教育理念和原则

[①] 《习近平谈治国理政》第3卷,外文出版社2020年版,第16—17页。

的指导下,围绕实现党性教育的目标,将党性教育的内容传递给党性教育对象所采取的策略和手段的总称。党性教育方法是党性教育理念和原则的具体反映,正确运用党性教育方法,对提高党性教育质量,实现党性教育目标任务具有重要作用。党性教育方法,大致可以分成讲授式、渗透式、案例式、互动式、典型式、体验式等六大类。

(一)坚持运用讲授式方法

讲授式教育方法一般是一种教育者讲、教育对象听,以教育者为中心的教育方法,属于单向沟通式的教育方法。目前党校、团校对年轻干部开展培训时一般会邀请专家作辅导讲座、形势报告,领导干部作专题讲话、上专题党课等,这些都属于讲授式方法。讲授式方法对于理论教育具有独特的效果,能够帮助年轻干部全面、系统地学习理论。讲授式方法目前仍然是党性教育的主要方法,被各级党组织普遍采用。在坚持运用讲授式方法的同时,也要防止其枯燥单一的缺点,更不能把"灌输式"教育变成了"硬塞式"教育。一方面,在讲授过程中,要善于用通俗易懂的语言,把理论讲深、讲透、讲活,把深刻的道理讲明白,让年轻干部听得懂、听得进、记得住。另一方面,要把理论与现实结合起来,不能光说大道理,只搞"空洞说教",要结合社会现实,回应年轻干部关心的现实问题,解答年轻干部的思想困惑。同时,采用讲授式方法时,也不能教育者一讲到底,可以结合案例式、互动式教育,在讲授过程中多引用一些案例加以分析,适当设置一些交流互动的环节,使讲授的内容更加具有说服力。

例如微党课中采用讲述红色家书来让年轻干部听得懂、听得进。下面展示具体案例。

红色家书微党课

【课程背景】

那一封封,或写于临刑被枪决前夕,或写于硝烟战火间的家书,是牵挂、是惦念,更是一种传承。在一百年的非凡奋斗历程中,为革命牺牲的万千共产党人,留下了印刻时代记忆,饱含深切情感的家书。品读这些书信,让我们再次回顾,那些专属于革命者的家国情怀,他们对革命满怀理想,他们对亲人柔情似水,为了国家民族大义,他们以身许国、矢志不移。

【教案讲稿】

教师:"家书"是家人亲友之间传递信息和情感的书信,家书传达着人类最真、最美、最实的话语和情感。一辈辈革命家、革命烈士以及普通党员通过家书,向家人、向我们传达共产主义信仰,传达对党、对祖国、对人民深情的爱。

今天,就让我们共同聆听三封家书中的百年信仰。

贺锦斋是贺龙元帅的堂弟,湖南桑植人。他1927年参加南昌起义,同年加入中国共产党,任工农革命军第四军第一师师长、中共湘西前敌委员会委员,在与敌人决死一战之前,他给弟弟贺锦章写下了最后一封家书。写完信的第二天,贺锦斋亲率警卫营和手枪连奋勇冲杀,壮烈牺牲,年仅27岁。

教师:

吾弟手足:

我承党的殷勤培养,常哥多年的教育以至今日。我决心向培养者教育者贡献全部力量,虽赴汤蹈火而不辞,刀锯鼎镬而不惧。前途怎样,不能预知,总之死不足惜也。家中之事我不能兼顾,堂上双亲希吾弟好好孝养,以一身而兼二子之职,使父母安心以增加寿考,则兄感谢多矣。当此虎豹当途、荆棘遍地,吾弟当随时注意善加防患,苟一不慎,即遭灾难。切切,切切。言尽于此,余容后及。

兄绣

一九二八年九月七日于泥沙

教师:冷少农,1900年生于贵州瓮安。1925年,他告别母亲、妻子和不满半岁的儿子,前往广州投身革命,进入黄埔军校工作,后加入中国共产党。大革命失败后,冷少农打入国民政府总监部和军政部任秘书,实际身份是中共中央军委派驻南京情报中心小组长。他成功获取了许多重要情报,为中央红军取得反"围剿"胜利发挥了重要作用。1932年,冷少农被叛徒出卖,当年6月被秘密杀害于雨花台,年仅32岁。这是1931年1月8日冷少农写给儿子冷德昌的一封家书。

教师:

苍儿:

一个人除解决自身问题而外,还需顾及到社会人类,而且个人问题须在解决社会人类整个的问题中去求解决。于此,你除好好的努力读书写字,养成能力而外,还需健全你的身体,每日除读书写字而外,还需做有规则、有益健康之运动与游戏,使知识与体力同时并进,预备着肩负将来之艰巨。苍儿!社会之新光在照耀着你,希望你猛进!

农

元月八日

教师:赵一曼,原名李坤泰,1905年出生于四川宜宾。她1926年加入中国共产党,1927年被派往莫斯科中山大学学习。九一八事变爆发后,赵一曼被派往东北地区发动抗日斗争。1935年11月,赵一曼为掩护部队突围,身负重伤。面对严刑拷打,她誓死不屈,严守党的秘密,敌人无计可施,最终决定将她杀害示众。赵一曼的儿子宁儿刚满周岁就被送走,后来她却一直未见过。临死前她向押解的宪兵要来纸笔,写下了最想对儿子说的话。

教师:

宁儿:

母亲对于你没有能尽到教育的责任,实在是遗憾的事情。母亲因为坚决地做了反满抗日的斗争,今天已经到了牺牲的前夕了。母亲和你在生前是永远没有再见的机会了。希望你,宁儿啊!赶快成人,来安慰你地下的母亲!我最亲爱的孩子啊!母亲不用千言万语来教育你,就用实行来教育你。在你长大成人之后,希望不要忘记你的母亲是为国而牺牲的!

一九三六年八月二日

你的母亲赵一曼于车中

教师:百年党史,百年寻梦路。一封封家书书写着父母对孩子的想念,诉说着丈夫对妻子的期盼,也阐释着每一位英勇的中国共产党党员为党为国付出的决心与定力,为追寻信仰奉献自我的精神与品质。家书是家庭的情感纽带,是家教的重要载体,也是家风的一面镜子。这些家书,承载着人格和亲情,蕴藏着智慧和力量,是我们学习老一辈革命家的高尚品格和道德风范,在人生道路上如何做人、做事的生动教材。一封封直指心灵的家书,一个个感人肺腑的故事,一张张昂扬向上的老照片,重现了历史。每封家书都充满了感情色彩,我深深感触到了家书的作者们对于父母、子女、爱人、亲人的醇厚亲情,面对各种复杂环境时内心的矛盾和挣扎,一幕幕都是鲜活生动、实实在在、触手可及的。这些家书的作者们,深爱着自己年迈的父母、幼小的孩子、相知的伴侣,但他们更加热爱祖国、热爱人民、热爱中国共产党,他们有着无比坚定的革命信仰。

坚持运用讲授式方法的同时,善于用生动的素材,理论联系实际,会更容易让年轻干部听得进去,产生好的教学效果。

(二) 广泛运用渗透式方法

渗透式教育是一种自然而然、潜移默化的方式进行教育的方法。渗透式教育具有广泛性和随机性,体现在年轻干部学习、工作、生活的方方面面。渗透式教育是一种比较适合成人的教育方法。渗透式教育不是有意组织,也不是刻意说教,而是通过言语、故事、画面、场景等,让年轻干部自己去分析、思考、判断、体悟,这样得到的认识和感受往往更加深刻,也能够烙印在脑海里。渗透式教育一般不单独运用,总是和其他的教育方式合并使用。比如,组织年轻干部看一场演出,听一场话剧,看一场电影,品读一封红色家书,参观一个革命旧居旧址,年轻干部在观看、品读、参观的过程中,自然而然会去品味其中的内容、场景以及背后的内涵,引发深入的思考,产生感情的升华和心灵的共鸣。再比如,在日常工作生活中,领导干部在讲政治、守纪律上带头示范,在从严要求、从严律己上作表率,这对其他年轻干部是一种无声的影响,正所谓"身教重于言教",这也就是渗透式教育的作用。即使在讲授式教育过程中,也可运用渗透方法,把一些简单的道理渗透到内容当中。以往的党性教育对渗透式教育重视不够,新时代年轻干部党性教育应该加大渗透式教育力度,把渗透式教育贯穿到各种教育方式当中,与各种教育方式巧妙地结合起来,提升党性教育的综合效果。

(三) 倡导运用案例式方法

案例教学法在课堂教学中运用至今已有上百年历史,"案例式教学是以案例为基本教学材料,通过对实际工作中的真实事件加以典型化处理,提取具有教学价值的成分,形成供学员思考分析和决断的案例,将学员带进真实的教学情境中,以小组为单位,通过教师与学员、小组与学员、学员与学员之间的互动交流,共同分析解决问题,来提高学员的综合素质和履职能力的一种教学方法"[1]。在实际运用中,案例式方法可以分成广义的案例式方法和狭义的案例式方法。广义的案例式方法不必拘泥于课堂教学、分组交流等具体形式,狭义

---

[1] 张品茹:《我国党政干部培训中的互动式教学研究》,陕西师范大学博士学位论文,2015年。

的案例式方法则相对比较规范。案例式方法对教育者提出了较高的要求,既要事先围绕教育内容和教育对象的不同,精心选择、精心设计案例,准备可能遇到的提问,又要在实施过程中加强现场的组织,用生动有趣的引题、适时适度的提问等提高教育对象的参与兴趣,引导教育对象认真思考。新时代年轻干部党性教育应大力倡导案例式方法,在集中培训中加大案例式教学力度,通过精心选择案例素材,设置教学情境,开展互动交流,将隐性的知识外显,将显性的知识内化,让年轻干部提高分析问题、解决问题的能力。在运用讲授式方法的过程中,也要注重运用案例分析,多引用现实生活的事例、年轻干部身边发生的事例,对理论和道理加以辅证,拉近与年轻干部的距离,提高教育的说服力和可信度。

【案例分析】

精神永在　继往开来
——致敬中国天眼之父

【课程背景】

纪念我国著名天文学家、"天眼之父"南仁东先生。向南仁东先生致敬。

【案例剧本】

旁白:

2023年的9月15日,是南仁东先生逝世6周年的纪念日,谨以此微党课共同缅怀,向南仁东先生致敬!观星河耿耿,听宇宙风声!2016年9月,中国贵州,大窝凼。有一位科学家率领他的团队,在祖国西南的崇山峻岭中,为中国打开"天眼"。为了建成"天眼",那个拼尽全力甚至不惜耗尽生命的科学家,他的名字叫南仁东。

【音频:脉冲星信号】

老年南仁东:

这是世界上最大的单口径射电望远镜,它能探索宇宙百亿光年外的微弱信号。

当代青年:

您说过,您要成为世界上看得最远的人,把这些星星看清楚。

老年南仁东:(惊讶地笑)

这可是我小时候说过的话,那时候读《离骚》,我喜欢里面的一句话:路漫漫其修远兮,吾将上下而求索。天眼就是中国求索的眼睛,但中国探索宇宙之路,依然漫漫而修远……

旁白:

一个人的梦想能有多大?大到可以直抵苍穹。

一个人的梦想能有多久?久到能够穿越一生。

当代青年1:

南仁东,这是我第一次满含敬意地说起一个名字,就像说起一个传奇。

当代青年2:

我只在一则电视新闻中见过您,像慈祥的老父亲声音嘶哑、面容沧桑,站在天眼的骨架上,您戴着天蓝色的安全帽。不,您就是把蓝天戴在头顶!

当代青年3:

刹那间,我看见中国的南方,一个大写的"仁"字立在山头。世界的东方,被这只眼睛的光芒照亮。

旁白:

1964年10月16日,一朵蘑菇云从罗布泊深处腾空而起,中国第一颗原子弹爆炸成功。

【视频,音效"爆炸声"】

当代青年1:

这朵蘑菇云,像一颗种子,在您的心中发了芽。

当代青年2:

在恢复高考后,您考入了中国科学院攻读天文学。

当代青年3:

在祖国最需要的时候,您毅然放弃薪水比国内高300多倍的工作,回国服务。

老年南仁东:

赴日参加国际会议上各国专家的讨论,让我坐不住。听着他们讨论,我心里憋着一股劲:我们要靠自己冲出一条属于中国人的观天之路!无论如何,我们也要建一个属于中国的射电天文望远镜!

当代青年1:

您坚定地说:"咱们也建一个吧"!短短七个字,成就了此后20余年的誓言。

当代青年2：

寒来暑往，8 000多个日日夜夜，近百次失败，您终于使中国天眼伫立在中国西南大地。

当代青年3：

您生命近三分之一的时光，从壮年走到暮年，把一个朴素的想法变成了国之重器，竖起了一座真正的科学丰碑。

当代青年1：

当您在钢铁的管道上回眸，目光如钢铁般坚定，您把中国的眼睛延伸到宇宙，无穷无尽。

当代青年2：

一颗，两颗，三颗……九颗，那些听得到看不到的脉冲星，从一万光年之外，向您奔跑，向您发出颤音似的致敬。

当代青年3：

可惜，您没能等到宇宙深处发来信号的这一天。

【视频情景：星河，无数闪亮的星光聚集，汇成一条璀璨的"星河之路"】

旁白：

"南方有仁东，追寻天星梦"，2017年9月15日，72岁的南仁东永远闭上了眼睛，他为崇山峻岭间的"中国天眼"燃尽了一生，打开了中国人追问宇宙的"天眼"。

野棠花落，又到了清明时节，南仁东妻子为南老写了一封信。

南仁东妻子：

仁东，我来到"天眼"现场，这里原本是你的主场，我来了，你却走了。

"天眼"是你生命的一部分，在我眼里它就是你的纪念碑。

我抚摸着圈梁，心里五味杂陈：你这个把家当客栈，来去匆匆的甩手丈夫，你这样的一个普通人，竟然干了一件这么不平凡的事。仁东，我好想你，如果有来生，我还与你携手共度。

我愿意相信：你的远去，只是化作了天空中最亮的一颗星，与天眼遥相望，与亲人长相守。

我愿意相信：你只是太累啦，比我早些睡下了。好好睡吧，在天上等着我。

旁白：

美丽的宇宙太空，以它的神秘和绚丽，召唤我们踏过平庸，进入到无垠的广袤……

当代青年：

南仁东，我们向您致敬，您绝不是孤军作战。

当代青年：

我们向千千万万个您致敬，挺起脊梁的共和国正在阔步前进。新时代新征程，我们将不忘初心、牢记使命，努力追随您的脚步。

继承您"择一事终一生"的执着专注，"干一行专一行"的精益求精。

偏毫厘不敢安，千万锤成一器。以奋斗，接续您脚下的路，将"大有可为"变成"大有作为"!

【总结】

以上的案例讲述了南仁东先生的奋斗精神。南仁东的奋斗精神是榜样。南仁东先生作为"天眼"项目的总设计师和主要负责人，展现了令人感动的奋斗精神。他顶着巨大的工作压力和困难，毫不退缩地推动着项目的进展，并在多个关键时刻发挥了重要的作用。"天眼"项目是一项极为复杂和困难的工程任务，需要面对巨大的挑战。南仁东先生经历了数年的艰辛努力，克服了项目建设中的种种困难和障碍。他面对科学技术上的难题，从不气馁，反而立志攻克。他不断寻求创新解决方案，发挥自己的智慧和才能，最终使"天眼"项目成功建成并投入使用。南仁东先生的奋斗精神是激励团队的重要力量。他对项目的付出、对团队的鼓励和支持，激励着每个人勇往直前，努力超越自我。在南仁东先生的带领下，"天眼"项目团队战胜了重重困难和挑战，取得了亮眼的成绩。

本次教学是以案例为基本教学材料，通过对真实事件加以典型化处理，提取具有教学价值的成分，将年轻干部带进真实的教学情境中，让年轻干部进行讨论和学习，从而提升教学效果。

（四）深入运用互动式方法

"互动教育是指以多媒体或教室为平台，教师和学员、学员和学员之间就某一个案例、话题、情景、事件、课题等为主要内容，展开讨论，并交流各自的想法，在彼此交流碰撞的过程中产生思维火花，提升思想境界，摒弃错误落后的思想，达到党性教育提升党员干部政治修养的目的。"[①] 互动式方法是一种比较

---

① 陆秀清：《新时代加强党员干部党性教育研究》，中共四川省委党校硕士学位论文，2019年。

开放、平等的教育方法,座谈会、研讨会、访谈活动、组织生活会、谈心谈话等都属于互动式教育。这种教育方法主题明确、探讨深入,能充分调动教育对象的积极性、创造性,发挥教育对象的主体作用。互动式方法要求教育者具备较强的组织能力,针对教育对象可能提出的各类问题,提前做好充分准备;在实施过程中,应突出教育主题,把握教育进度,既要掌握好提问题的深度,留给教育对象一定的思考空间,让教育对象主动去释疑、解疑,又要把握提问题的广度,让所有教育对象都能参与讨论交流,鼓励教育对象从不同角度、不同侧面回答问题,用不同方法解决问题。新时代年轻干部党性教育应该充分尊重年轻干部的主体作用,广泛运用互动式方法,通过召开座谈会、研讨会、访谈活动、组织生活会、谈心谈话等具体方式,加强教育者与教育对象、教育对象与教育对象之间的互动交流。在专题教学、辅导讲座、案例教学等方式中也应留出一定的时间与教育对象互动交流,通过积极的互动、深入的交流,教育引导年轻干部提高思想认识、提升党性修养。

(五)积极运用典型式方法

典型式教育方法,包括先进典型示范教育和反面典型警示教育两个方面,就是利用正反两个方面典型人物或事例,让年轻干部从先进典型中受到感染、汲取营养,从反面典型中吸取教训、引以为戒,筑牢思想堤坝,坚定理想信念。典型式教育方法由于其具有直观、真实、生动、鲜活等特点,比其他教育方法更具有说服力、感染力和影响力,在党性教育中往往能产生较好的效果。运用典型式教育方法的关键在于选好典型、用好典型,先进典型的选择要有代表性,模范人物的先进事例一定要真实,不能无中生有、随意捏造,也不能夸大、脱离实际,尽可能选择近几年树立的典型、身边的典型、同行业同领域的典型,消除年轻干部的距离感、陌生感;反面典型的选择也尽可能选择身边案、最近案、典型案,对反面人物、反面事例的剖析要深刻、全面、切合实际。新时代年轻干部党性教育,要充分用好用活用足新时代各类正面典型和反面典型,深入开展先进典型示范教育和反面典型警示教育。具体方式要灵活多样,不能拘泥于先进事迹报告会、警示教育大会、观看电教片、写心得体会,要灵活运用观看先进人物和事迹电影、话剧,参观先进人物工作场景,与先进人物对话交流,到廉政教育基地参观,发送廉政提醒短信,张贴廉政名言警句等多种方式,提高典型教育的针对性实效性,让年轻干部在典型教育中受教育、受感染、受警醒。

（六）大胆运用体验式方法

"体验式党性教育是指在党性教育过程中，教师以特定的主题为导向，有计划地创设某种情景，通过有效手段和方式，引导学员感知和体验信念的指引、精神的撞击、榜样的力量和灵魂的洗涤，从而坚定理想信念，端正世界观、价值观，最终指导学员端正自身行为的教育形式。"[①]与传统的讲授式相比，体验式更加注重教学场景的开放，更加注重教育对象的情感共鸣，更加注重教育过程的整体效果，具有系统性、直接性、开放性、动态性的特点，有效克服了传统方式的空间封闭、内容抽象、单向输入等不足，坚持以教育对象为中心，让教育对象变被动接受为主动体验，使教育对象的主体作用得到充分体现。一些党校在党性教育中积极运用体验式方法，中国浦东干部学院组织学员进行媒体沟通情景模拟、智慧城市体验，中国井冈山干部学院组织学员重走朱毛红军挑粮小道、荆竹山自做红军套餐，中国延安干部学院组织学员在南泥湾体验生产劳动，河南红旗渠干部学院组织学员在红旗渠青年洞开展体验教学，这些体验式教学活动受到学员的普遍欢迎。从目前各地的实践来看，体验式方法主要有现场参观、亲身实践、情景模拟三种具体的组织形式，这三种形式的共同点均突出教育对象的亲临现场、亲身体验、亲自模拟。

例如音乐微党课的形式就很容易受到学员的欢迎。以下是一个音乐微党课的具体案例。

"听见中国"音乐微党课

【课程背景】

为触摸红色基因、学习红色文化、丰富微党课表达空间，通过丰富的历史维度、生动的音乐表达、系统的党史提炼，设计了音乐微党课"听见中国"。

课程目标：微党课"听见中国"以党史为脉络，以音乐为载体，用四首红歌向聆听者展示党的诞生、发展、壮大的足迹，展开党团结和带领人民从胜利走向胜利的壮阔篇章。

【教案讲稿】

（注：音乐作品——《国际歌》《红星照我去战斗》《没有共产党就没有新中

---

① 刘媛媛：《体验式党性教育特征及教师角色转换》，《教育观察》2019年第13期，第28—30页。

国》《歌唱祖国》)

【开场白】

女教师：翻开百年的记忆书签，历经苦难与辉煌、充满光荣与梦想。在中国共产党和中国人民的奋斗道路上，革命的新文艺始终是嘹亮的奋进号角。

男教师：正如李大钊所说："由来新文明之诞生，必有新文艺为之先声。"[①]今天，就让我们重温一首首红色经典作品，一起找寻那一个个熟悉的身影，追忆一段段峥嵘岁月。

1.《国际歌》

音乐起～渐弱【照片1】

青年1：今天，让我们将目光投向一位年轻的共产主义战士，1920年他以《北京晨报》特派记者的身份启程莫斯科，"热切地想从俄国十月革命取得火种，为大家辟一条光明的路"，他叫瞿秋白。

【照片2】

青年2：他听到了一首歌，巴黎公社诗人鲍狄埃于1871年创作，法国工人音乐家狄盖特于1888年谱曲的，法语版《国际歌》。这首歌使他的心灵受到强烈冲击。随着莫斯科的赤潮激荡，瞿秋白根据俄译本配译了中文歌词，创造性地将"国际"二字配合原曲的节拍，音译为"英特纳雄耐尔"，与世界无产阶级同声相应、遥远共鸣。

【照片3】

青年1：1923年6月15日，中国共产党"机关刊物"《新青年》季刊创刊号上，发表了主编瞿秋白翻译的《国际歌》，将信仰的星星之火，燃成锐利的理论武器，燎原旧世界，催生新中国。

【照片4】

青年2：1935年6月18日，年仅36岁的瞿秋白遭叛徒指认被捕，最后一次唱着自己翻译的《国际歌》走向刑场，从容赴死，这既是他革命生涯的序曲，又是生命的终章。

【照片5】（以《国际歌》结尾）

合："这是最后的斗争，团结起来到明天，英特纳雄耐尔就一定要实现。"

青年1：澎湃的旋律穿越历史的厚重烟云，激励着一代代中国共产党人，

---

① 李大钊：《"晨钟"之使命》，《晨钟报（创刊号）》1961年8月15日。

为理想不惧艰险、不懈奋斗。

2.《红星照我去战斗》

(图片1)播放歌曲

青年1：电影《闪闪的红星》讲述的是跟着红军打土豪、分田地,一心想成为红军战士的潘东子的故事。第一次国内革命战争结束后,中国共产党笼罩在国民党反动派制造的白色恐怖之下,中国革命正处于紧要关头。

(图片2)

青年2：1927年8月,周恩来同志领导2万余名英勇的革命将士在南昌打响了武装反抗国民党反动派的第一枪,共产党的人民军队由此诞生。

青年1：1928年4月,革命领袖毛泽东、朱德和陈毅率领人民军队相继抵达井冈山,三湾改编、水口建党、朱毛会师,革命的星星之火在井冈山这片热土逐渐点燃。

青年2：打土豪、斗恶霸、分土地,三大纪律、八项注意,中国共产党紧紧依靠人民,处处爱护人民,铸就了血浓于水、生死与共的军民关系,带领穷苦人民翻身得解放。

(图片3)

合：红星照耀着人民,红军带领着人民,军民一心、共谋革命,星星之火开始形成燎原之势。

3.《没有共产党就没有新中国》

音乐起～渐弱(曹火星与战友照片)

青年1：1943年,抗日战争进入最艰苦、最困难的时期。在北京西郊的霞云岭乡,年仅19岁的曹火星和两位战友在这里开展抗日宣传工作。

青年2：曹火星年纪虽小,但是已有血气方刚的抱负。他白天走村串户宣传抗日,晚上在微弱的煤油灯下伏案疾书,创作出多首紧跟时势的革命歌曲。

青年3：在目睹了共产党领导的队伍抛头颅、洒热血后,曹火星对当地民歌《霸王鞭》重新填词,一首红歌在他笔下流淌而出。

(《没有共产党就没有中国》手稿照片)

青年1：就这样,《没有共产党就没有中国》在曹火星手中诞生,赞歌从深山里飞出,迅速传遍整个中国。

青年2：新中国成立后,毛主席听到"没有共产党就没有中国"时纠正道："应该是'没有共产党就没有新中国'"。

（图片）

合：从此，伴随着人民军队铿锵向前的脚步声，伴随着中华民族奋斗前进的呐喊声，这首歌曲历久弥新、永久传唱。

4.《歌唱祖国》

青年1：今天的中国，信息畅通，公路成网，铁路密布，高坝矗立，西气东输，南水北调，高铁飞驰，巨轮远航，飞机翱翔，天堑变通途。这，不正是孙中山先生所期盼的"富强中国"吗？

青年2：今天的中国，已经成为世界第二大经济体，在中国倡议和推动下，"一带一路"建设风生水起，人类命运共同体理念日益深入人心。这，不正是李大钊所向往的"为世界进文明，为人类造幸福"的"青春中国"吗？

青年3：今天的中国，走过改革开放40年奋进历程，在庆祝中国共产党成立100周年的重要时刻，人们情不自禁地唱起《歌唱祖国》。这，不正是方志敏所渴求的"欢歌代替了悲叹，笑脸代替了哭脸，富裕代替了贫穷，健康代替了疾苦"的"可爱中国"吗？

青年4：今天的中国，践行着"绿水青山就是金山银山"发展理念，坚持绿色发展、倡导绿色生活，构建好山好水好风景的绿色生态画卷，这不正是总书记多次强调的青山常在、绿水长流、空气常新的"美丽中国"吗？

青年5：今天的中国，在历史的长河中曲折前进、勇往直前。五千年的历史沧桑让一个文明古国将民族复兴的灿烂图景书写在了这片广阔的大地上。此生不悔入华夏，"生逢其时，何其幸也！"这，不正是带给14亿人民一份安全感的"盛世中国"吗？

青年6：今天，我们在这里聆听中国。声音里，是梦想接连实现的中国，是充满生机活力的中国，是赓续民族精神的中国。

青年1：故事里，有国家的步履、发展的影像，更有民生的温度、你我的憧憬。历史长河波澜壮阔，一代又一代人接续奋斗创造了今天的中国。

【结尾】

女：越过山丘，前方可期荣光守候；

男：笃定信心，征途虽远必会抵临。

合：明天的中国，希望寄予青年。让我们向着全面建设社会主义现代化国家，向全面实现中华民族伟大复兴，奋勇——前进！

（《歌唱祖国》小组＋集体大合唱）

五星红旗迎风飘扬,胜利歌声多么响亮;
歌唱我们亲爱的祖国,从今走向繁荣富强。
歌唱我们亲爱的祖国,从今走向繁荣富强。
越过高山,越过平原,跨过奔腾的黄河长江;
宽广美丽的土地,是我们亲爱的家乡。
英雄的人民站起来了!我们团结友爱坚强如钢。
……
五星红旗迎风飘扬,胜利歌声多么响亮;
歌唱我们亲爱的祖国,从今走向繁荣富强。
歌唱我们亲爱的祖国,从今走向繁荣富强。

通过音乐的情景形式,让年轻干部在红歌里感悟革命先辈的动人故事;在红歌里学习中国共产党自强不息、艰苦奋斗的优良作风;在红歌里铭记党和人民心连心、同呼吸、共命运的辉煌历史。这样的青春之歌,这样的青春故事,所碰撞交融的是青年的蓬勃朝气,是青春的绚丽之花,更是团队的热情斗志。

新时代年轻干部党性教育,要加大体验式方法运用力度,结合各地实际,深入开发体验式教育内容,科学设计教育课程,精心提炼教育主题,细化教育流程,加强组织管理,强化总结提升,让年轻干部在体验式教育中提高思想政治素质、增强党性修养。

五、加强年轻干部党性教育的组织保障

党性教育是一项系统工程,需要多个部门发挥作用,也需要广大年轻干部积极参与。

(一) 压实各级党组织的主体责任

各级党组织履行党建工作主体责任,自然也同时履行党性教育主体责任,抓好党性教育责无旁贷、义不容辞。各级党组织要把抓好党性教育作为党建工作重要内容,树立重视党性教育、大抓党性教育的鲜明导向,把党性教育纳入党建工作总体部署,与党建工作、中心工作一起筹划。各级党组织在制订党建工作计划时,要着重考虑党性教育工作。加强对党性教育的督促检查,经常

听取本地区本部门党性教育开展情况汇报,分析年轻干部党性状况,研判党性教育中存在的困难和问题,制定出台政策措施,推动党性教育扎实有效开展。

(二)强化相关职能部门的工作职责

纪检监察机关、宣传部门、教育部门、文化部门、党史研究部门、互联网管理部门等是党性教育职能部门,在党性教育工作中承担着重要职责。纪检监察机关承担着协助党委组织协调反腐败工作的职责,可以充分利用监督专责机关和查处腐败案件等,在加强年轻干部党性教育方面发挥重要作用,编好用好典型案例,通过日常监督,有针对性地加强年轻干部纪律教育、廉政教育和警示教育。宣传部门应在加强习近平新时代中国特色社会主义思想的宣传,加强党性教育的宣传,加强先进模范人物典型事迹的宣传,营造党性教育浓厚氛围方面发挥重要作用。文化部门可以通过加强文化宣传,保护开发利用革命旧址旧居、博物馆、纪念馆、红色书信等党性教育文化资源,开发文艺作品等多种形式,为党性教育提供丰富的载体。党史研究部门可以深入挖掘党史中的党性教育资源,在年轻干部中广泛开展党史学习教育,通过编辑出版党的重要文献等方式为党性教育提供资源。互联网管理部门可以加强网络管理,积极配合相关部门搭建网上党性教育平台。

(三)加强党性教育的工作统筹

党性教育工作环节多、涉及的部门多,必须加强各责任部门的统筹协调,建立目标一致、分工合理、相互配合的党性教育工作机制。各级党委牵头制定全面从严治党责任清单时,可以将党性教育责任纳入清单内容,明确各级党组织、干部教育培训机构和相关职能部门党性教育责任的具体工作事项和要求。党性教育职能部门也应该强化主动作为意识,相互之间加强工作交流沟通,确保党性教育工作衔接有序、配合有力。党性教育既是在工作环境中的教育,也是在学校(包括干部教育培训机构)环境中的教育;既是在现实环境中的教育,也是在网络环境中的教育。要加强对单位、学校、家庭、社会、网络等的教育统筹,发挥各种环境对党性教育的综合效应。

第五章
年轻干部党性教育的创新思考

年轻干部是党和国家事业的接班人,其党性教育直接关系到党和人民事业的未来发展。针对当前年轻干部党性教育面临的问题和挑战,可以从以下几个方面进行创新思考。

一、创新年轻干部党性教育思维理念

创新年轻干部党性教育思维理念,是适应新时代发展要求,提高年轻干部党性教育质量和效果的重要举措。

(一)树立全面发展的理念

树立年轻干部的党性教育全面发展的理念至关重要。全面发展的理念意味着在党性教育中,不仅要注重政治理论、党的路线方针政策等传统内容的传授,还要关注年轻干部在思想道德、科学文化素质、身心健康以及实践能力等方面的全面发展。

第一,树立全面发展的理念有助于培养年轻干部的综合素质。通过党性教育,年轻干部可以加深对马克思主义理论、党的历史和优良传统的学习和理解,提升政治觉悟和思想境界。同时,注重培养年轻干部的道德品质、人文素养和科学精神,使其具备更加全面的素质和能力。

第二,树立全面发展的理念有助于激发年轻干部的创新能力和实践精神。在传统的党性教育基础上,引入创新思维、团队协作、领导能力等方面的培训内容,可以激发年轻干部的创新意识,提升其解决实际问题的能力。通过参与实践活动、模拟演练等方式,让年轻干部在实践中锻炼成长,培养其实践能力和应对挑战的勇气。

第三,树立全面发展的理念有助于促进年轻干部的身心健康。在党性教育中,关注年轻干部的身体健康和心理健康,提供必要的健康指导和心理支持,有助于其保持良好的身心状态,更好地履行工作职责和担当使命。

综上所述,树立年轻干部的党性教育全面发展的理念,有助于培养具备高素质、创新能力和实践精神的年轻干部队伍,为党和人民事业的发展注入新的活力和动力。

(二)强化全面从严的理念

全面从严治党是党的十八大以来党中央作出的重大战略部署,是"四个全面"战略布局的重要组成部分。全面从严治党,基础在全面,关键在严,要害在治。党性教育要坚持全面从严的理念,这意味着年轻干部在接受党性教育时,应该全面、系统地加强党性修养,同时要求年轻干部要严格遵守党的纪律规定,自觉维护党的团结统一和集中统一领导。

第一,要坚持全面性。要求党性教育覆盖全方位、全领域、全过程,包括思想政治、组织纪律、作风建设、廉洁自律等各个方面,不仅要关注年轻干部的思想意识形态,还要关注年轻干部的行为表现和工作作风。

第二,要坚持严格性。要求年轻干部严格遵守党的政治纪律和组织纪律,维护党的集中统一领导,不得违反党的章程和决策部署,不得搞违法乱纪的活动,坚决抵制腐败行为,始终保持党员的政治清白。

第三,要坚持系统性。要求党性教育系统化、规范化、程序化,建立健全党性教育工作机制和制度体系,确保党性教育工作全面有序地开展,不断提高年轻干部的思想政治素质和组织纪律观念。

第四,要坚持常态化。要求党性教育常态化、长效化,不仅要在党员入党时进行一次性教育,还要在党员的日常工作生活中进行持续性教育,不断强化党性教育的长效性和稳定性。

总之,党性教育要坚持全面从严的理念,通过全方位、系统化、严格化的教育措施,不断提高年轻干部的政治素质和党性修养水平,促进党的建设和事业发展。

(三)坚持分类施教的理念

年轻干部的党性教育坚持分类施教的理念至关重要。由于年轻干部在成长经历、教育背景、工作岗位等方面存在差异,他们的思想状况、党性觉悟和发展需求也各不相同。因此,对年轻干部进行党性教育时,必须根据他们的实际情况和特点,采取分类施教的方式,以提高教育的针对性和有效性。

第一,根据职务层次分类施教。对于不同职务层次的年轻干部,应根据其工作职责和权力范围,有针对性地开展党性教育。例如,对于基层年轻干部,可以重点加强群众观念、服务意识和基层工作能力的培养;而对于中高层年轻干部,则应更加注重战略思维、领导能力和廉政建设的教育。

第二,根据行业领域分类施教。不同行业领域的年轻干部面临的工作环境和挑战各不相同,因此需要根据行业特点进行有针对性的党性教育。例如,对于从事经济工作的年轻干部,可以加强市场经济理论、经济法规和政策执行能力的培训;而对于从事科技工作的年轻干部,则应注重科技创新意识、科学精神和职业道德的教育。

第三,根据个人发展需求分类施教。年轻干部在成长过程中有不同的个人发展需求,包括知识更新、能力提升、职业发展等方面。因此,党性教育应根据个人发展需求进行差异化设计,提供个性化的学习资源和培训机会,帮助年轻干部实现自我提升和成长。

通过分类施教,可以更好地满足年轻干部多样化的学习需求和发展愿望,增强党性教育的针对性和实效性。同时,这也有助于培养造就一支高素质、专业化的年轻干部队伍,为党和人民事业的发展提供有力的人才保障。

(四)突出实践育人的理念

党性教育应该注重实践育人的理念,让年轻干部在实践中锻炼和提高。实践是检验真理的唯一标准,也是锻炼干部、提高党性修养的重要途径。突出实践育人的理念,意味着要将党性教育与实际工作紧密结合,让年轻干部在实践中学习、成长和贡献。对于年轻干部而言,党性教育不仅仅是理论学习和思想引导,更需要通过实践来加深对党的理论、路线、方针、政策的理解,增强党性觉悟和执行力。应该组织各种形式的实践活动,如志愿服务、社会实践、基层调研等,让年轻干部在实践中了解国情、民情、社情,增强他们的社会责任感和实践能力。同时,通过实践中的互动和交流,可以增强年轻干部的团队协作能力和沟通能力。突出实践育人的理念,有助于年轻干部将党性教育内化于心、外化于行,形成正确的世界观、人生观和价值观。同时,通过实践锻炼,年轻干部可以更好地适应新时代的发展要求,提高解决实际问题的能力,为党和人民事业的发展贡献自己的力量。

(五)坚持运用现代科技手段的理念

年轻干部党性教育要坚持运用现代科技手段的理念,这既是适应时代发展的需要,也是提高教育效果、满足年轻干部学习需求的重要途径。现代科技手段为党性教育提供了更多的可能性和手段。

运用互联网和移动设备,可以打破时空限制,让年轻干部随时随地接受党性教育。例如,开发专门的党性教育应用程序或在线课程,年轻干部可以利用碎片时间进行学习,提高学习效率。同时,网络平台还可以实现资源共享,让优质的教育资源惠及更多年轻干部。现代科技手段如虚拟现实等,为党性教育提供了更加便捷、高效、生动的学习方式,有助于增强年轻干部的学习兴趣和参与度。

运用现代科技手段进行年轻干部党性教育,是新时代背景下提高教育效果、培养高素质干部队伍的必然要求。各级党组织应积极探索和实践,将现代科技手段与党性教育紧密结合,为年轻干部的成长和发展提供有力支持。

二、创新年轻干部党性教育方式方法

创新年轻干部党性教育方式方法,是提高教育质量和效果的关键。在传统教育方式的基础上,可以采取以下几种创新方式。

(一)采用案例教学的方式

案例教学的方式是指选取具有代表性的党性教育案例,组织年轻干部进行案例分析和讨论。年轻干部党性教育采用案例教学的方式具有显著的优势和特点。

第一,案例教学能够为年轻干部提供一个真实的、具体的情境,使他们在分析、思考和解决问题中深化对党性的理解。通过具体案例的讨论,年轻干部能够更好地把握党的理论、路线、方针和政策在实际工作中的应用。

第二,案例教学具有强烈的互动性和启发性。在案例讨论中,年轻干部可以相互交流、分享经验,从不同角度认识和理解问题。这种互动式的学习方式有助于激发年轻干部的学习热情,促进他们积极思考和创新。同时,通过讨论和反思,年轻干部能够发现自己的不足之处,明确改进方向,进一步提高党性修养和工作能力。

第三,案例教学具有鲜明的时代性和针对性。随着时代的发展和社会的进步,党的理论和实践也在不断创新。通过选取具有时代特色的案例,年轻干部能够更好地把握时代发展的脉搏,了解党的最新理论成果和实践经验。这有助于年轻干部更好地适应时代发展的要求,提高解决实际问题的能力。

在采用案例教学方式时,应注重选择具有代表性、典型性和现实性的案例。这些案例可以是成功的经验,也可以是失败的教训,但必须与党性教育紧密相关。同时,教师应在课堂上充分发挥引导作用,鼓励年轻干部积极参与讨论,并对其分析和思考给予及时反馈和指导。通过案例教学的实践,可以不断提升年轻干部的党性教育效果,培养出更多忠诚干净担当的高素质干部。

(二)采用互动式学习的方式

互动式学习方式方法是指利用现代技术手段,组织年轻干部进行线上或线下讨论,鼓励他们积极参与、交流心得。这种方式有诸多优势。

第一,互动式学习能够激发年轻干部的学习热情和参与度,使他们在积极思考和交流中深化对党性的认识。这种学习方式符合年轻干部活跃、好奇的特点,能够调动他们的积极性和主动性。

第二,互动式学习有助于培养年轻干部解决问题的能力。通过互动讨论、案例分析等方式,年轻干部能够针对实际问题进行思考和探讨,提高解决问题的能力。这种学习方式能够帮助年轻干部在实际工作中更好地应对挑战。

第三,互动式学习还具有促进团队协作的作用。在互动学习中,年轻干部可以相互支持、共同进步,形成良好的团队协作精神。这种学习方式有助于培养年轻干部的集体荣誉感和团队合作意识。

为了确保互动式学习的效果,在进行的过程中,需要注意以下几个方面的问题：一是要选择合适的学习内容。需要根据年轻干部的特点和需求，选择具有现实意义和启发性的学习内容，激发他们的学习兴趣和思考能力。二是可以采用多样化的互动方式。根据不同的学习内容，采用小组讨论、角色扮演、案例分析等多种互动方式，使学习过程更加生动有趣。三是要发挥教师的引导作用。教师在互动式学习中应起到引导和启发的作用，鼓励年轻干部积极参与讨论，同时给予适当的指导和反馈。

例如在"《何为青年，青年何为》情景剧"案例中，在对年轻干部进行党性教育的过程中，采用了情景剧这种互动式的学习方式。以下是案例的具体内容。

《何为青年，青年何为》情景剧

青年正是意气风发的时候，满怀着对世界的热爱与期待，有无限的勇气去改变社会去实现理想。百年前的中国青年，在国家蒙辱、人民蒙难、文明蒙尘的时候，挺身而出点燃了五四运动的薪火，成为漫漫长夜里不可磨灭的那束光。百年后的青年，在疫情肆虐、人民生命安全和身体健康面临严重威胁之际，白衣为甲、逆行出征，不怕苦、不畏难、不惧牺牲，用肩膀扛起如山的责任。本党性教育案例节选五四运动和抗击疫情期间的场景，体现青年无惧无畏敢想敢干的精神。

剧本：

旁白

你眼中的青年是什么样子的？是"天行健，君子以自强不息"。是"恰同学少年风华正茂，书生意气挥斥方遒"。抑或是"长风破浪会有时，直挂云帆济沧海"。

何为青年，青年何为，这是每个时代的发问，也是每位青年必须作答的问题。

历史的车轮滚滚向前，时代的脚步永不停歇。

1919年，北大青年在赵家楼点燃了五四的薪火，唤醒了中华民族伟大的觉醒。

第一幕

青年1：同学们，巴黎和会谈判失败了，你们快看，现在街上有许多学生和工人在外游行，他们用演讲来唤醒民众的爱国情怀。我们也到街上去，跟他们一起联合起来。(看一眼)先生。

先生:你们在讨论何事?

青年1:先生,我们想要到街上与众人一起游行示威,来取得民族团结,争回国家主权,誓死力争,还我青岛。

先生:不错,你们有这样的觉悟是一件好事。但是在这之前,我想先和诸君讨论一下,为何在本次游行中绝大多数都为青年人?在你们眼中,青年人到底是什么样的?

青年2:先生,我认为青年应该是自主的,而非奴隶的。

青年1:先生,我认为青年应该是进步的,而非保守的。

先生:不仅如此,我认为他们应该是进取的,而非退隐的。

青年1:我认为青年应该是世界的,而非锁国的。

先生:还有,我认为他们应该是实力的,而非虚文的。

青年2:对,他们应该是科学的,而非想象的。

青年1:先生,总的来说,我们应该是科学且民主的。

先生:没错,青年是国家之希望,国家之未来。你们,可以去大胆地说话,去勇敢地进行,去忘掉一切利害,摆脱所有冷气,只是向上走,有一分热,发一分光。不必等候炬火,此后如竟没有炬火,你们,便是唯一的光!

青年们:明白了先生!

旁白

100年前的中国青年朝着民族复兴的目标共同奋进。那,一百年后的青年呢?

第二幕

青年:张书记,张书记,我们休息一下吧,已经走了3个小时了。

张书记:加把劲,不能歇,我们还有一半的老人等着我们呢,核酸检测,一个都不能落下。

青年:(敲门)我们来了。

爷爷:哎哟哟,你们来了,快进来吧。

青年:符爷爷,我们把您要的物资带来了,请您清点一下,看有没有漏的。

爷爷:哎,我看看啊。

青年:这里面有洋葱、土豆、青菜、排骨,还有爷爷您要的胰岛素,对了,这个胰岛素一定要放冰箱冷藏啊。

爷爷：啊呀，太谢谢了，我们在这附近的药店都断货了。

张书记：我们是请街道帮忙从其他社区调配过来的。

爷爷：这真是解了我的燃眉之急啊。

青年：爷爷来，我给你做核酸，张嘴，啊。

爷爷：辛苦你们了，每天上门给我做核酸，真不容易。

青年：爷爷，您行动不便，我们上门是应该的。

张书记：现在已经是攻坚阶段，我们村都没有新增的感染了，坚持一下，很快就会解封的。

爷爷：真是谢谢你们了。张书记，你们辛苦了，拿瓶水吧。

张书记：不了不了，心意领了，你看我这口罩，带上就摘不下来了。对了，家里的物资还够吗？还需要什么就和我们志愿者说。那我们先走了，还要去下一家呢。

爷爷：张书记，谢谢你们了。

张书记：没关系，我们走了。

爷爷：哪里有什么白衣天使，不过是一群孩子换了一身衣服。

旁白

世界问：你是谁？来自哪？爱什么？梦什么？去何方？

答案是一百年的时光，当炬火，去化作那道光。我的样子，就是中国的模样！

新中国要怎样才能成立？

我们需要建立一个全国性的组织去推动它，实现它。

全世界无产者联合起来。

虽然我们的武器不行，但是我们敢跟敌人硬碰硬，无论是谁，要是敢亡我国家，灭我种族，我一定和他抗战到底。

第三幕

青年1：文秀，为什么要放弃在大城市工作的机会，回到贫穷的家乡？

文秀：很多人从农村走出去就不想回来了，但总是要有人回来的，我就是那个人。作为驻村第一书记，使命所在，初心不负，我要奔赴前线抗疫，这是我的责任和担当，我责无旁贷。

众人合:2003年非典的时候你们保护了我们,今天轮到我们来保护你们了。

青年2:中国没有航空科技,一个杰出的科学家回到中国能做什么?

科学家:国家需要我干什么我就干什么,只要对国家好就行。中国此时的沉默,一定会迎来一场震耳欲聋的航天盛宴。

众人合:青年有理想,国家有希望,青年有担当,国家有力量!

【总结】

这节微党课通过对百年前的青年和百年后青年的对比可以感受到不同时代的青年都有不同形式的斗争,又以朗诵、短视频、小剧场等形式将"青年何为,何为青年"立体鲜活地展现了出来,通过这种青年与青年之间互动的方式让年轻干部增加了对党史团史知识的进一步认知,加强了党性修养。

综上所述,互动式学习是年轻干部党性教育的有效方法之一。通过采用互动式学习方法,可以更好地培养年轻干部的党性观念、解决问题的能力以及团队协作精神。

(三) 采用跨领域合作的方式

跨领域合作的方式是指与其他部门、企事业单位合作,开展跨领域的党性教育活动。采用跨领域合作的方式,有助于年轻干部党性教育拓宽视野、整合资源、增强实效。采用这种方式有几方面的优势。

第一,有利于资源共享。通过与其他领域、行业或机构的合作,可以共享各自拥有的教育资源,包括人才、知识、技术等。这种资源共享能够提高党性教育的多样性和丰富性。

第二,有利于创新发展。跨界合作能够激发创新思维,推动党性教育的理念、内容和方法上的创新。通过借鉴其他领域的成功经验和方法,可以为党性教育注入新的活力。

第三,产生协同效应。跨领域合作可以产生协同效应,共同解决党性教育中面临的复杂问题。不同领域的专家学者、实践者可以共同参与,形成多元化的解决方案。

第四,增强实效。通过跨领域合作,可以更好地将党性教育理论与实践相结合,提高教育的实用性和针对性。同时,合作过程中的互动交流也有助于提升年轻干部的实际操作能力和问题解决能力。

在采用跨领域合作的方式时,首先,要明确合作目标。在开展跨领域合作之前,要明确合作的目标和意义,确保合作符合党性教育的宗旨和原则。其次,要寻找合适伙伴。选择与党性教育相关的、有共同价值观和目标的领域或机构作为合作伙伴,建立长期稳定的合作关系。再次,制订合作计划。制订详细的合作计划,明确双方的权利义务、资源投入、工作进度等,确保合作的顺利进行。最后,加强沟通协调。在合作过程中,加强双方之间的沟通协调,及时解决合作中出现的问题,确保合作效果的最大化。

采用跨领域合作的方式进行年轻干部党性教育是一种有益的尝试和探索。通过与其他领域的合作,可以进一步拓展党性教育的边界,提高教育质量和效果,培养出更多具备创新思维和实践能力的优秀年轻干部。

(四)采用个性化辅导的方式

个性化辅导的方式是指针对年轻干部的不同需求和特点,进行个性化的辅导和指导。个性化辅导能够根据年轻干部的不同特点、需求和问题,提供有针对性的指导和帮助,提高其综合素质和职业发展能力。

在实施个性化辅导时,可以通过观察、交流和评估等方式,了解年轻干部在知识水平、学习风格、兴趣特长等方面的差异,为个性化辅导提供依据。还需要根据年轻干部的特点和需求,制订个性化的辅导计划,明确辅导目标、内容和方法。辅导计划应具有灵活性和可调整性,以适应个体发展的变化。在辅导过程中,加强与年轻干部的互动交流,及时了解他们的学习进展和困难。通过反馈和调整辅导计划,帮助年轻干部克服困难,实现个性化发展。

通过个性化辅导,可以更好地满足年轻干部的个性化需求,提高党性教育的针对性和实效性,促进年轻干部的全面发展。

三、创新年轻干部党性教育教学载体

创新年轻干部党性教育教学载体是提升党性教育质量、适应时代发展的必然要求。

(一)编写新的教材

创新年轻干部党性教育教学载体需要编写新的教材,以适应新时代的发展要求和年轻干部的学习需求。在党性教育的过程中,教材是规范党性教育的基本遵循,对加强年轻干部的党性教育起到了重要的作用。

在编写新教材时,首先,要明确教材编写目标。新教材的编写应明确以提高年轻干部的党性修养、政治觉悟和领导能力为核心目标。教材应注重培养年轻干部对党的忠诚、对人民的深情、对事业的担当,以及在新时代背景下运用科学理论解决实际问题的能力。其次,要突出时代性和针对性。新教材应紧扣时代脉搏,反映党的最新理论和实践成果。要针对年轻干部的思想特点和成长规律,结合他们在实际工作中遇到的问题和困惑,提供有针对性的指导和解答。再次,要注重理论与实践相结合。新教材应注重理论与实践的紧密结合,通过案例分析、情景模拟、实践训练等方式,帮助年轻干部将所学知识转化为实际工作能力。同时,应鼓励年轻干部在实践中不断总结经验,丰富和发展教材内容。最后,建立教材更新机制。随着时代的发展和党的理论的创新,新教材应建立定期更新机制,及时将最新的理论和实践成果纳入教材内容。同时,应根据年轻干部的学习反馈和实际需求,不断完善和优化教材内容,确保教材的时效性和实用性。

总之,编写新的教材是创新年轻干部党性教育教学载体的重要环节。通过明确目标、突出时代性和针对性、注重理论与实践相结合、建立教材更新机制等措施,编写出符合新时代要求的高质量教材,为年轻干部的党性教育提供有力支持。

(二)灵活运用新技术教学载体

灵活运用新技术教学载体在年轻干部党性教育中具有重要意义。随着科技的不断发展,新技术为党性教育提供了更广阔的空间和更丰富的手段。

第一,利用人工智能技术。人工智能技术在教育领域的应用日益广泛,可以通过智能推荐、自然语言处理等技术手段,为年轻干部提供个性化的学习资源和学习路径。例如,可以利用人工智能技术对年轻干部的学习行为和需求进行分析,推荐适合他们的学习内容和方式,提高学习效果和效率。

第二,运用虚拟现实技术。虚拟现实技术可以创建逼真的虚拟环境,让年轻干部身临其境地感受党的历史、党的宗旨和党的优良传统。通过虚拟现实技术,可以模拟革命场景、历史事件等,让年轻干部更加深入地了解党的光辉历程和伟大成就,增强他们的党性观念和历史使命感。

第三,引入大数据分析。大数据分析可以对大量的学习数据进行分析和挖掘,为年轻干部的学习提供更加科学的依据。可以通过对学习数据进行分析,了解年轻干部的学习特点、学习需求和学习效果,为教学改进和优化提供有力支持。

第四,探索区块链技术。区块链技术具有去中心化、不可篡改等特点,在教育领域具有广阔的应用前景。可以利用区块链技术建立可信的学习记录和认证体系,确保年轻干部的学习成果得到真实、有效的认可。同时,还可以利用区块链技术促进教育资源的共享和流通,提高教育资源的利用效率和公平性。

灵活运用新技术教学载体是创新年轻干部党性教育的重要手段。通过利用人工智能、虚拟现实、大数据分析和区块链技术等新技术手段,可以为年轻干部提供更加个性化、高效化和科学化的党性教育方式,提高他们的思想政治素质。同时,也有助于推动党性教育的创新发展和教育质量的有效提升。

(三) 创新活动载体

党性教育活动应会根据党性教育的要求,依据年轻干部的特点,组织开展一系列教育活动,让年轻干部在活动中接受教育。

可以开展互动研讨活动,互动研讨平台是年轻干部党性教育的重要载体,可以促进年轻干部之间的交流互动和思想碰撞。可以组织年轻干部开展主题讨论、案例分析、小组研讨等活动,鼓励他们发表自己的观点、意见和建议。还可以利用互动研讨平台开展线上交流、微信互动等,打破时间和空间的限制,让年轻干部随时随地都能参与党性教育。另外,微党课是一种短小精悍的党性教育方式,可以让年轻干部利用碎片化的时间进行学习,应组织专家学者、优秀党员干部等录制微党课视频,通过微信公众号、手机 App 等渠道进行传播。微党课内容可以涵盖党的理论、党史知识、政策法规等方面,以便让年轻干部在短时间内掌握更多的知识和技能。

四、打造年轻干部党性教育的创新拓展平台

打造年轻干部党性教育的创新拓展平台,是提高年轻干部思想政治素质和领导能力的重要途径。随着时代的发展和社会的进步,传统的党性教育方式已经难以满足年轻干部的需求,因此需要打造更加符合年轻干部特点的教育平台。

(一) 灵活运用爱国主义教育基地

爱国主义教育基地作为传承红色基因、弘扬革命精神的重要载体,是加强党性教育的重要阵地。通过灵活运用爱国主义教育基地,可以丰富党性教育的内容和形式,提高党性教育的针对性和实效性。

第一,爱国主义教育基地承载着丰富的红色历史和文化,是党性教育的重要教材。可以深入挖掘历史内涵,结合时代特点进行创新性运用。通过组织年轻干部参观革命历史纪念馆、烈士陵园等爱国主义教育基地,可以让他们更加深入地了解党的历史、党的宗旨和党的优良传统,增强对党的认同感和归属感。同时,通过重温入党誓词、瞻仰革命先烈等方式,可以让年轻干部更加坚定理想信念,增强党性观念。

第二,爱国主义教育基地具有生动直观的教育形式,能够激发年轻干部的学习热情和参与度。与传统的理论灌输相比,爱国主义教育基地通过实物展示、图片展览、影像资料等形式,更加直观地展现历史事件和人物形象,使年轻干部能够身临其境地感受革命先烈的英勇事迹和崇高精神。这种生动直观的教育形式能够激发年轻干部的学习兴趣,提高党性教育的吸引力和感染力。

第三,灵活运用爱国主义教育基地也有利于创新教育方式和手段。在组织参观活动时,可以根据基地的特点和内容,创造性地开展多样化的爱国主义教育项目,设计有针对性的教育方案,通过现场讲解、互动交流、研讨反思等方式,引导年轻干部深入思考、积极互动。同时,还可以利用现代信息技术手段,如虚拟现实技术、全息投影等,再现历史场景,增强年轻干部的沉浸感和体验感。

例如上海市团校就建立了国旗广场,这是一个重要的国旗下成长的仪式

性教育的基地。国旗广场的建成意味着新一代团校人牢记初心使命,面对新的征途不懈奋斗的精神,也蕴含着上海市团校旗帜鲜明讲政治,坚定永远跟党走的信念,激发了广大干部踔厉奋发,勇毅前行,为建设一所党在青年工作领域特色鲜明的高水平政治学校而努力奋斗。在"开门办团校"的理念下,作为爱国主义教育场地的国旗广场,将国旗精神融入教学培训工作全过程,并为社会提供服务,不断把团青教育事业推向新的高度。

总之,灵活运用爱国主义教育基地是打造年轻干部党性教育的创新拓展平台的重要途径。通过深入挖掘红色资源、创新教育方式和手段,可以丰富党性教育的内容和形式,提高党性教育的针对性和实效性。同时,这也有助于传承红色基因、弘扬革命精神,推动年轻干部在工作中更好地践行党的宗旨和优良传统。

(二)将党性教育与特色课程相结合

党性教育与特色课程相结合是一种创新的教育方式,旨在提高年轻干部的政治觉悟、思想品质和领导能力,推动党和人民事业的发展。通过将党性教育融入特色课程中,可以使年轻干部在深入学习专业知识的同时,增强党性修养,提高综合素质。

第一,党性教育与特色课程相结合需要明确教育目标。在设置特色课程时,应将党性教育作为重要内容,明确课程目标,确保党性教育与专业知识的有机融合。同时,可以根据不同领域、不同层次年轻干部的实际需求,设计针对性的特色课程,提高教育的实效性。

第二,党性教育与特色课程相结合需要注重教学内容的选择。在选择教学内容时,应深入挖掘党的历史、党的宗旨和党的优良传统等红色资源,将其融入特色课程中。同时,应结合当前形势任务和年轻干部的思想实际,选择具有时代性、前瞻性的教学内容,引导年轻干部深入思考、积极实践。

第三,党性教育与特色课程相结合需要创新教学方式方法。在教学过程中,应采用多种教学方式方法,如案例分析、情景模拟、现场教学等,增强年轻干部的参与感和体验感。同时,应注重理论与实践相结合,引导年轻干部将所学知识运用到实际工作中,提高解决实际问题的能力。

第四,党性教育与特色课程相结合需要加强师资队伍建设。要建设一支政治素质高、业务能力强的师资队伍,为党性教育与特色课程的融合提供有力保障。同时，要加强对师资队伍的培训和管理，提高他们的教学水平和综合素质。

例如，上海市团校结合培训业态改革转型，构建基于"业态特色、载体特色、内容特色、教学方法特色"的课程群。在展馆业态课程群普获好评的基础上，通过不断提升学校挖掘整合红色教育资源和课程研发的能力，开发"移动团校 红色巴士"特色课程群，形成了"展陈教学＋理论学习＋实践体验"线路课程新范式，成为新时代特色鲜明的政治学校"开门办校"的创新探索。"红色航程"系列是继"红色巴士"系列之后，打造的又一水上红色教育系列课程，以中国式现代化上海实践为主题，通过历史之源与"总书记在上海"的结合、党的初心之源与中国式现代化上海实践的结合、创新之源与青年发展型城市建设的结合，探索"青年化"阐释习近平新时代中国特色社会主义思想的新模式。该系列课程以黄浦江为课堂、苏州河为讲台，把"在船说岸"同"离船登岸"相结合，将红色航程沿岸的教育资源串珠成链，分设若干门黄浦江流域上海"五个中心"建设子主题和苏州河流域城市现代化建设子主题课程，打造城市红色文旅新名片，创新红色教育拓展平台。

总之，党性教育与特色课程相结合是一种创新的教育方式，有助于提高年轻干部的政治觉悟、思想品质和领导能力。通过将党性教育融入特色课程中，可以使年轻干部在深入学习专业知识的同时，增强党性修养，提高综合素质，为推动党和人民事业的发展贡献力量。

(三) 充分运用新媒体等宣传平台

随着新媒体的快速发展，其已成为信息传播的重要渠道，对人们的思想观念和行为方式产生了深远影响。新媒体领域的迅速发展已经冲破了传统教学时间与空间的局限性。因此，党性教育要充分利用新媒体等宣传平台，创新教育方式和手段，提高党性教育的针对性和实效性。

第一，新媒体具有信息传播速度快、覆盖面广的特点，可以为党性教育提供更加便捷的传播渠道。通过新媒体平台，如微信公众号、微博、抖音等，可以及时发布党的路线、方针、政策和各项决策，使年轻干部能够第一时间获取相关信息和最新动态。同时，新媒体平台还可以通过文字、图片、视频等多种形式，生动形象地展示党的历史、党的宗旨和党的优良传统，增强年轻干部对党性教育的感性认识和认同感。

第二，新媒体具有互动性强的特点，可以为党性教育提供更加有效的互动平台。通过新媒体平台，年轻干部可以随时发表自己的观点、意见和建议，与其他年轻干部进行交流互动。这种互动式的教育方式可以激发年轻干部的学习热情和参与度，促进党性教育的深入开展。同时，通过新媒体平台，还可以及时了解和掌握年轻干部的思想动态和诉求，为针对性地开展党性教育提供有力支持。

第三，新媒体具有信息内容丰富多样的特点，可以为党性教育提供更加多元化的教育资源。新媒体平台上汇聚了大量的信息和资源，包括文字、图片、视频、音频等多种形式。通过新媒体平台，可以将这些丰富的教育资源整合起来，为党性教育提供更加多元化、个性化的教育服务。还可以充分利用现代信息技术手段，打造数字化、网络化的党性教育平台。通过建设在线学习平台、微信公众号、手机 App 等，为年轻干部提供更加便捷、高效的学习方式。同时，新媒体平台还可以通过大数据分析等技术手段，对年轻干部的学习行为和需求进行深入挖掘和分析，为个性化地开展党性教育提供有力支持。

总之，充分运用新媒体等宣传平台是加强党性教育的重要途径。通过发挥新媒体的优势和特点，可以创新党性教育的方式和手段，提高教育的针对性和实效性。同时，利用新媒体平台还可以加强与年轻干部的互动交流，及时了解他们的思想动态和诉求，为推动党和人民事业的发展贡献力量。

第六章
年轻干部党性教育的案例分析

一、年轻干部成长的三个关键环节

（一）案例背景

培养选拔优秀年轻干部是一件大事，关乎党的命运、国家的命运、民族的命运、人民的福祉，是百年大计。从党对干部的根本要求、人民的热切期盼、形势发展的迫切需要、时代赋予的责任担当出发，年轻干部要准确领悟"坚信念""敢斗争""能干事"的深刻意蕴。

（二）案例做法

第一，理想信念为核心，信仰认定了就要信上一辈子。政治上的坚定离不开理论上的坚定。要加强马克思主义理论武装，深入认识共产党执政规律、社会主义建设规律、人类社会发展规律；要把学习习近平新时代中国特色社会主义思想作为重中之重，全面系统学，及时跟进学，深入思考学，联系实际学，舍得下功夫读原著、学原文、悟原理，努力往深里走、往实里走、往心里走。新时代的中国共产党人，政治品格方面要光明磊落、坦荡无私；精神境界方面要见贤思齐，见不贤而内自省，处理好公和私、义和利、是和非、正和邪、苦和乐关系；价值追求方面要立志做大事，不要立志做大官，看淡个人进退得失，心无旁骛努力工作；作风操守方面要行得端、走得正，明礼诚信，怀德自重，保持严肃的生活作风、培养健康的生活情趣，特别要增强自制力，做到慎独慎微。

第二，斗争历练最重要，做敢于斗争和善于斗争的战士。干部成长没有捷径可走。要到艰苦岗位和基层一线去锻炼，接地气、经风雨、见世面，在摸爬滚打中增长才干，在层层历练中积累经验，面对矛盾敢于迎难而上，面对危机敢于挺身而出，面对失误敢于承担责任，面对歪风邪气敢于坚决斗争。共产党人的斗争是有方向、有立场、有原则的，大方向就是坚持中国共产党领导和我国社会主义制度不动摇。理论上清醒，政治上才能坚定，斗争起来才有底气、才有力量。要有见微知著的能力，对潜在的风险有科学预判，知道风险在哪里，表现形式是什么，发展趋势会怎样，该斗争就要斗争。斗争也是一门艺术。要处理好增强忧患意识和保持战略定力相统一、战略判断和战术决断相统一、斗争过程和斗争实效相统一、合理选择斗争方式与把握斗争火候相统一、原则问题上寸步不让与策略问题上灵活机动相统一等重大关系，根据形势需要，把握时、度、效，在斗争中争取团结，在斗争中谋求合作，在斗争中争取共赢。

第三，解决问题是关键，提高想干事、能干事、干成事的能力。我们党领导人民干革命、搞建设、抓改革，都是为了解决我国的实际问题。提高解决实际问题能力是应对当前复杂形势、完成艰巨任务的迫切需要，也是年轻干部成长的必然要求。其中，政治能力是第一位的，是核心能力；调查研究能力是基本功，是提高工作本领的有效措施；科学决策体现实际工作能力，直接关乎全局；改革攻坚能力彰显担当意识与开拓精神，是走在时代前列的重要保证；应急处突能力考验年轻干部的坚持原则与应变水平，是谋求发展主动权的前提；群众工作能力是看家本领，是我们党的优良传统；抓落实能力是根本，是化解难题开创工作新局面的关键。

（三）案例启示

培养选拔优秀年轻干部是一项长期而艰巨的任务。必须坚持以理想信念为核心，加强斗争历练，提高解决问题的能力，才能为党和国家培养出更多优秀的年轻干部，为实现中华民族伟大复兴的中国梦提供坚实的人才保障。年轻干部只有不断提高解决实际问题的能力，在实践中锤炼本领，才能更好地为实现新时代党的历史使命不懈奋斗。

二、干净与担当：共产党人"特殊材料"的重要配方

(一) 案例背景

没有干净，则其身不正，也就不可能有担当所必需的勇气和底气，这样的贪官必定蛀蚀党的事业和人民利益。而没有担当的"干净"，只会陷入保守观望、畏难退缩、沽名钓誉的漩涡，这样的"太平官""慵懒官""糊涂官"，本身就成了新时代改革开放新长征中攻坚克难的绊脚石。

在中央和国家机关党的建设工作会议上，习近平总书记指出，必须正确处理干净和担当的关系，要把干净和担当、勤政和廉政统一起来，勇于挑重担子、啃硬骨头、接烫手山芋。要践行新时代好干部标准，不做政治麻木、办事糊涂的昏官，不做饱食终日、无所用心的懒官，不做推诿扯皮、不思进取的庸官，不做以权谋私、蜕化变质的贪官。

(二) 案例做法

既要干净，又要担当，是中国共产党在百年的革命、建设、改革征程中对各级党员领导干部的一贯要求。新中国成立后，针对如何在执政条件下保持革命本色，毛泽东曾尖锐指出："全心全意地为人民服务，一刻也不脱离群众；一切从人民的利益出发，而不是从个人或小集团的利益出发。"[1]粉碎"四人帮"之后，邓小平复出伊始便郑重表示："出来工作，可以有两种态度，一个是做官，一个是做点工作。我想，谁叫你当共产党人呢，既然当了，就不能够做官，不能够有私心杂念，不能够有别的选择，应该老老实实地履行党员的责任，听从党的安排。"[2]

习近平则以他厚重的人生阅历和从政实践，诠释了一个共产党员在不同的领导岗位上始终"不忘初心、牢记使命"的博大情怀和"既要干净，又要担当"的行为准则。在梁家河的 7 年知青岁月里，作为大队书记，他带领村民们发展

---

[1] 《毛泽东选集》第 3 卷，人民出版社 1991 年版，第 1095 页。
[2] 中共中央文献研究室：《邓小平年谱(1975—1997)》上，中央文献出版社 2004 年版，第 162 页。

生产、改天换地，建造了陕西省第一口沼气池。他也是村里最后一个离开的知青，临走的时候他不禁流下热泪，因为他牵挂着乡亲们，想带着乡亲们过上更好的生活。

在正定县工作的奋斗岁月中，作为县委书记，他带领全县干部群众改革创新，走出了一条半城郊型县域经济发展的新路。在由中共中央党校出版社出版的采访实录《习近平在正定》中习近平深情回忆自己的插队生活，他忘不了农民的艰辛和农村的一切，下基层去"接地气"的渴望越发强烈。他的目的很简单，就是要改善老百姓的生活和改变贫穷落后的面貌，身体力行地做实事。正因为有这股子信念和底气，他敢于为民请命、以人民为中心，通过努力，甩掉了"高产穷县"的帽子；他敢于采用先试点示范、再逐步推开的方式改造"连茅圈"，避免运动式治理带来的后遗症；他敢于推出"六项规定"，向官衙作风和形式主义开刀，推行"无会日"，把基层干部从烦琐的文山会海中解放出来。这份从梁家河到正定县的初心和热血、从大队书记到县委书记的使命与担当，一直延续着、贯穿于此后的各个阶段，也为今天以县处级以上领导干部为重点、在全党范围内开展的"不忘初心、牢记使命"主题教育树立了标杆。

(三) 案例启示

事实上，干净与担当本就密不可分、互为犄角、相互支撑，是合格的党员领导干部不可或缺的政治品格。没有干净，则其身不正，也就不可能有担当所必需的勇气和底气，这样的领导干部必定蛀蚀党的事业和人民利益。而没有担当的"干净"，只会陷入保守观望、畏难退缩、沽名钓誉的漩涡，这样的"太平官""庸懒官""糊涂官"，本身就成了新时代改革开放新长征中攻坚克难的绊脚石。

为官避事平生耻，越是艰险越向前。要担当，就要有奋斗精神，就不能有"喘口气、歇歇脚"的怠惰之风，就必须抛弃那种"过得去就行""上游难搞、下游难瞧、中游最好"的庸人哲学。要担当，就要告别"本领恐慌"、练就"本领高强"，勇于挑最重的担子、啃最硬的骨头、接最烫的山芋，在干事中长本事、在历练中变老练。要担当，就不能让老实人吃亏，就要"既靠自身努力，也靠组织培养"，就需要各级组织理直气壮地为敢于担当、踏实有为、不谋私利的领导干部撑腰鼓劲儿、助威加油，营造干事创业、风清气正的良好政治生态。

办好中国的事情，关键在党，关键在人。共产党员是用特殊材料制成的，干净与担当，就是这个"特殊材料"的重要配方。各级党员领导干部尤其应以高标准从严要求自己,为党和国家的事业贡献自己的力量。

三、加强党性锻炼,增强党性修养

(一) 案例背景

党性是共产党员的立身之本,没有党性的人不会是一个真正的共产党员;党性不强或党性不纯的人也不可能成为一个合格的共产党员。共产党员的党性,不是与生俱来的,也不是一朝一夕可以形成的,而是需要通过后天的学习和实践,经过长时间艰苦的自我磨炼、自我改造、自我修养才能获得的。党性修养是共产党人自觉地按党的本质属性要求进行自我完善、自我教育和自我改造,加强党性修养要靠党员的自觉。加强党性修养,既是全面从严治党的要求,也是新时代共产党员必须具备的修养。新时代共产党员要不断提高政治修养、道德修养和纪律修养来加强自身的党性修养,保持和发扬党的先进性。共产党员不断加强党性修养,是我们党区别于其他政党的鲜明标志,也是全面从严治党的必然要求。

注重党性修养,是我们党自身建设的一个鲜明特色、一条成功经验,同时也是保持党的先进性和党员先进性的必由之路。因此,要保持党的先进性和党员的先进性,就必须把加强党性修养作为共产党员的必修课。

党性的概念是列宁最早提出来的。1894年列宁从哲学和世界观角度提出了党性问题,指出:"唯物主义本身包含所谓党性,要求在对事变作任何估计时都必须公开地站到一定社会集团立场上。"[①]对于党性问题,我们党最早阐述它的是刘少奇,他在《人的阶级性》一文中对其作了精辟的概括:共产党员的党性,就是无产者阶级性最高而集中的表现,就是无产者本质的最高表现,就是无产阶级利益最高而集中的表现。这一概括,指出了中国共产党党性的阶级基础,同时也指出了我们党的党性又不直接等同于阶级性,而是高于阶级性,是阶级性的升华。中国共产党是以中国工人阶级为主要阶级基础的政党,中国工人阶级所具有的基本特性理所当然地就构成了中国共产党党性的阶级基

---

① 《列宁全集》第1卷,人民出版社2013年版,第363页。

础。同时,中国共产党又是有着远大理想、按照马克思列宁主义的革命理论建立起来的中国工人阶级的先锋队。因此,中国共产党的党性不仅具有工人阶级的一般特性,而且,把工人阶级与现代化大生产相联系的先进性,升华为共产主义的崇高理想和中国特色社会主义的坚定信念;把工人阶级的团结精神和组织纪律性,升华为党的民主集中制原则和铁的纪律;把工人阶级大公无私、集体主义的优秀品质,升华为全心全意为人民服务的根本宗旨;把工人阶级坚韧性、战斗性和革命彻底性,升华为为了人民的根本利益不惜牺牲一切甚至宝贵生命的革命英雄主义精神。可见,中国共产党的党性是中国工人阶级的阶级性的集聚和升华,是高度发展了的阶级性。

党性修养是指共产党员在政治、思想、道德品质和知识技能等方面,按照我们党的党性原则进行的自我教育、自我锻炼、自我改造和自我完善的过程。"修养"一词在中国古老的文化中存在久远,它的最初的意思,是指通过内心的反省,培养一种完善的人格。"自天子以至于庶人,壹是皆以修身为本。"儒家的经典著作和古人的著作中,都包含了许多这样的观点。我国古代的文人雅士,无不以"修身,齐家,治国,平天下"为己任。这里,"修身"是第一位的。但是,我们共产党人所说的"修养",虽然包含了中国古代文化中的一些有益成分,但绝不等同于古人所说的"修身养性",而是与完成伟大任务、实现伟大目标紧密联系在一起的,是一个自觉改造自己主观世界的过程,是一个使自己的情操、风格、精神境界和言论行动更加符合客观世界发展规律、永远保持先进性的过程。一般而言,中国共产党所倡导的党性修养包括六个方面:理论修养、政治修养、思想道德修养、文化知识和业务能力修养、作风修养、组织纪律修养。这六个方面的统一,构成了工人阶级先锋战士所必需的基本素质要求。

党的先进性是具体的历史的,而作为党的先进性的集中体现的党性及党性修养,其内涵和要求也应该是具体的历史的。从本质上讲,无产阶级政党的党性具有相对的稳定性。比如:坚持马克思主义的科学世界观;坚持共产主义的理想和信念;坚持全心全意为人民服务的宗旨;坚持民主集中制的原则等。这些,构成了无产阶级政党党性的基本原则。但是,坚持无产阶级政党的党性,不仅要坚持党性的基本原则,还要把握党性的时代特征。在不同的历史时期和阶段,由于客观形势的发展和党的任务的变化,党性原则的具体要求也会发生显著的变化。党性的基本原则,比如全心全意为人民服务的宗旨,高度的组织纪律性等原则，在不同的历史条件下，都会有具体的、特定的内涵。例如：在革命战争年代，党的主要目标任务是推翻"三座大山"，建立人民民主政权。这种时代的要求和当时中国的实际，要求共产党人必须同反动派进行殊死的搏斗。那么，那个时期共产党的党性的具体要求应该表现为一种特有的"牺牲精神"，于是就有了"砍头不要紧，只要主义真"的大无畏的革命英雄主义精神。现在，中国共产党已经成了执政党，党所面临的环境、地位和任务都发生了根本性的变化。

总结我们党执政多年的实践经验，在执政条件下，共产党的党性应该突出表现为能否过好权力关、地位关和名利关，集中体现在代表中国先进生产力的发展要求，代表中国先进文化的前进方向，代表中国最广大人民的根本利益，把坚持党的先进性和发挥社会主义制度的优越性落实到发展先进生产力、发展先进文化、实现最广大人民的根本利益上来，推动社会全面进步，促进人的全面发展。

(二) 案例做法

中国共产党一贯重视和强调加强党性修养。究其原因在于加强党性修养是保持党的先进性的必由之路。先进性是党的生命，关系到党和国家的前途命运，关系到中国特色社会主义和中华民族的前途和命运。党员是党的肌体的细胞，只有细胞健康，整个肌体才能健康。换句话说，只有每个党员都是先进的，我们党才是先进的。党的肌体能否保持健康，决定于各级党组织的作用，取决于每一名党员的素质，而党员素质的提高，必须要经过党性锻炼和素质修养来实现。加强党性修养的根本意义，就在于它是党员保持先进性的必由之路。对于加强党性修养的必要性和意义，我们可以从以下几个方面来理解。

第一，加强党性修养是新形势提出的新课题。当前，国际风云变幻，国内改革日益深化，我们的发展既面临难得历史机遇，又处在矛盾多发期。这种形势使我们党、我们的党员面临着前所未有的考验。在这些考验面前，我们党的绝大多数同志保持住了共产党人的本色，保持住了共产党员的先进性。目前党的建设整体是好的，但是也存在一些党员和干部，没能经受住考验，丧失了理想，丧失了党性。轻者迷失方向，成为彷徨者；重者蜕化变质，成为人民唾弃的腐败分子。因此，在新的历史时期强调共产党员要加强党性修养，绝不是无的放矢,而是有着很强的现实性和针对性。要通过在全党范围内倡导加强党性修养,使党员牢固树立共产主义信念和中国特色社会主义信念,帮助党员提高应对各种考验的能力和自觉性。

第二,加强党性修养是新任务提出的新要求。经过40多年的改革开放,目前我国的社会主义建设已经步入了一个崭新的阶段。特别是我们党确立了"两个一百年"的奋斗目标。在新的任务面前,我们不懂得、不熟悉、不精通的东西很多,迫切需要通过学习来弥补这个差距,以使我们的能力能够适应新形势和完成新任务的需要。我们党提出要提高"五种能力",即坚持以宽广的眼界观察世界,正确把握时代发展的要求,善于进行理论思维和战略思维,不断提高科学判断形势的能力;坚持按照客观规律和科学规律办事,及时研究解决改革和建设中的新情况新问题,善于抓住机遇加快发展,不断提高驾驭市场经济的能力;坚持正确认识和处理各种社会矛盾,善于协调不同利益关系和克服各种困难,不断提高应对复杂局面的能力;坚持不断地增强法治观念,善于把坚持党的领导、人民当家作主和依法治国统一起来,不断提高依法执政的能力;坚持立足全党全国工作大局,坚定不移地贯彻党的路线方针政策,善于结合实际创造性地开展工作,不断提高总揽全局的能力。我们党员,特别是党员领导干部,要提高这"五种能力",唯一的途径是加强学习和修养。

第三,加强党性修养是实现党风根本好转的现实需要。党的作风是党的形象,事关党的生死存亡。党的作风好,群众就支持我们,拥护我们。反之,群众就反对我们,党也就失去了执政的基础。应当说,我们党的作风从总体上讲是不错的,但是,在我们党内,又确实存在着作风不纯、不正的现象。一些党员干部严重脱离人民群众,甚至以权谋私,侵害人民群众的利益,损害党的形象,影响了党同人民群众的关系。因此,我们要进一步密切党同人民群众的血肉联系,实现党风的根本好转,就必须要求每个共产党员都要不断加强党性锻炼,树立正确的世界观、人生观、价值观,增强拒腐防变能力,使我们的党员和干部心里永远想着群众,始终代表群众利益,自觉维护党的形象。

第四,加强党性修养是党员保持先进性的必修主课。刘少奇曾指出,共产党员的党性锻炼和修养,是党员的本质改造。这揭示了党性修养的实质。共产党员的党性不是先天具有、与生俱来的,也不是后天实践中自然而然形成的,它需要一个自觉的、长期的、十分艰苦的磨炼过程,这个过程就是共产党员的党性修养。党性锻炼是一个党员进步的前提,锻炼得越自觉,进步就越快。

江泽民曾十分明确地指出:"要使自己成为一个真正的共产党员,成为一个高尚的人,纯粹的人,有道德的人,脱离了低级趣味的人,有益于人民的人,需要经过长期磨炼,要在学习马克思主义理论中,在投身建设有中国特色社会主义的群众实践中,在严格的党内生活中,一生自觉地经受考验。"①一个人组织上入了党,并不等于思想上也完全入了党。要达到在思想上完全入党,真正做一个合格的共产党员,必须改造自身存在的一切与党的先进性相背离的思想,在改造客观世界的同时改造自己的主观世界。因此,我们要成为一个合格的共产党员,就必须将加强党性修养作为自己终身的必修之课。

需要指出的是,在加强党性修养这个问题上,一些同志存在着模糊甚至错误的认识。比如,有的同志认为现在讲修养是搞过去"左"的那一套,"过时了";有的同志认为党性修养"没有用";还有的同志认为别人不讲修养而自己讲修养"要吃亏",等等。广大党员要增强搞好党性修养的自觉性和紧迫性,就必须与这些错误思想作斗争。

(三) 案例启示

加强党性修养是我们的终身课题,也可以说是我们每日必做的功课。但是,加强党性修养,除了要有持之以恒的决心外,还必须要坚持正确的指导思想。这个正确的指导思想,当然就是要以马克思列宁主义、毛泽东思想、邓小平理论、"三个代表"重要思想、科学发展观、习近平新时代中国特色社会主义思想为指导,就是要以党章为准绳,自觉地用党性原则规范自己的行为,克服和抵制各种错误思想,改造主观世界,不断地使自己的思想和人格得到升华。同时,加强党性修养需要讲究科学的方法和正确的途径。在这一方面,老一辈革命家留有许多佳话,也为我们作出了榜样,值得我们学习和借鉴。

第一,在不断的学习中加强党性修养。理论是行动的先导。同时,理论也是一个党和一个民族成熟的标志。因此,我们要加强党性修养,加强理论的学习是首先必须要做的。每一个党员都应该按照党章的要求,认真学习马克思列宁主义、毛泽东思想、邓小平理论、"三个代表"重要思想、科学发展观、习近平新时代中国特色社会主义思想,学习党的基本理论、基本路线和基本纲领。

---

① 中共中央文献研究室:《毛泽东邓小平江泽民论党的建设》,中共中央党校出版社1998年版,第591页。

同时，还要坚持理论联系实际的学风，用学习到的理论指导我们的工作。除了学习理论和党的基本知识外，还应该学习科学文化和业务知识，学习一切有用的东西。当前，我国正处于实现中华民族伟大复兴的关键时期，已经出现和将要出现的问题很多，这些迫切要求我们要有解决问题的"真本领"，而"真本领"的基础是自己的"知识含量"。因此，新时代的合格共产党员必然要成为"学习型的党员"，要通过不断的学习，达到增强党性、提高修养的目的。

第二，在社会实践的磨炼中加强党性修养。我们讲的党性修养，不是脱离实践、脱离社会的"修身养性"，而是和党的伟大目标和伟大任务连在一起的。正如刘少奇所说的，"要在革命的实践中修养和锻炼，而这种修养和锻炼的唯一目的又是为了人民，为了革命的实践"[①]。共产党员要加强党性修养，需要从书本上吸取理论和知识的营养，但更需要到实践中去经受锻炼。社会是最好的课堂，实践是最好的老师。在实践中，我们要勇于负责，与时俱进，大胆创新，敢于和善于把党的路线方针政策同具体情况结合起来，创造性地开展工作；要按照"说真话，鼓真劲，做实事，收实效"的要求，做到襟怀坦荡，表里如一，不唯书、不唯上，坚持实事求是；要坚持从实际出发，深入实际，调查研究，倾听群众的意见，了解群众的疾苦，切实帮助人民群众解决实际问题。我们要坚信这样的道理：坚强的党性不是"想出来"的，而是"干出来"的。我们只有做到在平凡中成就伟大，在积累中实现升华，在增强党性修养中保持先进性，才能成为真正的共产党人。

第三，在严格的党内生活中加强党性修养。加强党性修养一方面需要党员个人的主观努力，另一方面党组织的教育、管理和监督也起着非常关键的作用。其中，严格的党内生活锻炼是必不可少的一个重要环节。积极、主动地参加党内生活，自觉置身于党组织的严格管理和其他党员的监督之下，既是党章对每个党员规定的义务，是做合格党员的起码要求，又是促使党员自觉进行党性锻炼和修养的组织保证。因此，每一个党员都必须积极主动地参加党内生活，切实履行好自己的职责，接受党内外的监督；要积极主动地向党组织汇报自己的思想、工作和学习情况，向党组织讲真心话，自觉地接受党组织的指导和帮助；要积极开展批评和自我批评，在党内生活中同各种不良倾向作斗争。共产党员只有既"闻过则喜"，真心诚意地接受党组织的帮助和监督，又善于

---

① 《刘少奇论党的建设》，中央文献出版社1991年版，第106页。

"吾日三省吾身"地进行自我教育,才能使自己的党性修养得到增强。

第四,在弘扬民族精神和共产主义道德中加强党性修养。中华民族传统文化中有许多值得我们借鉴、继承和发扬光大的东西,如爱国主义精神、愚公移山精神、勤俭节约精神等。同时,中华民族历史上还有许多好的修养方法值得我们借鉴。如"修身、齐家、治国、平天下""不以恶小而为,不以善小而不为""先天下之忧而忧,后天下之乐而乐"等人生信条,都是我们加强党性修养所必需的养料。当然,作为共产党员,仅仅学习和发扬优秀民族精神还不够,还必须大力提倡和实践共产主义道德。党章规定共产党员要"提倡共产主义道德",要有高尚的家庭美德、职业道德、社会公德。我们共产党员只有自觉地发扬和践行共产主义道德,才能培养自己的高尚人格,才能使自己成为一个高尚的人,一个纯粹的人,一个有道德的人,一个脱离了低级趣味的人,一个有益于人民的人,成为"人皆可以成尧舜"的典范。

第五,在努力实践党的宗旨中加强党性修养。立党为公、执政为民是"三个代表"重要思想的本质,也是党的宗旨的根本体现。对于共产党员来说,承认并实践党的宗旨并不是新的要求。但在新的历史条件下能够始终如一、言行一致地做到全心全意为人民服务却不是一件容易的事情。能否坚持和实践党的宗旨,这是对党员党性的一个非常重要而集中的考验。当前,我国处于实现中华民族伟大复兴的关键时期,社会利益关系十分复杂。在利益面前,是先替自己打算,还是先人后己、先公后私、大公无私,随时都在检验着每一位党员的党性。要在实践党的宗旨过程中加强党性修养,需要我们的党员特别是党员领导干部牢固树立马克思主义的世界观、人生观、价值观,坚持正确的权力观、地位观、利益观,坚持科学发展观和正确政绩观,把精力放在实现好、维护好、发展好最广大人民的根本利益上,大兴求真务实之风,坚决反对形式主义和官僚主义,把对党负责与对人民负责统一起来,上不愧党、下不愧民,真正做到"权为民所用、情为民所系、利为民所谋";需要我们每一个党员都能够在本职岗位上作出一流成绩,为党和人民多做奉献。

因此,年轻干部更需要加强党性修养和党性锻炼。保持共产党员先进性,提高党员素质,要求每个党员都要自觉加强党性修养。共产党员的党性是党的先进性在党员身上的具体体现。我们党的先进性,既体现在党的指导思想、根本宗旨、奋斗纲领、路线政策、组织原则、党的纪律、党的作风等方面,又体现在广大党员和党的干部的理想信念、思想观念、道德品格以及学习、工作、生活等方面。党性是党员干部的立身之本,加强党性修养、增强党性锻炼是干部健康成长的必然要求,也是做合格共产党员的一个基本要求。

四、红色教育赋能年轻干部党性教育培训现场教学点

(一)案例背景

加强年轻干部党性教育工作是提高基层党组织凝聚力和战斗力的需要。一段时间以来,党员教育活动以被动输入式为主,类似于"填鸭式"教学,同时还存在阵地匮乏、设施不配套等问题,很大程度上影响了党性教育工作成效。S市深入贯彻落实习近平总书记关于用好红色资源、强化红色教育的重要指示精神,重点打造党性教育培训现场教学点,建成农村党员教育培训教学点,强化新时代党员经常性教育培训阵地保障,为建强基层组织凝聚强大的精神力量。

(二)案例做法

第一,依托红色资源,构筑坚实"红色阵地"。作为湘鄂西区早中期的红色发源地,S市拥有丰富的红色遗迹和文物。为了充分发挥这一独特优势,S市在全市范围内着力打造"红色阵地",形成了一个重点突出、特色鲜明的红色教育教学基地群。

为了进一步加强红色教育的硬件设施,S市自2016年起,逐年加大了财政投入,将"红色场馆"建设视为党员教育现场教学的重中之重。每一个新建的"红色场馆"都按照一定的标准进行奖补,以此鼓励和支持场馆的建设与发展。至今,依托党员群众服务中心,全市已成功建立了20个集教学与实践功能于一体的红色阵地,实现了乡镇办区红色教育基地的全面覆盖。这些场馆每年接待市内外党员教育现场教学活动多达700余场(次)。

除了硬件设施的完善,S市还注重软件的建设,特别是"红色工作室"的打造。借助"大师工作室"的平台,S市在党员教育培训现场教学点上设立了农村党员和青年农民培训中心。这里不仅提供党的理论教育,还同步进行农业

实用技术的培训,每年为1000余名农村党员和乡村青年提供免费的培训机会。通过这种"党建+新型职业农民"的培育模式,S市成功地培养了一批既有坚定理想信念,又具备实用农业技术的党员和农民。

为了确保红色阵地的有效运行和持续发展,S市还建立了一套完善的红色教育机制。这套机制以坚定理想信念、锤炼党性修养为核心,通过在主题党日活动、"三会一课"以及重大纪念日等时机,组织党员深入现场教学点进行学习。同时,为了确保红色教育的规范性和长效性,S市还发布了《关于规范基层党组织到红色教育基地学习参观的通知》,明确了学习参观的地点,并通过"五严格一确保"的原则,加强了对基层党组织和广大党员参加红色教育的管理与审批,从而推动了党史学习教育的常态化和长效化。

第二,丰富课程载体,红色故事温暖现场教学。为了让现场教学点充满温度,S市不断丰富红色教育课程载体,以本土红色人文精神如"英雄母亲秦凤二"的事迹为依托,生动讲述现场教学点的"红色故事",旨在使红色教育真正入耳、入脑、入心。

首先,S市积极开展红色教育作品的创作。他们深入挖掘土地革命时期在当地战斗过的先烈们的珍贵回忆和精彩革命故事,将这些鲜活的历史作为现场教学的重要内容。比如,编撰的《桃花山上红旗飘》一书,就从忠诚使命、勇往直前等多个角度,详细讲述了34个感人至深的革命故事,以此激励党员干部坚守信仰,勇往直前。

其次,为了加强红色教育的师资力量,各个党员现场教学点都配备了专业的"红色讲解员"。他们不仅对不同历史时期的重要历史事件和典型人物的先进事迹了如指掌,还能深入浅出地讲解其中蕴含的精神内涵和当代意义。同时,S市还组建了由基层党组织书记、党务专家、先进模范人物等组成的红色宣讲队,每年在基地和场馆开展200多场(次)的红色故事宣讲活动,让红色故事广泛传播。

最后,在红色教育方式方法上,S市也进行了大胆的创新。他们深化了"党校课堂+教育基地""书记课堂+教育基地"以及"党员课堂+教育基地"的教学体系,使得现场教学点与固定课堂紧密结合,红色教育在现场教学实践中变得更加生动和活跃。特别值得一提的是,S市创新了体验式红色培训模式,打造了一条长达3.8公里的红军体验小路,并设计了"实践磨炼意志坚""红军不怕远征难"等体验式教学板块。这种创新的教学方式吸引了全市2万余名党员干部积极参与体验教育教学,让红色教育更加深入人心。

第三,突出价值导向,红色品牌激活现场教学点。红色摇篮孕育着红色基因。为了让这些珍贵的红色资源焕发新的活力,S市坚持以价值为导向,通过打造多个红色品牌,使现场沉浸式教学成为常态化的党建特色活动。

首先,S市倾力打造了"红军树上党旗飘"品牌。通过丰富红色教育实践内容,推出"红军树上党旗飘"教育培训活动,成功地将红色文化与党员教育紧密结合,实现了同频共振。这种身临其境的教学方式,极大地锤炼了党员干部的党性。

其次,S市还着力打造了"从小学党史 永远跟党走"的红色研学品牌。借鉴井冈山、延安、红安等地的红色教育培训经验,该品牌强调"在行走中学习党史、从党史中坚定理想信念"。通过打造革命传统教育、爱国主义教育、自然科普教育等丰富的红色研学内容,成功吸引了全省乃至全国的研学对象造访S市。目前,已经开发了"桃花山里桃花红""寻访红色足迹"等6个研学主题。

最后,为了进一步拓展红色教育的影响力,S市还倾力打造了"革命传统教育"精品线路。以新时代文明实践中心为轴心,将6个红色革命遗址、9个红色场馆、4个党建共享阵地巧妙地串点成线,不仅打造了三条党员现场教学线路,更成功地将广大党员家门口的"红色地标"变成了他们心头的"现场教学点"。这一系列举措极大地丰富了党员教育的形式和内容,也让红色基因在新时代焕发出了新的活力。

(三)案例启示

第一,讲好红色故事,深化党性教育内涵。历史是最宝贵的教科书,而红色江山更是革命先辈用鲜血和生命铸就的丰碑。为了深化党员对"四史"的学习和理解,可以通过讲好每一个红色故事,让党员们从这些故事中汲取力量,牢记党的根本宗旨,以及先烈们的革命精神。

通过激活红色基因,发扬革命传统,开展红色教育专题辅导,利用身边鲜活的教育事例,引导年轻干部自觉向先进看齐,立志为党和人民的事业奋斗终身,坚守共产党人的精神高地。这不仅丰富了党员教育现场教学点的内涵,更让每一位党员都能在实际行动中继承和发扬党的优良传统,还可以继续挖掘和整理红色资源,通过多种形式将红色故事传递给更多的人,让红色基因代代相传,为实现中华民族伟大复兴的中国梦贡献力量。

第二,挖掘红色资源,增强党员教育现场教学点功能。为了充分发挥红色资源在党性教育中的作用,要深入挖掘并整合各类红色资源,进一步拓展党性教育现场教学点的功能。可以重点依托党史、社科、文旅等职能部门以及地方高校,增加红色文化类科研课题和立项,深入挖掘红色资源的深层价值。同时,建立红色资源实物和电子档案,实现红色资源的数据共享,为教学和研究提供丰富的素材。可以将红色资源与乡村振兴有机结合,打造一批红色文化旅游示范区、红色旅游示范村,并推出一系列红色文化产品。这些举措不仅能够实现红色文化与乡村文化的深度融合,也为乡村振兴注入了新的活力。

第三,串点成线,汇聚党性教育现场教学点力量。要充分利用丰富的历史资源,深入挖掘各个党性教育现场教学点的独特特色,强化各点之间的联动效应。通过将红色教育基地有机串联,打造党性教育现场教学的精品路线。在这条路线上,年轻干部可以通过重温入党誓词、实地参观历史遗迹、听取生动讲解、参与互动体验等多种方式,更深刻地接受红色教育的熏陶。这种串点成线的做法,不仅有效地整合了分散的红色教育资源,还形成了一股强大的合力,使党性教育现场教学点的影响力得到显著提升。

五、运用"智慧党建"赋能主题党日,抓实党性教育

(一) 案例背景

习近平强调:"干部成长无捷径可走,经风雨、见世面才能壮筋骨、长才干。"[①]党的十八大以来,习近平从党和国家事业发展全局的战略高度,明确提出信念坚定、为民服务、勤政务实、敢于担当、清正廉洁的新时代好干部标准,系统阐明干部尤其是年轻干部成长成才的正确路径,为加强新时代干部队伍建设提供了根本遵循。

学习贯彻习近平新时代中国特色社会主义思想要以"学思想、强党性、重实践、建新功"为总要求,而强党性的最终目的则是保持共产党人的政治本色。

---

① 习近平:《在常学常行中加强理论修养 在知行合一中主动担当作为》,《人民日报》2019年3月2日。

习近平多次出席中央党校(国家行政学院)中青年干部培训班开班式并亲授"开学第一课",对广大干部特别是年轻干部提出明确要求。党的二十大报告,站在关键在党、关键在人的高度,提出要建设堪当民族复兴重任的高素质干部队伍的重大任务,而强党性的最终目的则是保持共产党人的政治本色。因此,年轻干部党性教育总结起来就一个标准:用党性修养统领年轻干部成长的各要素。

2016年以来,H市积极探索"主题党日+"模式,利用信息技术创新搭建"H市智慧党建云平台",为党内组织生活落细落实插上了互联网和大数据的"翅膀"。经过多年实践,内容丰富、形式多样的主题党日活动逐渐成为H市党员学习、交流、服务的重要依托,成为增强党组织活力的"金钥匙"和淬炼党员干部党性的"大熔炉"。

长期以来,主题党日作为落实党支部组织生活的重要载体,发挥了很大作用,但在一些地方和单位一定程度上存在着活动形式单一、内容吸引力不强等问题。一方面,部分基层党组织开展活动不扎实,搞形式走过场,极个别党组织甚至通过回补虚假会议记录应付上级检查;另一方面,面对数量庞大的党支部,市、县组织部门工作力量有限,很难深入基层一一指导督促到位。H市市委组织部通过运用"互联网+党建"理念,成功研发了"H市智慧党建云平台",显著提升了主题党日活动的质量和效果。该平台通过多项创新功能,如活动计划的线上审核、活动要求的一键下发、全体党员的在线签到、图文资料的快捷上传、心得体会的网上互动以及整改情况的在线督导,实现了对主题党日活动的全面掌握、精准指导和即时考评。

(二)案例做法

第一,H市通过精心构建"H市智慧党建云平台"并嵌入多个社交媒体平台,形成了党员教育的"一张网",为党员提供了全方位、便捷的教育资源和学习渠道。这一创新举措不仅丰富了党员的学习内容,还提高了学习效果,同时也简化了基层党组织的管理流程。

首先,通过构建"H市党员教育掌上微矩阵",将教育资源进行整合并同步发布,使得党员可以随时随地进行学习,不再受时间和地点的限制。这种灵活的学习方式更符合现代人的生活习惯,也有助于提高党员的学习积极性和参与度。

其次,通过精确收集基础数据并建立统一规范的党建基础数据库,不仅方便了党组织对党员信息的管理和查询,还确保了数据的真实性和即时性。各级党组织平台管理人员对上传信息进行线上审核,进一步保证了数据的质量。这一举措极大地减少了基层资料上报、台账维护的工作量,提高了工作效率。

最后,通过精确设置平台功能,如搭建"主题党日＋"功能模块和开设《党务知识》《学习测试》等专题专栏,为党员提供了更加丰富的学习内容和互动机会。党员可以通过平台进行专题学习、上传心得体会、进行互动交流,同时还可以一键掌握党内要闻、政策资讯,了解县区动态和典型经验。这些功能使得"H市智慧党建云平台"成为教育宣传的新阵地、工作交流的新载体以及沟通群众的新媒介。

第二,H市通过统筹安排,实现了活动实施的"一盘棋"策略,确保了主题党日活动的规范化、特色化开展。通过规定动作的规范化,H市为全市各级党组织提供了明确的活动指南。每月主题党日活动前,精心设计活动内容,并通过印发文件明确了一系列规定动作,如诵读党章、交纳党费、研学党规党情等。这些规定动作确保了活动的统一性和规范性,使得各级党组织能够有条不紊地开展活动。同时,根据活动相关要求设计制作动态信息图,并第一时间推送给每位党员,通过"图解"的方式直观展现、精准解读活动内容,这不仅提高了党员的学习效率,还增加了学习的趣味性。

"自选动作"的特色化是H市的另一大亮点。全市各基层党组织围绕重点工作任务,精准对接党员群众需求,不断优化主题党日活动内容形式。在"＋"上下功夫,灵活开展红色教育、走访慰问、义务劳动、爱心捐赠等"自选动作",打造了一批可学可鉴的主题党日活动特色项目。这些特色项目不仅丰富了活动的内涵,还增强了党组织的凝聚力和战斗力。

第三,依托"H市智慧党建云平台"的数据支持,督查考核工作得以标准化、精细化进行,确保了党员教育管理和党内政治生活的严谨性与活跃度。

通过规范流程,学风得到有效端正。实行党员在线扫码签到制度,利用二维码技术精准记录党员的参与情况,缺勤、超时签到或提前签退等不规范行为得到了有效遏制。同时,手机卫星定位功能的应用也进一步确保了签到的真实性,杜绝了远程签到和弄虚作假的现象。

平台的智能化管理,使得监管工作更为严格高效。H市众多基层党组织和党员都已被纳入平台智能化管理之中,通过大数据分析功能,各级党组织的主题党日活动开展情况得以实时监控和精准展示。上级党组织可以随时进行一键式抽查督导,及时发现工作薄弱环节和问题症结,从而进行有针对性的业务指导,实现线上全程监管。

在考核方面,量化积分的引入使得考核更加客观公正。通过综合考量党员的扫码签到率、流动党员点赞率、上传图文的详尽程度、党员在线评论情况以及上级党组织的评分等多项指标,系统自动生成评分并进行动态排名。这种直观的排名方式使得各级党组织活动开展情况一目了然,便于进行横向比较和纵向分析。

此外,H市还实行了定期督查、通报和考核制度,通过评选"主题党日+"金点子案例、先进党支部及实践标兵等方式,进一步营造了比学赶超的浓厚氛围。这不仅让党内政治生活更加严谨活泼,也使得党员在潜移默化中接受了党的教育、增强了组织观念。

(三)案例启示

当前,年轻干部的党性教育工作逐渐向"智慧化"方向发展,需要我们及时跟上时代发展步伐,勇于打破传统、创新发展。只有不断适应信息化、数字化潮流,才能在新时代更加准确地把握年轻干部需求,更加快速地实现资源配置,更加有效地开展党性教育。

第一,智慧平台让工作推进更高效。通过案例中"H市智慧党建云平台"的应用,可以看到建立统一规范的党建基础数据库的重要性。这一创新举措不仅整合了党建资源,还通过科技手段显著提高了党建工作的透明度和效率。平台允许各基层党组织实时上传活动进展情况、相关资料和党员的心得体会,这些内容能够更加直观地反映出基层组织生活的落实情况。这种即时更新的方式,使得上级党组织能够迅速、准确地掌握基层的最新动态,从而作出及时的指导和反馈。

更重要的是,通过云平台的数据管理,可以有效地避免了迎检材料的造假和突击应付检查等不良行为。所有数据和信息都是实时更新、真实可靠的,这为保证主题党日活动的规范开展和质量提升提供了坚实的基础。

此外,云平台还为上级党组织提供了总体把握和指导调度基层党组织工作的便捷工具。无论是活动计划、进度跟踪,还是成果展示,都可以通过平台进行一站式管理,不仅简化了工作流程,还大大提高了决策效率和响应速度。

第二,云上学习让党性教育更鲜活。随着科技的发展,云上学习已经成为年轻干部党性教育的新趋势。通过党建新媒体平台,可以为基层党员提供一种全新的学习方式。云上学习的模式,不仅使得基层年轻干部能够更加便捷、高效地获取学习资源,还能让他们更加有效地开展专题学习、进行互动交流。年轻干部可以随时随地通过手机或其他智能设备接入平台,学习党的理论知识、了解党的最新政策,同时也能与他人分享学习心得,形成浓厚的学习氛围。

除了基础的理论学习,丰富多彩的特色学教活动也可以将党性教育与实际工作相结合,通过志愿服务、实践探索等多种形式,让年轻干部在实际行动中深化对党的认识和理解。这种"寓教于乐"的学习方式,不仅增强了年轻干部的学习兴趣和积极性,也使得党性教育在基层一线真正活起来。

云上学习的推广和应用,切实打造了党建宣传的新阵地、党性教育的新抓手。它突破了传统学习方式的限制,为党性教育注入了新的活力和动力。

第三,数智赋能让党建考核实现了从静态到动态、从粗放到精准的转变。通过量化计分、实时智能分析、在线提交和快速动员等功能,能够更加全面、客观地评估基层党组织的工作表现,提供更具针对性的指导服务,从而以精准化考核为抓手,助推组织生活质量的全面提升。

"政治路线确定之后,干部就是决定的因素。"实现中华民族伟大复兴,坚持和发展中国特色社会主义,关键在党,关键在人,归根到底在培养造就一代又一代可靠接班人。新的赶考之路上,年轻干部要牢记党中央的嘱托,努力成为可堪大用、能担重任的栋梁之才,在全面建设社会主义现代化国家新征程上奋勇前进、建功立业!

参 考 文 献

一、著作类

[1] 列宁：《共产主义运动中的"左派"幼稚病》，人民出版社 1949 年版
[2] 《马克思恩格斯全集》第 16 卷，人民出版社 1964 年版
[3] 《马克思恩格斯全集》第 2 卷，人民出版社 1974 年版
[4] 《马克思恩格斯全集》第 30 卷，人民出版社 1974 年版
[5] 中共中央文献研究室：《三中全会以来重要文献选编》上，人民出版社 1982 年版
[6] 《列宁全集》第 3 卷，人民出版社 1987 年版
[7] 《列宁全集》第 5 卷，人民出版社 1988 年版
[8] 《列宁全集》第 6 卷，人民出版社 1988 年版
[9] 《列宁全集》第 10 卷，人民出版社 1988 年版
[10] 《列宁全集》第 17 卷，人民出版社 1988 年版
[11] 《列宁全集》第 24 卷，人民出版社 1988 年版
[12] 江泽民：《爱国主义和我国知识分子的使命——在首都青年纪念五四报告会上的讲话》，人民出版社 1990 年版
[13] 《毛泽东选集》第 1 卷，人民出版社 1991 年版
[14] 《毛泽东选集》第 3 卷，人民出版社 1991 年版
[15] 中共中央文献研究室：《十三大以来重要文献选编》中，中央文献出版社 1991 年版
[16] 《毛泽东选集》第 2 卷，人民出版社 1991 年版
[17] 《毛泽东文集》第 2 卷，人民出版社 1993 年版
[18] 《邓小平文选》第 3 卷，人民出版社 1993 年版
[19] 《邓小平文选》第 2 卷，人民出版社 1994 年版
[20] 《马克思恩格斯选集》第 4 卷，人民出版社 1995 年版
[21] 中共中央文献研究室：《刘少奇年谱（1898—1969）》上卷，中央文献出版社 1996 年版
[22] 《毛泽东文集》第 3 卷，人民出版社 1996 年版
[23] 中央文献研究室：《毛泽东邓小平江泽民论党的建设》，中央文献出版社、中共中央党

校出版社1998年版
- [24]《毛泽东文集》第8卷,人民出版社1999年版
- [25] 中共中央文献研究室:《邓小平年谱(1975—1997)》上,中央文献出版社2004年版
- [26]《江泽民文选》第1卷,人民出版社2006年版
- [27] 中共中央文献研究室:《十七大以来重要文献选编》上,中央文献出版社2009年版
- [28] 叶笃初、卢先福:《党的建设辞典》,中共中央党校出版社2009年版
- [29] 中共中央文献研究室:《建党以来重要文献选编(1921—1949)》第15册,中央文献出版社2011年版
- [30] 中共中央文献研究室:《建党以来重要文献选编(1921—1949)》第18册,中央文献出版社2011年版
- [31] 中共中央文献研究室:《十七大以来重要文献选编》中,中央文献出版社2011年版
- [32]《马克思恩格斯选集》第1卷,人民出版社2012年版
- [33]《马克思恩格斯选集》第3卷,人民出版社2012年版
- [34]《列宁选集》第1卷,人民出版社2012年版
- [35] 石云霞:《马克思主义理论教育思想发展史研究》下,中国社会科学出版社2012年版
- [36]《列宁全集》第1卷,人民出版社2013年版
- [37] 中共中央文献研究室:《毛泽东年谱(1893—1949)》(修订本)中册,中央文献出版社2013年版
- [38] 中央档案馆、中共中央文献研究室:《中共中央文件选集(1949年10月—1966年5月)》第39册,人民出版社2013年版
- [39] 马克思、恩格斯:《共产党宣言》,人民出版社2014年版
- [40]《习近平谈治国理政》,外文出版社2014年版
- [41]《习近平党校十九讲》,中共中央党校出版社2014年版
- [42] 中共中央文献研究室:《十八大以来重要文献选编》上,中央文献出版社2014年版
- [43]《习近平谈治国理政》第1卷,外文出版社2014年版
- [44]《中共中央关于加强和改进新形势下党校工作的意见》,人民出版社2015年版
- [45]《胡锦涛文选》第1卷,人民出版社2016年版
- [46]《胡锦涛文选》第3卷,人民出版社2016年版
- [47] 习近平:《在全国党校工作会议上的讲话》,人民出版社2016年版
- [48] 中共中央党史和文献研究室:《习近平关于全面从严治党论述摘编》,中央文献出版社2016年版
- [49] 中共中央文献研究室:《十八大以来重要文献选编》中,中央文献出版社2016年版
- [50]《习近平谈治国理政》第2卷,外文出版社2017年版
- [51] 习近平:《论党的宣传思想工作》,中央文献出版社2020年版
- [52]《习近平谈治国理政》第3卷,外文出版社2020年版
- [53] 任仲文:《新时代党员干部要发扬光荣传统和优良作风》,人民日报出版社2021年版
- [54]《中国共产党章程》,人民出版社2022年版

[55] 习近平：《论党的自我革命》，党建读物出版社、中国方正出版社、中央文献出版社 2023 年版

[56] 中共中央文献编辑委员会：《习近平著作选读》第 2 卷，人民出版社 2023 年版

二、期刊文献类

[1]《中共中央关于加强党同人民群众联系的决定》，《党建》1990 年第 6 期，第 4—7 页

[2] 习近平：《始终坚持和充分发挥党的独特优势》，《求是》2012 年第 15 期

[3] 王涛：《马克思、恩格斯与"党性"概念的提出》，《上海党史与党建》2012 年第 7 期，第 9—12 页

[4] 梁道刚：《关于党性及党性修养的几个基本理论问题》，《岭南学刊》2015 年第 2，第 14—18 页

[5] 陈培永：《什么是党性》，《岭南学刊》2015 年第 2 期，第 10—13 页

[6] 肖小华：《浅谈党性教育资源的整合与开发》，《中共珠海市委党校珠海市行政学院学报》2015 年第 3 期，第 59—62 页

[7] 龚少情：《对马克思主义经典作家党性概念的再认识》，《社会主义研究》2016 年第 4 期，第 28—35 页

[8] 习近平：《在全国党校工作会议上的讲话》，《求是》2016 年第 9 期

[9] 田仁来、杨艳红、李江：《全面从严治党视阈下干部党性教育内容体系的构建》，《领导科学论坛》2018 年第 9 期，第 52—53 页

[10] 谭国清：《共产党员加强党性修养的有效途径探究》，《理论导刊》2019 年第 11 期，第 63—67 页

[11] 寇清杰、李征征：《列宁党性思想的着力点及党性教育实现路径》，《广西社会科学》2019 年第 12 期，第 184—189 页

[12] 刘媛媛：《体验式党性教育特征及教师角色转换》，《教育观察》2019 年第 13 期，第 28—30 页

[13] 樊士博：《70 年来中国共产党党性观的流变与发展》，《理论与改革》2019 年第 4 期，第 147—156 页

[14] 吴东华：《党性教育是全面从严治党的基础性工程》，《思想理论教育导刊》2019 年第 4 期，第 61—65 页

[15] 赵耀宏：《延安时期加强党性教育和党性修养的理论与实践》，《党建》2019 年第 7 期，第 25—26 页

[16] 习近平：《在"不忘初心、牢记使命"主题教育总结大会上的讲话》，《求是》2020 年第 13 期。

[17] 黄文燕：《新中国成立以来党内集中教育活动的方法探析》，《乐山师范学院学报》2020 年第 2 期，第 132—140 页

[18] 陈菲：《党校党性教育效果评估体系构建研究》，《中国延安干部学院学报》2020 年第 4 期，第 124—130 页

[19] 张蔚:《共产党人的"心学":理论内涵、主要来源与修炼路径》,《理论视野》2020 年第 7 期,第 74—80 页

[20] 丁俊萍,王欣:《中国共产党党性教育的百年历程及经验》,《上海交通大学学报(哲学社会科学版)》2021 年第 1 期,第 1—15 页

[21] 梅黎明:《百年党性教育的历史经验及启示》,《红旗文稿》2021 年第 24 期,第 10—13 页

[22] 段妍:《中国共产党党性教育百年探索历程与经验启示》,《马克思主义研究》2021 年第 2 期,第 99—108 页

[23] 毛胜:《中国共产党开展党史学习教育的历史考察与经验启示》,《中共中央党校(国家行政学院)学报》2021 年第 3 期,第 10—17 页

[24] 刘先春,毛峰:《中国共产党党性修养的百年历史考察与基本经验》,《学术探索》2021 年第 5 期,第 1—9 页

[25] 丁俊萍、李泽鑫:《邓小平党性教育思想探析》,《学校党建与思想教育》2022 年第 13 期,第 22—27 页

[26] 习近平:《努力成长为对党和人民忠诚可靠、堪当时代重任的栋梁之才》,《共产党人》2023 年第 13 期

[27] 刘靖北:《加强党性修养和党性锻炼　永葆共产党人的政治本色》,《红旗文稿》2023 年第 13 期,第 18—21 页

[28] 闫莉莉:《延安精神融入青年党员党性教育略论》,《中学政治教学参考》2023 年第 28 期,第 60—62 页

[29] 侯玉环:《入党宣誓仪式中的党性教育探析》,《中共中央党校(国家行政学院)学报》2023 年第 3 期,第 34—39 页

[30] 徐莹、葛宁:《习近平关于党性重要论述的原创性贡献》,《当代世界与社会主义》2023 年第 5 期,第 62—67 页

[31] 李明霞:《新时代党性教育的丰富内涵、实践推进与时代价值》,《学习与实践》2023 年第 6 期,第 67—74 页。

[32] 任小艳:《习近平关于新时代党性教育重要论述的创新及意义》,《理论视野》2023 年第 6 期,第 31—36 页

三、学位论文类

[１] 李波:《当代中国共产党干部教育规律研究》,吉林大学博士学位论文,2010 年

[２] 张品茹:《我国党政干部培训中的互动式教学研究》,陕西师范大学博士学位论文,2015 年

[３] 黄峰:《中国共产党干部教育培训科学化研究》,中共中央党校博士学位论文,2015 年

[４] 王秀良:《中国共产党的干部思想政治教育研究》,南京师范大学博士学位论文,2015 年

［5］田仁来：《新时期中国共产党干部党性教育研究》，电子科技大学博士学位论文，2017年

［6］陆秀清：《新时代加强党员干部党性教育研究》，中共四川省委党校硕士学位论文，2018年

［7］王伟：《新时代中国共产党党性修养路径研究》，中共中央党校博士学位论文，2018年

［8］李杰伟：《中共中央党校马克思主义理论教育传统研究(1933—1947)》，中共中央党校博士学位论文，2020年

［9］顾阳：《新时代党员干部党性修养问题研究》，中共中央党校博士学位论文，2020年

［10］范国盛：《中国共产党早期干部教育研究》，华东师范大学博士学位论文，2020年

［11］欧阳月明：《新时代党员干部党性教育质量提升研究》，南昌大学博士学位论文，2021年

［12］刘佳鹤：《习近平干部思想教育研究》，哈尔滨工程大学博士学位论文，2021年

［13］任颖：《习近平关于干部教育的重要论述研究》，河南大学硕士学位论文，2021年

［14］秦雅囡：《习近平关于党员干部教育培训论述研究》，大连海事大学硕士学位论文，2021年

［15］杜梅梅：《延安时期中国共产党的党性教育及其当代启示》，江南大学硕士学位论文，2022年

［16］李慧慧：《习近平关于党的自我革命重要论述研究》，喀什大学硕士学位论文，2022年

［17］袁瑞玉：《延安时期领导干部党性教育研究》，山东财经大学硕士学位论文，2022年

［18］毛峰：《习近平关于党性修养的重要论述研究》，兰州大学硕士学位论文，2022年。

［19］于林荧：《改革开放以来中国共产党的党性教育及基本经验》，武汉理工大学硕士学位论文，2022年

［20］高楠：《习近平关于党性教育的重要论述研究》，陕西科技大学硕士学位论文，2022年

［21］李雪芳：《延安时期陈云党性教育思想研究》，西南财经大学硕士学位论文，2022年

［22］王帅：《新时代加强党员领导干部政德建设研究》，兰州大学博士学位论文，2023年

［23］李程芳：《新时代青年党员党性修养路径研究》，中共黑龙江省委党校硕士学位论文，2023年

［24］彭祖琴：《延安时期中国共产党党性教育的历史实践及经验启示》，贵州大学硕士学位论文，2023年

［25］曹逢春：《延安时期高校马克思主义理论教育及启示研究》，延安大学硕士学位论文，2023年

［26］卢俊汝：《习近平党性修养重要论述研究》，陕西理工大学硕士学位论文，2023年

［27］刘晓丹：《延安市干部教育培训问题及对策研究》，延安大学硕士学位论文，2023年

［28］李文素：《延安时期党的干部教育及其历史经验研究》，中共江苏省委党校硕士学位

论文，2023年

[29] 李苗苗：《习近平关于新时代党校教育的重要论述研究》，吉林大学硕士学位论文，2023年

[30] 高梓航：《习近平关于新时代党性教育重要论述研究》，吉林大学硕士学位论文，2023年

[31] 代冬梅：《习近平关于党性修养的重要论述研究》，西华师范大学硕士学位论文，2023年

四、报纸文章类

[1] 《关于经济工作中的党性》，《人民日报》1953年1月22日

[2] 李大钊："晨钟"之使命，《晨钟报（创刊号）》1961年8月15日

[3] 《习近平在中央党校春季学期开学典礼上强调 领导干部要加强党性修养提高综合素质》，《人民日报》2009年3月2日

[4] 习近平：《做好新形势下干部教育培训工作》，《学习时报》2010年10月25日

[5] 习近平：《认真学习党章严格遵守党章》，《人民日报》2012年11月20日

[6] 《习近平在中共中央政治局第五次集体学习时强调 积极借鉴我国历史上优秀廉政文化 不断提高拒腐防变和抵御风险能力》，《中国组织人事报》2013年4月22日

[7] 习近平：《在纪念邓小平同志诞辰110周年座谈会上的讲话》，《人民日报》2014年8月21日

[8] 《习近平在党的群众路线教育实践活动总结大会上强调 历史使命越光荣奋斗目标越宏伟 越要增强忧患意识越要从严治党》，《人民日报》2014年10月9日

[9] 《习近平主持召开中央全面深化改革领导小组第十次会议强调科学统筹突出重点对准焦距 让人民对改革有更多获得感》，《人民日报》2015年2月28日

[10] 《习近平在全国党校工作会议上强调 坚持党校姓党根本工作原则 切实做好新形势下党校工作》，《人民日报》2015年12月13日

[11] 《习近平在纪念朱德同志诞辰130周年座谈会上的讲话》，《人民日报》2016年11月29日

[12] 习近平：《在纪念万里同志诞辰100周年座谈会上的讲话》，《人民日报》2016年12月6日

[13] 《"近平把战略眼光和务实精神结合起来,很了不起"——习近平在正定》，《学习时报》2018年2月9日

[14] 《习近平李克强栗战书赵乐际分别参加全国人大会议一些代表团审议》，《人民日报》2018年3月11日

[15] 《习近平在中央外事工作会议上强调 坚持以新时代中国特色社会主义外交思想为指导 努力开创中国特色大国外交新局面》，《人民日报》2018年6月24日

[16] 《习近平在中央党校（国家行政学院）中青年干部培训班开班上发表重要讲话强调 在常学常新中加强理论素养 在知行合一中主动担当作为》，《人民日报》2019年3月

2日

[17]《始终牢记党的初心和使命——记习近平总书记在内蒙古考察并指导开展"不忘初心、牢记使命"主题教育》,《人民日报(海外版)》2019年7月18日

[18]《习近平在中央党校(国家行政学院)中青年干部培训班开班式上发表重要讲话　立志做党光荣传统和优良作风的忠实传人　在新时代新征程中奋勇争先建功立业》,《人民日报》2021年3月2日

[19]《中共中央关于党的百年奋斗重大成就和历史经验的决议》,《人民日报》2021年5月11日

[20]《习近平在青海考察时强调　坚持以人民为中心深化改革开放　深入推进青藏高原生态保护和高质量发展》,《人民日报》2021年6月10日

[21]《习近平在中央党校(国家行政学院)中青年干部培训班开班式上发表重要讲话》,《中国青年报》2021年9月1日

[22]《习近平在中央党校(国家行政学院)中青年干部培训班开班式上发表重要讲话强调　信念坚定对党忠诚实事求是担当作为　努力成为可堪大用能担重任的栋梁人才》,《人民日报》2021年9月2日

[23]《在敢于斗争中争取更大胜利》,《人民日报》2021年11月2日

[24]习近平:《关于〈中共中央关于党的百年奋斗重大成就和历史经验的决议〉的说明》,《人民日报》2021年11月17日

[25]《中共中央关于党的百年奋斗重大成就和历史经验的决议》,《人民日报》2021年11月17日

[26]《筑牢理想信念根基——论学习贯彻习近平总书记在中青年干部培训班开班式上重要讲话》,《光明日报》2022年3月3日

[27]习近平:《在庆祝中国共产主义青年团成立100周年大会上的讲话》,《人民日报》2022年5月11日

附录一
中国共产党党员教育管理工作条例

第一章 总 则

第一条 为了深入学习贯彻习近平新时代中国特色社会主义思想,加强党员教育管理工作,提高党员队伍建设质量,保持党员队伍的先进性和纯洁性,根据《中国共产党章程》和有关党内法规,制定本条例。

第二条 党员教育管理是党的建设基础性经常性工作。党组织应当加强党员教育管理,引导党员坚定共产主义远大理想和中国特色社会主义共同理想,增强"四个意识"、坚定"四个自信"、做到"两个维护",增强党性,提高素质,认真履行义务,正确行使权利,充分发挥先锋模范作用。

第三条 党员教育管理工作以马克思列宁主义、毛泽东思想、邓小平理论、"三个代表"重要思想、科学发展观、习近平新时代中国特色社会主义思想为指导,落实新时代党的建设总要求和新时代党的组织路线,坚持教育、管理、监督、服务相结合,推进"两学一做"学习教育常态化制度化,不断增强党员教育管理针对性和有效性,努力建设政治合格、执行纪律合格、品德合格、发挥作用合格的党员队伍。

第四条 党员教育管理工作遵循以下原则:

(一)坚持党要管党、全面从严治党,将严的要求落实到党员教育管理工作全过程和各方面,党员领导干部带头接受教育管理;

(二)坚持以党的政治建设为统领,突出党性教育和政治理论教育,引导党员遵守党章党规党纪,不忘初心、牢记使命;

(三)坚持围绕中心、服务大局,注重党员教育管理质量和实效,保证党的理论和路线方针政策、党中央决策部署贯彻落实;

（四）坚持从实际出发，加强分类指导，尊重党员主体地位，充分发挥党支部直接教育、管理、监督党员作用。

第二章　学习贯彻习近平新时代中国特色社会主义思想

第五条　把用习近平新时代中国特色社会主义思想武装全党作为党员教育管理的首要政治任务，引导党员充分认识学习贯彻习近平新时代中国特色社会主义思想的重大意义，自觉学懂弄通做实。

第六条　组织党员读原著、学原文、悟原理，深入学习领会习近平新时代中国特色社会主义思想的核心要义、基本精神、实践要求，掌握贯穿其中的马克思主义立场观点方法，增强政治自觉、理论自信、情感融入。建立以学习贯彻习近平新时代中国特色社会主义思想为中心内容的党员教育教材体系。

教育引导党员把学习习近平新时代中国特色社会主义思想同学习马克思列宁主义、毛泽东思想、邓小平理论、"三个代表"重要思想、科学发展观紧密结合起来，不断提高马克思主义思想觉悟和理论水平。

第七条　坚持集中教育和经常性教育相结合，组织培训和个人自学相结合，采取集中轮训、党委（党组）理论学习中心组学习、理论宣讲、组织生活、在线学习培训等方式，形成习近平新时代中国特色社会主义思想学习教育长效机制，推动党员学深悟透、入脑入心。

第八条　弘扬理论联系实际的马克思主义学风，引导党员把自己摆进去、把职责摆进去、把工作摆进去，学以致用、知行合一，提高政治站位，强化责任担当，增强过硬本领，做好本职工作，自觉做习近平新时代中国特色社会主义思想坚定信仰者和忠实实践者。

党员领导干部应当坚持更高标准、更严要求，全面学、系统学、贯通学、深入学、跟进学，自觉用以武装头脑、指导实践、推动工作，发挥示范带动作用。

第三章　党员教育基本任务

第九条　加强政治理论教育，突出党的创新理论学习，组织党员学习党的基本理论、基本路线、基本方略，学习马克思主义基本原理和党的基本知识，引导党员坚定理想信念，增强党性修养，努力掌握并自觉运用马克思主义立场观点方法。

第十条　突出政治教育和政治训练，严格党内政治生活锻炼，教育党员旗帜鲜明讲政治,提高政治觉悟和政治能力,严守政治纪律和政治规矩,永葆共产党人政治本色,做到"四个服从",在思想上政治上行动上同以习近平同志为核心的党中央保持高度一致。

第十一条　强化党章党规党纪教育,引导党员牢记入党誓词,坚持合格党员标准,自觉遵守党的纪律,带头践行社会主义核心价值观,培养高尚道德情操,培育良好思想作风、学风、工作作风、生活作风和家风。加强宪法法律法规教育,引导党员尊法学法守法用法。

第十二条　加强党的宗旨教育,引导党员践行全心全意为人民服务的根本宗旨,贯彻党的群众路线,提高群众工作本领,密切联系服务群众。

第十三条　进行革命传统教育,引导党员学习党史、国史、改革开放史、社会主义发展史和中华优秀传统文化,铭记党的奋斗历程,弘扬党的优良传统,传承红色基因,践行共产党人价值观,激发爱国主义热情。

第十四条　开展形势政策教育,围绕贯彻执行党和国家重大决策、推进落实重大任务,宣讲党的路线方针政策,解读世情国情党情,回应党员关注的问题,引导党员正确认识形势,把思想和行动统一到党中央要求上来。

第十五条　注重知识技能教育,根据党员岗位职责要求和工作需要,组织引导党员学习掌握业务知识、科技知识、实用技术等,帮助党员提高综合素质和履职能力,增强服务本领。

第四章　党员日常教育管理主要方式

第十六条　党支部应当运用"三会一课"制度,对党员进行经常性的教育管理。党员应当按期参加党员大会、党小组会和上党课,进行学习交流,汇报思想、工作等情况。党员领导干部应当参加双重组织生活。

党支部应当每月开展1次主题党日,贴近党员思想和工作实际,组织党员集中学习、过组织生活、进行民主议事和开展志愿服务等。

党员应当按期交纳党费。党组织应当做好党费收缴、使用和管理工作。

第十七条　党支部每年至少召开1次组织生活会,也可以根据工作需要随时召开,一般以党员大会、党支部委员会会议或者党小组会形式进行。

第十八条　党支部一般每年开展1次民主评议党员。党支部召开党员大会,按照个人自评、党员互评、民主测评的程序,组织党员进行评议。党支部委员会会议或者党员大会根据评议情况和党员日常表现情况,提出评定意见。

民主评议党员可以结合组织生活会一并进行。

第十九条 基层党组织应当注重分析党员思想状况和心理状态,党组织负责人应当经常同党员谈心谈话,有针对性地做好思想政治工作。

第二十条 市、县党委或者基层党委每年应当组织党员集中轮训,主要依托县级党校(行政学校)、基层党校等进行。根据事业发展和党的建设重点任务,结合本地区本部门本单位中心工作和党员实际,确定培训内容和方式。党员每年集中学习培训时间一般不少于32学时。

第二十一条 党组织应当按照党中央部署要求,组织党员认真参加党内集中学习教育,引导党员围绕学习教育主题,深入学习党的创新理论,查找解决自身存在的突出问题。

省级党委、行业系统党组织可以根据党员思想状况和党的建设需要,适时开展专题学习教育。

第二十二条 党组织应当充分发挥党员的先锋模范作用,结合不同群体党员实际,通过树立、学习身边的榜样,设立党员示范岗、党员责任区,开展设岗定责、承诺践诺等,引导党员做好本职工作,干在实处、走在前列,创先争优,在联系服务群众、完成重大任务中勇于担当作为,做到平常时候看得出来、关键时刻站得出来、危急关头豁得出来。

鼓励和引导党员参与志愿服务。党员应当积极参加党组织开展的志愿服务活动,也可以自行开展志愿服务活动。

第二十三条 党组织应当坚持从严教育管理和热情关心爱护相统一,从政治、思想、工作、生活上激励关怀帮扶党员。

针对老党员的身体、居住和家庭等实际情况,采取灵活方式,进行教育管理服务,组织他们参加党的组织生活,发挥力所能及的作用。对年老体弱、行动不便、身患重病甚至失能的党员,组织活动和开展学习教育不作硬性要求,党组织通过送学上门、走访慰问等方式,给予更多关心照顾。

第五章 党籍和党员组织关系管理

第二十四条 经党支部党员大会通过、基层党委审批接收的预备党员,自通过之日起,即取得党籍。

对因私出国并在国外长期定居的党员,出国学习研究超过5年仍未返回的党员,一般予以停止党籍。停止党籍的决定由保留其组织关系的党组织按照有关规定作出。

对与党组织失去联系6个月以上、通过各种方式查找仍然没有取得联系的党员，予以停止党籍。停止党籍的决定由所在党支部或者上级党组织按照有关规定作出。停止党籍2年后确实无法取得联系的，按照自行脱党予以除名。

对停止党籍的党员，符合条件的，可以按照规定程序恢复党籍。对劝其退党、劝而不退除名、自行脱党除名、退党除名、开除党籍的，原则上不能恢复党籍，符合条件的可以重新入党。

第二十五条　党员组织关系是指党员对党的基层组织的隶属关系。

每个党员都必须编入党的一个支部、小组或者其他特定组织。有固定工作单位并且单位已经建立党组织的党员，一般编入其所在单位党组织。没有固定工作单位，或者单位未建立党组织的党员，一般编入其经常居住地或者公共就业和人才服务机构、园区、楼宇等党组织。

党员工作单位、经常居住地发生变动的，或者外出学习、工作、生活6个月以上并且地点相对固定的，应当转移组织关系。具有审批预备党员权限的基层党委，可以在全国范围直接相互转移和接收党员组织关系。党组织接收党员组织关系时，如有必要，可以采取适当方式查核党员档案。对组织关系转出但尚未被接收的党员，原所在党组织仍然负有管理责任。党组织不得无故拒转拒接党员组织关系。

第二十六条　对没有人事档案的党员，应当由具有审批预备党员权限的基层党委建立党员档案，由所在党委或者县级以上党委组织部门保存。

有条件的地方，实行党员档案电子化管理。

第六章　党员监督和组织处置

第二十七条　党组织应当通过严格组织生活、听取群众意见、检查党员工作等多种方式，监督党员遵守党章党规党纪特别是政治纪律和政治规矩情况，遵守宪法法律法规和道德规范情况，参加组织生活情况，履行党员义务、联系服务群众、发挥先锋模范作用情况等。

第二十八条　发现党员有思想、工作、生活、作风和纪律方面苗头性倾向性问题的，以及群众对其有不良反映的，党组织负责人应当及时进行提醒谈话，抓早抓小、防微杜渐。

第二十九条 对党员不按照规定参加党的组织生活、不按时交纳党费、流动到外地工作生活不与党组织主动保持联系的，以及存在其他与党的要求不相符合的行为、情节较轻的，党组织应当采取适当方式及时进行批评教育，帮助其改进提高。

第三十条 对缺乏革命意志，不履行党员义务，不符合党员条件，但本人能够正确认识错误、愿意接受教育管理并且决心改正的党员，党组织应当作出限期改正处置，限期改正时间不超过1年。对给予限期改正处置的党员应当采取帮助教育措施。

第三十一条 党员具有下列情形之一的，按照规定程序给予除名处置：

（一）理想信念缺失，政治立场动摇，已经丧失党员条件的，予以除名；

（二）信仰宗教，经党组织帮助教育仍没有转变的，劝其退党，劝而不退的予以除名；

（三）因思想蜕化提出退党，经教育后仍然坚持退党的，予以除名；

（四）为了达到个人目的以退党相要挟，经教育不改的，劝其退党，劝而不退的予以除名；

（五）限期改正期满后仍无转变的，劝其退党，劝而不退的予以除名；

（六）没有正当理由，连续6个月不参加党的组织生活，或者不交纳党费，或者不做党所分配的工作，按照自行脱党予以除名。

对违犯党纪的党员，按照《中国共产党纪律处分条例》规定给予党纪处分。

第七章 流动党员管理

第三十二条 基层党组织应当加强流动党员管理，对外出6个月以上并且没有转移组织关系的流动党员，应当保持经常联系，跟进做好教育培训、管理服务等工作。在流动党员相对集中的地方，流出地党组织可以依托园区、商会、行业协会、驻外地办事机构等成立流动党员党组织。

流入地党组织应当协助做好流动党员日常管理。按照组织关系一方隶属、参加多重组织生活的方式，组织流动党员就近就便参加组织生活。乡镇、街道、村、社区、园区等党群服务中心应当向流动党员开放。流动党员可以在流入地党组织或者流动党员党组织参加民主评议。

对具备转移组织关系条件的流动党员，流出地和流入地党组织应当衔接做好转接工作。

第三十三条 农村党支部应当明确专人负责同流动党员保持联系。乡镇党委应当掌握流动党员基本情况,指导督促党支部加强日常教育管理。利用流动党员集中返乡等时机,组织其参加组织生活或者教育培训。对政治素质较好、有致富带富能力的流动党员,应当及时纳入村后备力量培养。

城市社区党组织对异地居住的流动党员,引导其向居住地党组织报到,自觉参加居住地党组织的活动,接受党组织管理。对在异地定居的党员,引导和帮助其及时转移组织关系。

公共就业和人才服务机构党组织应当建立健全流动人才党员党组织,理顺流动人才党员组织关系,加强和改进流动人才党员日常教育管理。

第三十四条 高校党组织对组织关系保留在学校的高校毕业生流动党员,应当继续履行管理职责。党员组织关系保留时间一般不超过2年,对符合转出组织关系条件的及时转出。

对出国(境)学习研究党员,由原就读高校或者工作单位党组织保留其组织关系,每半年至少与其联系1次。出国(境)学习研究党员返回后按照规定恢复组织生活。

第八章 党员教育管理信息化

第三十五条 适应时代发展要求,充分运用互联网技术和信息化手段,改进党员教育管理工作,推进基层党建传统优势与信息技术深度融合,不断提高党员教育管理现代化水平。

第三十六条 统筹规划、整合资源,健全党员信息库,加强全国党员管理信息系统建设,推动党员干部现代远程教育和党员电化教育创新发展,推进党员教育管理网站、移动客户端等平台一体化建设,建立党性教育基地网上平台,打造党务、政务、服务有机融合的网络阵地。

第三十七条 坚持网上和网下相结合,依托党员教育管理信息化平台,开展党员信息管理、党组织活动指导管理、流动党员管理服务、发展党员管理和党费管理等业务应用,为党员提供在线学习培训、转接组织关系、参与党内事务和关怀帮扶等服务。

注重利用信息数据,对党员队伍状况和党员教育管理工作进行实时分析研判,及时发现问题,不断改进工作。

第三十八条 党员应当主动学网用网,依托各类党员教育管理信息化平台,积极参加在线学习培训,认真参加党组织的活动,自觉接受党组织的教育管理。通过网络向群众宣传党的理论和路线方针政策,听取群众意见,联系服务群众。

党组织应当教育引导党员严格规范网络行为,敢于同网上错误言论作斗争,不得制作、发布、传播违反党的纪律规定和国家法律法规的信息内容。

第九章 组织领导和工作保障

第三十九条 在党中央领导下,由中央组织部牵头,中央纪委国家监委机关、中央宣传部、中央党校(国家行政学院)、中央和国家机关工委、教育部党组、国务院国资委党委等参加,建立全国党员教育管理工作协调小组,负责全国党员教育管理工作的规划部署、组织协调和检查指导,协调小组办公室设在中央组织部。省、自治区、直辖市党委应当建立党员教育管理工作协调机构。建立健全党员教育管理工作协调机构运行机制,充分发挥职能作用。

中央组织部主要负责党员教育管理工作统筹协调,抓好党员集中教育和经常性教育的组织安排,加强对党员教育管理工作的具体指导。

中央纪委国家监委机关主要负责党员纪律作风教育,指导开展党员监督,查处党员违犯党的纪律和职务违法、职务犯罪行为。

中央宣传部主要负责党员政治理论教育、形势政策教育,指导协调编写党员教育教材,组织党员先进典型的学习宣传。

中央党校(国家行政学院)主要负责党员领导干部培训,指导地方党校(行政学院)将党员教育培训列入教学计划,保证课时和教学质量。

中央和国家机关工委主要负责指导中央和国家机关各级党组织做好党员教育管理工作。

教育部党组主要负责宏观指导高等学校党员教育管理工作。

国务院国资委党委主要负责所监管企业党员教育管理工作。

地方各级党委组织部和纪检监察机关、党委宣传部、党校(行政学院)、机关工委、教育工委、国资委党委等,分别按照职能职责,承担党员教育管理工作任务。

第四十条 地方各级党委和部门单位党组(党委)领导本地区本部门本单位党员教育管理工作,贯彻执行党中央关于党员教育管理工作的方针政策和部署要求,定期研究党员教育管理工作,分析党员队伍状况,有针对性地提出工作措施。

基层党委履行抓党员教育管理的基本职责,推动落实上级党组织工作安排,组织做好党员集中培训、组织关系管理、表彰激励、关怀帮扶、组织处置、纪律处分等工作,指导所辖党支部做好党员日常教育管理工作。党支部按照党章和党内有关规定,履行相关工作职责。党小组应当落实党支部关于党员教育管理工作的要求和任务。

第四十一条 乡镇、街道、国有企业、高等学校等基层党委,按照规定配备一定数量的专兼职组织员,由县级以上党委组织部门进行业务指导和管理,承担指导督促发展党员和党员教育管理等工作。

实行党员教育讲师聘任制,县级以上党委从优秀党校教师、基层党组织书记、先进模范人物、党务工作者、专家学者、实用技术人才、离退休干部等人员中选聘党员教育讲师。

加强县级党校(行政学校)和基层党校建设。县级党校(行政学校)应当将党员集中培训作为重要任务。有计划地组织安排党员教育讲师到基层授课。注重发挥党群服务中心、党员干部教育培训基地、新时代文明实践中心的作用。

加强全国党员教育培训教材建设规划,组织编写全国党员教育基本教材。各地区各部门各单位可以结合实际,开发各具特色、务实管用的党员教育教材。

第四十二条 党员教育管理工作经费应当列入地方各级财政预算,结合实际按照党员数量划拨,重点保障农村、社区、非公有制经济组织和社会组织、公共就业和人才服务机构等基层党组织开展党员教育管理,形成稳定的经费保障机制。各级党委留存的党费主要用于教育培训党员、支持基层党组织开展组织生活。加强对革命老区、民族地区、边疆地区、贫困地区党员教育管理工作经费支持。

第四十三条 各级党委各党组应当加强对党员教育管理工作的检查考核。基层党委每年把党员教育管理工作情况作为向上级党组织报告工作的重要内容。在基层党建工作述职评议考核中,对党组织负责人抓党员教育管理工作情况作出评价。上级党组织在开展年度考核和任期考核中,应当考核检查下级党组织党员教育管理工作情况。

对在党员教育管理工作中失职失责的,按照有关规定予以问责追责。

第十章　附　　则

第四十四条　中国人民解放军和中国人民武装警察部队党员教育管理工作规定，由中央军事委员会根据本条例制定。

第四十五条　本条例由中央组织部负责解释。

第四十六条　本条例自 2019 年 5 月 6 日起施行。

附录二
中国共产党纪律处分条例

(2003年12月23日中共中央政治局会议审议批准　2003年12月31日中共中央发布　2023年12月8日中共中央政治局会议第三次修订　2023年12月19日中共中央发布)

第一编　总　　则

第一章　总体要求和适用范围

第一条　为了维护党章和其他党内法规，严肃党的纪律，纯洁党的组织，保障党员民主权利，教育党员遵纪守法，维护党的团结统一，保证党的理论、路线、方针、政策、决议和国家法律法规的贯彻执行，根据《中国共产党章程》，制定本条例。

第二条　党的纪律建设必须坚持以马克思列宁主义、毛泽东思想、邓小平理论、"三个代表"重要思想、科学发展观、习近平新时代中国特色社会主义思想为指导，坚持和加强党的全面领导，坚决维护习近平总书记党中央的核心、全党的核心地位，坚决维护以习近平同志为核心的党中央权威和集中统一领导，弘扬伟大建党精神，坚持自我革命，贯彻全面从严治党战略方针，落实新时代党的建设总要求，推动解决大党独有难题、健全全面从严治党体系，全面加强党的纪律建设，为以中国式现代化全面推进强国建设、民族复兴伟业提供坚强纪律保障。

第三条　党章是最根本的党内法规，是管党治党的总规矩。党的纪律是党的各级组织和全体党员必须遵守的行为规则。党组织和党员必须坚守初心使命，牢固树立政治意识、大局意识、核心意识、看齐意识，始终坚定道路自信、理论自信、制度自信、文化自信，切实践行正确的权力观、政绩观、事业观，自觉遵守和维护党章，严格执行和维护党的纪律，自觉接受党的纪律约束，模范遵守国家法律法规。

第四条 党的纪律处分工作遵循下列原则：

（一）坚持党要管党、全面从严治党。把严的基调、严的措施、严的氛围长期坚持下去，加强对党的各级组织和全体党员的教育、管理和监督，把纪律挺在前面，抓早抓小、防微杜渐。

（二）党纪面前一律平等。对违犯党纪的党组织和党员必须严肃、公正执行纪律，党内不允许有任何不受纪律约束的党组织和党员。

（三）实事求是。对党组织和党员违犯党纪的行为，应当以事实为依据，以党章、其他党内法规和国家法律法规为准绳，执纪执法贯通，准确认定行为性质，区别不同情况，恰当予以处理。

（四）民主集中制。实施党纪处分，应当按照规定程序经党组织集体讨论决定，不允许任何个人或者少数人擅自决定和批准。上级党组织对违犯党纪的党组织和党员作出的处理决定，下级党组织必须执行。

（五）惩前毖后、治病救人。处理违犯党纪的党组织和党员，应当实行惩戒与教育相结合，做到宽严相济。

第五条 深化运用监督执纪"四种形态"，经常开展批评和自我批评，及时进行谈话提醒、批评教育、责令检查、诫勉，让"红红脸、出出汗"成为常态；党纪轻处分、组织调整成为违纪处理的大多数；党纪重处分、重大职务调整的成为少数；严重违纪涉嫌犯罪追究刑事责任的成为极少数。

第六条 本条例适用于违犯党纪应当受到党纪责任追究的党组织和党员。

第二章　违纪与纪律处分

第七条 党组织和党员违反党章和其他党内法规，违反国家法律法规，违反党和国家政策，违反社会主义道德，危害党、国家和人民利益的行为，依照规定应当给予纪律处理或者处分的，都必须受到追究。

重点查处党的十八大以来不收敛、不收手，问题线索反映集中、群众反映强烈，政治问题和经济问题交织的腐败案件，违反中央八项规定精神的问题。

第八条 对党员的纪律处分种类：

（一）警告；

（二）严重警告；

（三）撤销党内职务；

（四）留党察看；

（五）开除党籍。

第九条 对于违犯党纪的党组织，上级党组织应当责令其作出书面检查或者给予通报批评。对于严重违犯党纪、本身又不能纠正的党组织，上一级党的委员会在查明核实后，根据情节严重的程度，可以予以：

（一）改组；

（二）解散。

第十条 党员受到警告处分一年内、受到严重警告处分一年半内，不得在党内提拔职务或者进一步使用，也不得向党外组织推荐担任高于其原任职务的党外职务或者进一步使用。

第十一条 撤销党内职务处分，是指撤销受处分党员由党内选举或者组织任命的党内职务。对于在党内担任两个以上职务的，党组织在作处分决定时，应当明确是撤销其一切职务还是一个或者几个职务。如果决定撤销其一个职务，必须撤销其担任的最高职务。如果决定撤销其两个以上职务，则必须从其担任的最高职务开始依次撤销。对于在党外组织担任职务的，应当建议党外组织撤销其党外职务。

对于在立案审查中因涉嫌违犯党纪被免职的党员，审查后依照本条例规定应当给予撤销党内职务处分的，应当按照其原任职务给予撤销党内职务处分。对于应当受到撤销党内职务处分，但是本人没有担任党内职务的，应当给予其严重警告处分。同时，在党外组织担任职务的，应当建议党外组织撤销其党外职务。

党员受到撤销党内职务处分，或者依照前款规定受到严重警告处分的，二年内不得在党内担任和向党外组织推荐担任与其原任职务相当或者高于其原任职务的职务。

第十二条 留党察看处分，分为留党察看一年、留党察看二年。对于受到留党察看处分一年的党员，期满后仍不符合恢复党员权利条件的，应当延长一年留党察看期限。留党察看期限最长不得超过二年。

党员受留党察看处分期间，没有表决权、选举权和被选举权。留党察看期间，确有悔改表现的，期满后恢复其党员权利；坚持不改或者又发现其他应当受到党纪处分的违纪行为的，应当开除党籍。

党员受到留党察看处分，其党内职务自然撤销。对于担任党外职务的，应当建议党外组织撤销其党外职务。受到留党察看处分的党员，恢复党员权利后二年内，不得在党内担任和向党外组织推荐担任与其原任职务相当或者高于其原任职务的职务。

第十三条 党员受到开除党籍处分，五年内不得重新入党，也不得推荐担任与其原任职务相当或者高于其原任职务的党外职务。另有规定不准重新入党的，依照规定。

第十四条 党员干部受到党纪处分，需要同时进行组织处理的，党组织应当按照规定给予组织处理。

党的各级代表大会的代表受到留党察看以上处分的，党组织应当终止其代表资格。

第十五条 对于受到改组处理的党组织领导机构成员，除应当受到撤销党内职务以上处分的外，均自然免职。

第十六条 对于受到解散处理的党组织中的党员，应当逐个审查。其中，符合党员条件的，应当重新登记，并参加新的组织过党的生活；不符合党员条件的，应当对其进行教育、限期改正，经教育仍无转变的，予以劝退或者除名；有违纪行为的，依照规定予以追究。

第三章　纪律处分运用规则

第十七条 有下列情形之一的，可以从轻或者减轻处分：

（一）主动交代本人应当受到党纪处分的问题；

（二）在组织谈话函询、初步核实、立案审查过程中，能够配合核实审查工作，如实说明本人违纪违法事实；

（三）检举同案人或者其他人应当受到党纪处分或者法律追究的问题，经查证属实，或者有其他立功表现；

（四）主动挽回损失、消除不良影响或者有效阻止危害结果发生；

（五）主动上交或者退赔违纪所得；

（六）党内法规规定的其他从轻或者减轻处分情形。

第十八条　根据案件的特殊情况,由中央纪委决定或者经省(部)级纪委(不含副省级市纪委)决定并呈报中央纪委批准,对违纪党员也可以在本条例规定的处分幅度以外减轻处分。

第十九条　对于党员违犯党纪应当给予警告或者严重警告处分,但是具有本条例第十七条规定的情形之一或者本条例分则中另有规定的,可以给予批评教育、责令检查、诫勉或者组织处理,免予党纪处分。对违纪党员免予处分,应当作出书面结论。

党员有作风纪律方面的苗头性、倾向性问题或者违犯党纪情节轻微的,可以给予谈话提醒、批评教育、责令检查等,或者予以诫勉,不予党纪处分。

党员行为虽然造成损失或者后果,但不是出于故意或者过失,而是由于不可抗力等原因所引起的,不追究党纪责任。

第二十条　有下列情形之一的,应当从重或者加重处分:

(一)强迫、唆使他人违纪;

(二)拒不上交或者退赔违纪所得;

(三)违纪受处分后又因故意违纪应当受到党纪处分;

(四)违纪受处分后,又被发现其受处分前没有交代的其他应当受到党纪处分的问题;

(五)党内法规规定的其他从重或者加重处分情形。

第二十一条　党员在党纪处分影响期内又受到党纪处分的,其影响期为原处分尚未执行的影响期与新处分影响期之和。

第二十二条　从轻处分,是指在本条例规定的违纪行为应当受到的处分幅度以内,给予较轻的处分。

从重处分,是指在本条例规定的违纪行为应当受到的处分幅度以内,给予较重的处分。

第二十三条　减轻处分,是指在本条例规定的违纪行为应当受到的处分幅度以外,减轻一档给予处分。

加重处分,是指在本条例规定的违纪行为应当受到的处分幅度以外,加重一档给予处分。

本条例规定的只有开除党籍处分一个档次的违纪行为,不适用第一款减轻处分的规定。

第二十四条　一人有本条例规定的两种以上应当受到党纪处分的违纪行

为,应当合并处理,按其数种违纪行为中应当受到的最高处分加重一档给予处分;其中一种违纪行为应当受到开除党籍处分的,应当给予开除党籍处分。

第二十五条　一个违纪行为同时触犯本条例两个以上条款的,依照处分较重的条款定性处理。

一个条款规定的违纪构成要件全部包含在另一个条款规定的违纪构成要件中,特别规定与一般规定不一致的,适用特别规定。

第二十六条　二人以上共同故意违纪的,对为首者,从重处分,本条例另有规定的除外;对其他成员,按照其在共同违纪中所起的作用和应负的责任,分别给予处分。

对于经济方面共同违纪的,按照个人参与数额及其所起作用,分别给予处分。对共同违纪的为首者,情节严重的,按照共同违纪的总数额处分。

教唆他人违纪的,应当按照其在共同违纪中所起的作用追究党纪责任。

第二十七条　党组织领导机构集体作出违犯党纪的决定或者实施其他违犯党纪的行为,对具有共同故意的成员,按共同违纪处理;对过失违纪的成员,按照各自在集体违纪中所起的作用和应负的责任分别给予处分。

第四章　对违法犯罪党员的纪律处分

第二十八条　对违法犯罪的党员,应当按照规定给予党纪处分,做到适用纪律和适用法律有机融合,党纪政务等处分相匹配。

第二十九条　党组织在纪律审查中发现党员有贪污贿赂、滥用职权、玩忽职守、权力寻租、利益输送、徇私舞弊、浪费国家资财等违反法律涉嫌犯罪行为的,应当给予撤销党内职务、留党察看或者开除党籍处分。

第三十条　党组织在纪律审查中发现党员有刑法规定的行为,虽不构成犯罪但须追究党纪责任的,或者有其他破坏社会主义市场经济秩序、违反治安管理等违法行为,损害党、国家和人民利益的,应当视具体情节给予警告直至开除党籍处分。

违反国家财经纪律,在公共资金收支、税务管理、国有资产管理、政府采购管理、金融管理、财务会计管理等财经活动中有违法行为的,依照前款规定处理。

党员有嫖娼或者吸食、注射毒品等丧失党员条件,严重败坏党的形象行为的,应当给予开除党籍处分。

第三十一条 党组织在纪律审查中发现党员严重违纪涉嫌违法犯罪的,原则上先作出党纪处分决定,并按照规定由监察机关给予政务处分或者由任免机关(单位)给予处分后,再移送有关国家机关依法处理。

第三十二条 党员被依法留置、逮捕的,党组织应当按照管理权限中止其表决权、选举权和被选举权等党员权利。根据监察机关、司法机关处理结果,可以恢复其党员权利的,应当及时予以恢复。

第三十三条 党员犯罪情节轻微,人民检察院依法作出不起诉决定的,或者人民法院依法作出有罪判决并免予刑事处罚的,应当给予撤销党内职务、留党察看或者开除党籍处分。

党员犯罪,被单处罚金的,依照前款规定处理。

第三十四条 党员犯罪,有下列情形之一的,应当给予开除党籍处分:

(一)因故意犯罪被依法判处刑法规定的主刑(含宣告缓刑);

(二)被单处或者附加剥夺政治权利;

(三)因过失犯罪,被依法判处三年以上(不含三年)有期徒刑。

因过失犯罪被判处三年以下有期徒刑或者被判处管制、拘役的,一般应当开除党籍。对于个别可以不开除党籍的,应当对照处分违纪党员批准权限的规定,报请再上一级党组织批准。

第三十五条 党员依法受到刑事责任追究的,党组织应当根据司法机关的生效判决、裁定、决定及其认定的事实、性质和情节,依照本条例规定给予党纪处分,是公职人员的由监察机关给予相应政务处分或者由任免机关(单位)给予相应处分。

党员依法受到政务处分、任免机关(单位)给予的处分、行政处罚,应当追究党纪责任的,党组织可以根据生效的处分、行政处罚决定认定的事实、性质和情节,经核实后依照规定给予相应党纪处分或者组织处理。其中,党员依法受到撤职以上处分的,应当依照本条例规定给予撤销党内职务以上处分。

党员违反国家法律法规、企事业单位或者其他社会组织的规章制度受到其他处分,应当追究党纪责任的,党组织在对有关方面认定的事实、性质和情节进行核实后,依照规定给予相应党纪处分或者组织处理。

党组织作出党纪处分或者组织处理决定后,监察机关、司法机关、行政机关等依法改变原生效判决、裁定、决定等,对原党纪处分或者组织处理决定产生影响的,党组织应当根据改变后的生效判决、裁定、决定等重新作出相应处理。

第五章　其他规定

第三十六条　预备党员违犯党纪,情节较轻,可以保留预备党员资格的,党组织应当对其批评教育或者延长预备期;情节较重的,应当取消其预备党员资格。

第三十七条　对违纪后下落不明的党员,应当区别情况作出处理:

(一)对有严重违纪行为,应当给予开除党籍处分的,党组织应当作出决定,开除其党籍;

(二)除前项规定的情况外,下落不明时间超过六个月的,党组织应当按照党章规定对其予以除名。

第三十八条　违纪党员在党组织作出处分决定前死亡,或者在死亡之后发现其曾有严重违纪行为,对于应当给予开除党籍处分的,开除其党籍;对于应当给予留党察看以下处分的,作出违犯党纪的书面结论和相应处理。

第三十九条　违纪行为有关责任人员的区分:

(一)直接责任者,是指在其职责范围内,不履行或者不正确履行自己的职责,对造成的损失或者后果起决定性作用的党员或者党员领导干部;

(二)主要领导责任者,是指在其职责范围内,对主管的工作不履行或者不正确履行职责,对造成的损失或者后果负直接领导责任的党员领导干部;

(三)重要领导责任者,是指在其职责范围内,对应管的工作或者参与决定的工作不履行或者不正确履行职责,对造成的损失或者后果负次要领导责任的党员领导干部。

本条例所称领导责任者,包括主要领导责任者和重要领导责任者。

第四十条　本条例所称主动交代,是指涉嫌违纪的党员在组织谈话函询、初步核实前向有关组织交代自己的问题,或者在谈话函询、初步核实和立案审查期间交代组织未掌握的问题。

第四十一条　担任职级、单独职务序列等级的党员干部违犯党纪受到处分,需要对其职级、单独职务序列等级进行调整的,参照本条例关于党外职务的规定执行。

第四十二条　计算经济损失应当计算立案时已经实际造成的全部财产损失,包括为挽回违纪行为所造成损失而支付的各种开支、费用。立案后至处理前持续发生的经济损失,应当一并计算在内。

第四十三条 对于违纪行为所获得的经济利益,应当收缴或者责令退赔。对于主动上交的违纪所得和经济损失赔偿,应当予以接收,并按照规定收缴或者返还有关单位、个人。

对于违纪行为所获得的职务、职级、职称、学历、学位、奖励、资格等其他利益,应当由承办案件的纪检机关或者由其上级纪检机关建议有关组织、部门、单位按照规定予以纠正。

对于依照本条例第三十七条、第三十八条规定处理的党员,经调查确属其实施违纪行为获得的利益,依照本条规定处理。

第四十四条 党纪处分决定作出后,应当在一个月内向受处分党员所在党的基层组织中的全体党员及其本人宣布,是领导班子成员的还应当向所在党组织领导班子宣布,并按照干部管理权限和组织关系将处分决定材料归入受处分者档案;对于受到撤销党内职务以上处分的,还应当在一个月内办理职务、工资、工作及其他有关待遇等相应变更手续;涉及撤销或者调整其党外职务的,应当建议党外组织及时撤销或者调整其党外职务。特殊情况下,经作出或者批准作出处分决定的组织批准,可以适当延长办理期限。办理期限最长不得超过六个月。

第四十五条 执行党纪处分决定的机关或者受处分党员所在单位,应当在六个月内将处分决定的执行情况向作出或者批准处分决定的机关报告。

党员对所受党纪处分不服的,可以依照党章及有关规定提出申诉。

第四十六条 党员因违犯党纪受到处分,影响期满后,党组织无需取消对其的处分。

第四十七条 本条例所称以上、以下,除有特别标明外均含本级、本数。

第四十八条 本条例总则适用于有党纪处分规定的其他党内法规,但是中共中央发布或者批准发布的其他党内法规有特别规定的除外。

第二编 分　　则

第六章　对违反政治纪律行为的处分

第四十九条 在重大原则问题上不同党中央保持一致且有实际言论、行为或者造成不良后果的,给予警告或者严重警告处分;情节较重的,给予撤销党内职务或者留党察看处分;情节严重的,给予开除党籍处分。

第五十条 通过网络、广播、电视、报刊、传单、书籍等,或者利用讲座、论坛、报告会、座谈会等方式,公开发表坚持资产阶级自由化立场、反对四项基本原则,反对党的改革开放决策的文章、演说、宣言、声明等的,给予开除党籍处分。

发布、播出、刊登、出版前款所列文章、演说、宣言、声明等或者为上述行为提供方便条件的,对直接责任者和领导责任者,给予严重警告或者撤销党内职务处分;情节严重的,给予留党察看或者开除党籍处分。

第五十一条 通过网络、广播、电视、报刊、传单、书籍等,或者利用讲座、论坛、报告会、座谈会等方式,有下列行为之一,情节较轻的,给予警告或者严重警告处分;情节较重的,给予撤销党内职务或者留党察看处分;情节严重的,给予开除党籍处分:

(一)公开发表违背四项基本原则,违背、歪曲党的改革开放决策,或者其他有严重政治问题的文章、演说、宣言、声明等;

(二)妄议党中央大政方针,破坏党的集中统一;

(三)丑化党和国家形象,或者诋毁、诬蔑党和国家领导人、英雄模范,或者歪曲党的历史、中华人民共和国历史、人民军队历史。

发布、播出、刊登、出版前款所列内容或为上述行为提供方便条件的,对直接责任者和领导责任者,给予严重警告或者撤销党内职务处分;情节严重的,给予留党察看或者开除党籍处分。

第五十二条 制作、贩卖、传播第五十条、第五十一条所列内容之一的报刊、书籍、音像制品、电子读物,以及网络文本、图片、音频、视频资料等,情节较轻的,给予警告或者严重警告处分;情节较重的,给予撤销党内职务或者留党察看处分;情节严重的,给予开除党籍处分。

私自携带、寄递第五十条、第五十一条所列内容之一的报刊、书籍、音像制品、电子读物等入出境,情节较重的,给予警告或者严重警告处分;情节严重的,给予撤销党内职务、留党察看或者开除党籍处分。

私自阅看、浏览、收听第五十条、第五十一条所列内容之一的报刊、书籍、音像制品、电子读物,以及网络文本、图片、音频、视频资料等,情节严重的,给予警告、严重警告或者撤销党内职务处分。

第五十三条 在党内组织秘密集团或者组织其他分裂党的活动的,给予开除党籍处分。

参加秘密集团或者参加其他分裂党的活动的,给予留党察看或者开除党籍处分。

第五十四条 在党内搞团团伙伙、结党营私、拉帮结派、政治攀附、培植个人势力等非组织活动,或者通过搞利益交换、为自己营造声势等活动捞取政治资本的,给予严重警告或者撤销党内职务处分;导致本地区、本部门、本单位政治生态恶化的,给予留党察看或者开除党籍处分。

第五十五条 搞投机钻营,结交政治骗子或者被政治骗子利用的,给予严重警告或者撤销党内职务处分;情节严重的,给予留党察看或者开除党籍处分。

充当政治骗子的,给予撤销党内职务、留党察看或者开除党籍处分。

第五十六条 党员领导干部在本人主政的地方或者分管的部门自行其是,搞山头主义,拒不执行党中央确定的大政方针,甚至背着党中央另搞一套的,给予撤销党内职务、留党察看或者开除党籍处分。

贯彻党中央决策部署只表态不落实,或者落实党中央决策部署不坚决,打折扣、搞变通,在政治上造成不良影响或者严重后果的,给予警告或者严重警告处分;情节严重的,给予撤销党内职务、留党察看或者开除党籍处分。

不顾党和国家大局,搞部门或者地方保护主义的,依照前款规定处理。

第五十七条 党员领导干部政绩观错位,违背新发展理念、背离高质量发展要求,给党、国家和人民利益造成较大损失的,给予警告或者严重警告处分;情节较重的,给予撤销党内职务或者留党察看处分;情节严重的,给予开除党籍处分。

搞劳民伤财的"形象工程"、"政绩工程"的,从重或者加重处分。

第五十八条 对党不忠诚不老实,表里不一,阳奉阴违,欺上瞒下,搞两面派,做两面人,在政治上造成不良影响的,给予警告或者严重警告处分;情节较重的,给予撤销党内职务或者留党察看处分;情节严重的,给予开除党籍处分。

第五十九条 制造、散布、传播政治谣言,破坏党的团结统一的,给予警告或者严重警告处分;情节较重的,给予撤销党内职务或者留党察看处分;情节严重的,给予开除党籍处分。

政治品行恶劣,匿名诬告,有意陷害或者制造其他谣言,造成损害或者不良影响的,依照前款规定处理。

第六十条 擅自对应当由党中央决定的重大政策问题作出决定、对外发表主张的,对直接责任者和领导责任者,给予严重警告或者撤销党内职务处分;情节严重的,给予留党察看或者开除党籍处分。

第六十一条 不按照有关规定向组织请示、报告重大事项,对直接责任者和领导责任者,情节较重的,给予警告或者严重警告处分;情节严重的,给予撤销党内职务或者留党察看处分。

第六十二条 干扰巡视巡察工作或者不落实巡视巡察整改要求,对直接责任者和领导责任者,情节较轻的,给予警告或者严重警告处分;情节较重的,给予撤销党内职务或者留党察看处分;情节严重的,给予开除党籍处分。

第六十三条 对抗组织审查,有下列行为之一的,给予警告或者严重警告处分;情节较重的,给予撤销党内职务或者留党察看处分;情节严重的,给予开除党籍处分:

(一)串供或者伪造、销毁、转移、隐匿证据;

(二)阻止他人揭发检举、提供证据材料;

(三)包庇同案人员;

(四)向组织提供虚假情况,掩盖事实;

(五)其他对抗组织审查行为。

第六十四条 组织、参加反对党的基本理论、基本路线、基本方略或者重大方针政策的集会、游行、示威等活动的,或者以组织讲座、论坛、报告会、座谈会等方式,反对党的基本理论、基本路线、基本方略或者重大方针政策,造成严重不良影响的,对策划者、组织者和骨干分子,给予开除党籍处分。

对其他参加人员或者以提供信息、资料、财物、场地等方式支持上述活动者,情节较轻的,给予警告或者严重警告处分;情节较重的,给予撤销党内职务或者留党察看处分;情节严重的,给予开除党籍处分。

对不明真相被裹挟参加,经批评教育后确有悔改表现的,可以免予处分或者不予处分。

未经组织批准参加其他集会、游行、示威等活动,情节较轻的,给予警告或者严重警告处分;情节较重的,给予撤销党内职务或者留党察看处分;情节严重的,给予开除党籍处分。

第六十五条 组织、参加旨在反对党的领导、反对社会主义制度或者敌视政府等组织的,对策划者、组织者和骨干分子,给予开除党籍处分。

对其他参加人员,情节较轻的,给予警告或者严重警告处分;情节较重的,给予撤销党内职务或者留党察看处分;情节严重的,给予开除党籍处分。

第六十六条 组织、参加会道门或者邪教组织的,对策划者、组织者和骨干分子,给予开除党籍处分。

对其他参加人员,情节较轻的,给予警告或者严重警告处分;情节较重的,给予撤销党内职务或者留党察看处分;情节严重的,给予开除党籍处分。

对不明真相的参加人员,经批评教育后确有悔改表现的,可以免予处分或者不予处分。

第六十七条 从事、参与挑拨破坏民族关系制造事端或者参加民族分裂活动的,对策划者、组织者和骨干分子,给予开除党籍处分。

对其他参加人员,情节较轻的,给予警告或者严重警告处分;情节较重的,给予撤销党内职务或者留党察看处分;情节严重的,给予开除党籍处分。

对不明真相被裹挟参加,经批评教育后确有悔改表现的,可以免予处分或者不予处分。

有其他违反党和国家民族政策的行为,情节较轻的,给予警告或者严重警告处分;情节较重的,给予撤销党内职务或者留党察看处分;情节严重的,给予开除党籍处分。

第六十八条 组织、利用宗教活动反对党的理论、路线、方针、政策和决议,破坏民族团结的,对策划者、组织者和骨干分子,给予开除党籍处分。

对其他参加人员,给予撤销党内职务或者留党察看处分;情节严重的,给予开除党籍处分。

对不明真相被裹挟参加,经批评教育后确有悔改表现的,可以免予处分或者不予处分。

有其他违反党和国家宗教政策的行为,情节较轻的,给予警告或者严重警告处分;情节较重的,给予撤销党内职务或者留党察看处分;情节严重的,给予开除党籍处分。

第六十九条 对信仰宗教的党员,应当加强思想教育,要求其限期改正;经党组织帮助教育仍没有转变的,应当劝其退党;劝而不退的,予以除名;参与利用宗教搞煽动活动的,给予开除党籍处分。

第七十条 组织迷信活动的,给予撤销党内职务或者留党察看处分;情节严重的,给予开除党籍处分。

参加迷信活动或者个人搞迷信活动,造成不良影响的,给予警告或者严重警告处分;情节较重的,给予撤销党内职务或者留党察看处分;情节严重的,给予开除党籍处分。

对不明真相的参加人员,经批评教育后确有悔改表现的,可以免予处分或者不予处分。

第七十一条 组织、利用宗族势力对抗党和政府,妨碍党和国家的方针政策以及决策部署的实施,或者破坏党的基层组织建设的,对策划者、组织者和骨干分子,给予开除党籍处分。

对其他参加人员,给予撤销党内职务或者留党察看处分;情节严重的,给予开除党籍处分。

对不明真相被裹挟参加,经批评教育后确有悔改表现的,可以免予处分或者不予处分。

第七十二条 在国(境)外、外国驻华使(领)馆申请政治避难,或者违纪后逃往国(境)外、外国驻华使(领)馆的,给予开除党籍处分。

在国(境)外公开发表反对党和政府的文章、演说、宣言、声明等的,依照前款规定处理。

故意为上述行为提供方便条件的,给予留党察看或者开除党籍处分。

第七十三条 在涉外活动中,其言行在政治上造成恶劣影响,损害党和国家尊严、利益的,给予撤销党内职务或者留党察看处分;情节严重的,给予开除党籍处分。

第七十四条 不履行全面从严治党主体责任、监督责任或者履行全面从严治党主体责任、监督责任不力,给党组织造成严重损害或者严重不良影响的,对直接责任者和领导责任者,给予警告或者严重警告处分;情节严重的,给予撤销党内职务或者留党察看处分。

第七十五条 党员领导干部对违反政治纪律和政治规矩等错误思想和行为不报告、不抵制、不斗争,放任不管,搞无原则一团和气,造成不良影响的,给予警告或者严重警告处分;情节严重的,给予撤销党内职务或者留党察看处分。

第七十六条 违反党的优良传统和工作惯例等党的规矩,在政治上造成不良影响或者严重后果的,给予警告或者严重警告处分;情节较重的,给予撤销党内职务或者留党察看处分;情节严重的,给予开除党籍处分。

第七章 对违反组织纪律行为的处分

第七十七条 违反民主集中制原则,有下列行为之一的,给予警告或者严重警告处分;情节严重的,给予撤销党内职务或者留党察看处分:

(一) 拒不执行或者擅自改变党组织作出的重大决定;

(二) 违反议事规则,个人或者少数人决定重大问题;

(三) 故意规避集体决策,决定重大事项、重要干部任免、重要项目安排和大额资金使用;

(四) 借集体决策名义集体违规。

第七十八条 下级党组织拒不执行或者擅自改变上级党组织决定的,对直接责任者和领导责任者,给予警告或者严重警告处分;情节严重的,给予撤销党内职务或者留党察看处分。

第七十九条 拒不执行党组织的分配、调动、交流等决定的,给予警告、严重警告或者撤销党内职务处分。

在特殊时期或者紧急状况下,拒不执行党组织上述决定的,给予留党察看或者开除党籍处分。

第八十条 在党组织纪律审查中,依法依规负有作证义务的党员拒绝作证或者故意提供虚假情况,情节较重的,给予警告或者严重警告处分;情节严重的,给予撤销党内职务、留党察看或者开除党籍处分。

第八十一条 有下列行为之一,情节较重的,给予警告或者严重警告处分:

(一) 违反个人有关事项报告规定,隐瞒不报;

(二) 在组织进行谈话函询时,不如实向组织说明问题;

(三) 不按要求报告或者不如实报告个人去向;

(四) 不如实填报个人档案资料。

有前款第二项规定的行为,同时向组织提供虚假情况、掩盖事实的,依照本条例第六十二条规定处理。

篡改、伪造个人档案资料的,给予严重警告处分;情节严重的,给予撤销党内职务或者留党察看处分。

隐瞒入党前严重错误的,一般应当予以除名;对入党多年且一贯表现好,或者在工作中作出突出贡献的,给予严重警告、撤销党内职务或者留党察看处分。

第八十二条 党员领导干部违反有关规定组织、参加自发成立的老乡会、校友会、战友会等,情节严重的,给予警告、严重警告或者撤销党内职务处分。

第八十三条 有下列行为之一的,给予警告或者严重警告处分;情节较重的,给予撤销党内职务或者留党察看处分;情节严重的,给予开除党籍处分:

(一)在民主推荐、民主测评、组织考察和党内选举中搞拉票、助选等非组织活动;

(二)在法律规定的投票、选举活动中违背组织原则搞非组织活动,组织、怂恿、诱使他人投票、表决;

(三)在选举中进行其他违反党章、其他党内法规和有关章程活动。

搞有组织的拉票贿选,或者用公款拉票贿选的,从重或者加重处分。

第八十四条 在干部选拔任用工作中,有任人唯亲、排斥异己、封官许愿、说情干预、跑官要官、突击提拔或者调整干部等违反干部选拔任用规定行为,对直接责任者和领导责任者,情节较轻的,给予警告或者严重警告处分;情节较重的,给予撤销党内职务或者留党察看处分;情节严重的,给予开除党籍处分。

用人失察失误造成严重后果的,对直接责任者和领导责任者,依照前款规定处理。

第八十五条 在推进领导干部能上能下工作中,搞好人主义,有下列行为之一,对直接责任者和领导责任者,情节较重的,给予警告或者严重警告处分;情节严重的,给予撤销党内职务或者留党察看处分:

(一)以党纪政务等处分规避组织调整;

(二)以组织调整代替党纪政务等处分;

(三)其他避重就轻作出处理行为。

第八十六条 在干部、职工的录用、考核、职务职级晋升、职称评聘、荣誉表彰,授予学术称号和征兵、安置退役军人等工作中,隐瞒、歪曲事实真相,或者利用职权或者职务上的影响违反有关规定为本人或者其他人谋取利益的,给予警告或者严重警告处分;情节较重的,给予撤销党内职务或者留党察看处分;情节严重的,给予开除党籍处分。

弄虚作假,骗取职务、职级、职称、待遇、资格、学历、学位、荣誉、称号或者其他利益的,依照前款规定处理。

第八十七条 侵犯党员的表决权、选举权和被选举权,情节较重的,给予警告或者严重警告处分;情节严重的,给予撤销党内职务处分。

以强迫、威胁、欺骗、拉拢等手段,妨害党员自主行使表决权、选举权和被选举权的,给予撤销党内职务、留党察看或者开除党籍处分。

第八十八条 有下列行为之一的,对直接责任者和领导责任者,给予警告或者严重警告处分;情节较重的,给予撤销党内职务或者留党察看处分;情节严重的,给予开除党籍处分:

(一)对批评、检举、控告进行阻挠、压制,或者将批评、检举、控告材料私自扣压、销毁,或者故意将其泄露给他人;

(二)对党员的申辩、辩护、作证等进行压制,造成不良后果;

(三)压制党员申诉,造成不良后果,或者不按照有关规定处理党员申诉;

(四)其他侵犯党员权利行为,造成不良后果。

对批评人、检举人、控告人、证人及其他人员打击报复的,从重或者加重处分。

第八十九条 违反党章和其他党内法规的规定,采取弄虚作假或者其他手段把不符合党员条件的人发展为党员,或者为非党员出具党员身份证明的,对直接责任者和领导责任者,给予警告或者严重警告处分;情节严重的,给予撤销党内职务处分。

违反有关规定程序发展党员的,对直接责任者和领导责任者,依照前款规定处理。

第九十条 违反有关规定取得外国国籍或者获取国(境)外永久居留资格、长期居留许可的,给予撤销党内职务、留党察看或者开除党籍处分。

第九十一条 违反有关规定办理因私出国(境)证件、前往港澳通行证,或者未经批准出入国(边)境,情节较轻的,给予警告或者严重警告处分;情节较重的,给予撤销党内职务或者留党察看处分;情节严重的,给予开除党籍处分。

虽经批准因私出国(境)但存在擅自变更路线、无正当理由超期未归等超出批准范围出国(境)行为,情节较重的,给予警告或者严重警告处分;情节严重的,给予撤销党内职务处分。

第九十二条 驻外机构或者临时出国(境)团(组)中的党员擅自脱离组织,或者从事外事、机要、军事等工作的党员违反有关规定同国(境)外机构、人员联系和交往的,给予警告、严重警告或者撤销党内职务处分。

第九十三条 驻外机构或者临时出国(境)团(组)中的党员,脱离组织出走时间不满六个月又自动回归的,给予撤销党内职务或者留党察看处分;脱离组织出走时间超过六个月的,按照自行脱党处理,党内予以除名。

故意为他人脱离组织出走提供方便条件的,给予警告、严重警告或者撤销党内职务处分。

第八章 对违反廉洁纪律行为的处分

第九十四条 党员干部必须正确行使人民赋予的权力,清正廉洁,反对特权思想和特权现象,反对任何滥用职权、谋求私利的行为。

利用职权或者职务上的影响为他人谋取利益,本人的配偶、子女及其配偶等亲属和其他特定关系人收受对方财物,情节较重的,给予警告或者严重警告处分;情节严重的,给予撤销党内职务、留党察看或者开除党籍处分。

第九十五条 相互利用职权或者职务上的影响为对方及其配偶、子女及其配偶等亲属、身边工作人员和其他特定关系人谋取利益搞权权交易的,给予警告或者严重警告处分;情节较重的,给予撤销党内职务或者留党察看处分;情节严重的,给予开除党籍处分。

第九十六条 纵容、默许配偶、子女及其配偶等亲属、身边工作人员和其他特定关系人利用党员干部本人职权或者职务上的影响谋取私利,情节较轻的,给予警告或者严重警告处分;情节较重的,给予撤销党内职务或者留党察看处分;情节严重的,给予开除党籍处分。

党员干部的配偶、子女及其配偶等亲属和其他特定关系人不实际工作而获取薪酬或者虽实际工作但领取明显超出同职级标准薪酬,党员干部知情未予纠正的,依照前款规定处理。

第九十七条 收受可能影响公正执行公务的礼品、礼金、消费卡(券)和有价证券、股权、其他金融产品等财物,情节较轻的,给予警告或者严重警告处分;情节较重的,给予撤销党内职务或者留党察看处分;情节严重的,给予开除党籍处分。

收受其他明显超出正常礼尚往来的财物的,依照前款规定处理。

第九十八条 向从事公务的人员及其配偶、子女及其配偶等亲属和其他特定关系人赠送明显超出正常礼尚往来的礼品、礼金、消费卡(券)和有价证券、股权、其他金融产品等财物,情节较重的,给予警告或者严重警告处分;情节严重的,给予撤销党内职务或者留党察看处分。

以讲课费、课题费、咨询费等名义变相送礼的,依照前款规定处理。

第九十九条 借用管理和服务对象的钱款、住房、车辆等,可能影响公正执行公务,情节较重的,给予警告或者严重警告处分;情节严重的,给予撤销党内职务、留党察看或者开除党籍处分。

通过民间借贷等金融活动获取大额回报,可能影响公正执行公务的,依照前款规定处理。

第一百条 利用职权或者职务上的影响操办婚丧喜庆事宜,造成不良影响的,给予警告或者严重警告处分;情节严重的,给予撤销党内职务处分;借机敛财或者有其他侵犯国家、集体和人民利益行为的,从重或者加重处分,直至开除党籍。

第一百零一条 接受、提供可能影响公正执行公务的宴请或者旅游、健身、娱乐等活动安排,情节较重的,给予警告或者严重警告处分;情节严重的,给予撤销党内职务或者留党察看处分。

第一百零二条 违反有关规定取得、持有、实际使用运动健身卡、会所和俱乐部会员卡、高尔夫球卡等各种消费卡(券),或者违反有关规定出入私人会所,情节较重的,给予警告或者严重警告处分;情节严重的,给予撤销党内职务或者留党察看处分。

第一百零三条 违反有关规定从事营利活动,有下列行为之一,情节较轻的,给予警告或者严重警告处分;情节较重的,给予撤销党内职务或者留党察看处分;情节严重的,给予开除党籍处分:

(一)经商办企业;

(二)拥有非上市公司(企业)的股份或者证券;

(三)买卖股票或者进行其他证券投资;

(四)从事有偿中介活动;

(五)在国(境)外注册公司或者投资入股;

(六)其他违反有关规定从事营利活动的行为。

利用参与企业重组改制、定向增发、兼并投资、土地使用权出让等工作中掌握的信息买卖股票,利用职权或者职务上的影响通过购买信托产品、基金等方式非正常获利的,依照前款规定处理。

违反有关规定在经济组织、社会组织等单位中兼职,或者经批准兼职但获取薪酬、奖金、津贴等额外利益的,依照第一款规定处理。

第一百零四条 利用职权或者职务上的影响,为配偶、子女及其配偶等亲属和其他特定关系人在审批监管、资源开发、金融信贷、大宗采购、土地使用权出让、房地产开发、工程招投标以及公共财政收支等方面谋取利益,情节较轻的,给予警告或者严重警告处分;情节较重的,给予撤销党内职务或者留党察看处分;情节严重的,给予开除党籍处分。

利用职权或者职务上的影响,为配偶、子女及其配偶等亲属和其他特定关系人吸收存款、推销金融产品、经营名贵特产类特殊资源等提供帮助谋取利益的,依照前款规定处理。

第一百零五条 离职或者退(离)休后违反有关规定接受原任职务管辖的地区和业务范围内或者与原工作业务直接相关的企业和中介机构等单位的聘用,或者个人从事与原任职务管辖业务或者与原工作业务直接相关的营利活动,情节较轻的,给予警告或者严重警告处分;情节较重的,给予撤销党内职务处分;情节严重的,给予留党察看处分。

党员领导干部离职或者退(离)休后违反有关规定担任上市公司、基金管理公司独立董事、独立监事等职务,情节较轻的,给予警告或者严重警告处分;情节较重的,给予撤销党内职务处分;情节严重的,给予留党察看处分。

第一百零六条 离职或者退(离)休后利用原职权或者职务上的影响,为配偶、子女及其配偶等亲属和其他特定关系人从事经营活动谋取利益,情节较轻的,给予警告或者严重警告处分;情节较重的,给予撤销党内职务或者留党察看处分;情节严重的,给予开除党籍处分。

离职或者退(离)休后利用原职权或者职务上的影响为他人谋取利益,本人的配偶、子女及其配偶等亲属和其他特定关系人收受对方财物,情节较重的,给予警告或者严重警告处分;情节严重的,给予撤销党内职务、留党察看或者开除党籍处分。

第一百零七条 党员领导干部的配偶、子女及其配偶,违反有关规定在该党员领导干部管辖的地区和业务范围内从事可能影响其公正执行公务的经营活动,或者有其他违反经商办企业禁业规定行为的,该党员领导干部应当按照规定予以纠正;拒不纠正的,其本人应当辞去现任职务或者由组织予以调整职务;不辞去现任职务或者不服从组织调整职务的,给予撤销党内职务处分。

第一百零八条 党和国家机关违反有关规定经商办企业的,对直接责任者和领导责任者,给予警告或者严重警告处分;情节严重的,给予撤销党内职务处分。

第一百零九条　党员领导干部违反工作、生活保障制度,在交通、医疗、警卫等方面为本人、配偶、子女及其配偶等亲属、身边工作人员和其他特定关系人谋求特殊待遇,情节较重的,给予警告或者严重警告处分;情节严重的,给予撤销党内职务或者留党察看处分。

第一百一十条　在分配、购买住房中侵犯国家、集体利益,情节较轻的,给予警告或者严重警告处分;情节较重的,给予撤销党内职务或者留党察看处分;情节严重的,给予开除党籍处分。

第一百一十一条　利用职权或者职务上的影响,侵占非本人经管的公私财物,或者以象征性地支付钱款等方式侵占公私财物,或者无偿、象征性地支付报酬接受服务、使用劳务,情节较轻的,给予警告或者严重警告处分;情节较重的,给予撤销党内职务或者留党察看处分;情节严重的,给予开除党籍处分。

利用职权或者职务上的影响,将应当由本人、配偶、子女及其配偶等亲属、身边工作人员和其他特定关系人个人支付的费用,由下属单位、其他单位或者他人支付、报销的,依照前款规定处理。

第一百一十二条　利用职权或者职务上的影响,违反有关规定占用公物归个人使用,时间超过六个月,情节较重的,给予警告或者严重警告处分;情节严重的,给予撤销党内职务处分。

占用公物进行营利活动的,给予警告或者严重警告处分;情节较重的,给予撤销党内职务或者留党察看处分;情节严重的,给予开除党籍处分。

将公物借给他人进行营利活动的,依照前款规定处理。

第一百一十三条　违反有关规定组织、参加用公款支付的宴请、娱乐、健身活动,或者用公款购买赠送或者发放礼品、消费卡(券)等,对直接责任者和领导责任者,情节较轻的,给予警告或者严重警告处分;情节较重的,给予撤销党内职务或者留党察看处分;情节严重的,给予开除党籍处分。

第一百一十四条　违反有关规定自定薪酬或者滥发津贴、补贴、奖金、福利等,对直接责任者和领导责任者,情节较轻的,给予警告或者严重警告处分;情节较重的,给予撤销党内职务或者留党察看处分;情节严重的,给予开除党籍处分。

第一百一十五条　有下列行为之一,对直接责任者和领导责任者,情节较

轻的,给予警告或者严重警告处分;情节较重的,给予撤销党内职务或者留党察看处分;情节严重的,给予开除党籍处分:

（一）公款旅游或者以学习培训、考察调研、职工疗养等为名变相公款旅游;

（二）改变公务行程,借机旅游;

（三）参加所管理企业、下属单位组织的考察活动,借机旅游。

以考察、学习、培训、研讨、招商、参展等名义变相用公款出国（境）旅游的,对直接责任者和领导责任者,依照前款规定处理。

第一百一十六条　违反接待管理规定,超标准、超范围接待或者借机大吃大喝,对直接责任者和领导责任者,情节较重的,给予警告或者严重警告处分;情节严重的,给予撤销党内职务处分。

第一百一十七条　违反有关规定配备、购买、更换、装饰、使用公务交通工具或者有其他违反公务交通工具管理规定的行为,对直接责任者和领导责任者,情节较重的,给予警告或者严重警告处分;情节严重的,给予撤销党内职务或者留党察看处分。

第一百一十八条　违反会议活动管理规定,有下列行为之一,对直接责任者和领导责任者,情节较重的,给予警告或者严重警告处分;情节严重的,给予撤销党内职务处分:

（一）到禁止召开会议的风景名胜区开会;

（二）决定或者批准举办各类节会、庆典活动;

（三）其他违反会议活动管理规定行为。

擅自举办评比达标表彰、创建示范活动或者借评比达标表彰、创建示范活动收取费用的,对直接责任者和领导责任者,依照前款规定处理。

第一百一十九条　违反办公用房管理等规定,有下列行为之一,对直接责任者和领导责任者,情节较重的,给予警告或者严重警告处分;情节严重的,给予撤销党内职务处分:

（一）决定或者批准兴建、装修办公楼、培训中心等楼堂馆所;

（二）超标准配备、使用办公用房;

（三）未经批准租用、借用办公用房;

（四）用公款包租、占用客房或者其他场所供个人使用;

（五）其他违反办公用房管理等规定行为。

第一百二十条　搞权色交易或者给予财物搞钱色交易的,给予警告或者严重警告处分;情节较重的,给予撤销党内职务或者留党察看处分;情节严重的,给予开除党籍处分。

第一百二十一条　有其他违反廉洁纪律规定行为的,应当视具体情节给予警告直至开除党籍处分。

第九章　对违反群众纪律行为的处分

第一百二十二条　有下列行为之一,对直接责任者和领导责任者,情节较轻的,给予警告或者严重警告处分;情节较重的,给予撤销党内职务或者留党察看处分;情节严重的,给予开除党籍处分:

（一）超标准、超范围向群众筹资筹劳、摊派费用,加重群众负担;

（二）违反有关规定扣留、收缴群众款物或者处罚群众;

（三）克扣群众财物,或者违反有关规定拖欠群众钱款;

（四）在管理、服务活动中违反有关规定收取费用;

（五）在办理涉及群众事务时刁难群众、吃拿卡要;

（六）其他侵害群众利益行为。

在乡村振兴领域有上述行为的,从重或者加重处分。

第一百二十三条　干涉生产经营自主权,致使群众财产遭受较大损失的,对直接责任者和领导责任者,给予警告或者严重警告处分;情节严重的,给予撤销党内职务或者留党察看处分。

第一百二十四条　在社会保障、社会救助、政策扶持、救灾救济款物分配等事项中优亲厚友、明显有失公平的,给予警告或者严重警告处分;情节较重的,给予撤销党内职务或者留党察看处分;情节严重的,给予开除党籍处分。

第一百二十五条　利用宗族或者黑恶势力等欺压群众,或者纵容涉黑涉恶活动、为黑恶势力充当"保护伞"的,给予撤销党内职务或者留党察看处分;情节严重的,给予开除党籍处分。

第一百二十六条　有下列行为之一,对直接责任者和领导责任者,情节较重的,给予警告或者严重警告处分;情节严重的,给予撤销党内职务或者留党察看处分:

（一）对涉及群众生产、生活等切身利益的问题依照政策或者有关规定能解决而不及时解决,庸懒无为、效率低下,造成不良影响;

（二）对符合政策的群众诉求消极应付、推诿扯皮，损害党群、干群关系；

（三）对待群众态度恶劣、简单粗暴，造成不良影响；

（四）弄虚作假，欺上瞒下，损害群众利益；

（五）其他不作为、乱作为、慢作为、假作为等损害群众利益行为。

第一百二十七条　遇到国家财产和群众生命财产受到严重威胁时，能救而不救，情节较重的，给予警告、严重警告或者撤销党内职务处分；情节严重的，给予留党察看或者开除党籍处分。

第一百二十八条　不按照规定公开党务、政务、厂务、村（居）务等，侵犯群众知情权，对直接责任者和领导责任者，情节较重的，给予警告或者严重警告处分；情节严重的，给予撤销党内职务或者留党察看处分。

第一百二十九条　有其他违反群众纪律规定行为的，应当视具体情节给予警告直至开除党籍处分。

第十章　对违反工作纪律行为的处分

第一百三十条　工作中不负责任或者疏于管理，贯彻执行、检查督促落实上级决策部署不力，给党、国家和人民利益以及公共财产造成较大损失的，对直接责任者和领导责任者，给予警告或者严重警告处分；造成重大损失的，给予撤销党内职务、留党察看或者开除党籍处分。

党员领导干部对于到任前已经存在且属于其职责范围内的问题，消极回避、推卸责任，造成严重损害或者严重不良影响的，依照前款规定处理。

第一百三十一条　工作中不敢斗争、不愿担当，面对重大矛盾冲突、危机困难临阵退缩，造成不良影响或者严重后果的，给予警告或者严重警告处分；情节严重的，给予撤销党内职务、留党察看或者开除党籍处分。

第一百三十二条　有下列行为之一，造成严重损害或者严重不良影响的，对直接责任者和领导责任者，给予警告或者严重警告处分；情节较重的，给予撤销党内职务或者留党察看处分；情节严重的，给予开除党籍处分：

（一）热衷于搞舆论造势、浮在表面；

（二）单纯以会议贯彻会议、以文件落实文件，在实际工作中不见诸行动；

（三）脱离实际，不作深入调查研究，搞随意决策、机械执行；

（四）违反精文减会有关规定搞文山会海；

（五）在督查检查考核等工作中搞层层加码、过度留痕，增加基层工作负担；

（六）工作中其他形式主义、官僚主义行为。

第一百三十三条 在公务活动用餐、单位食堂用餐管理工作中不履行或者不正确履行宣传教育、监督管理职责，导致餐饮浪费，造成严重不良影响的，对直接责任者和领导责任者，给予警告或者严重警告处分；情节严重的，给予撤销党内职务处分。

第一百三十四条 在机构编制工作中，有下列行为之一，造成不良影响或者严重后果的，对直接责任者和领导责任者，给予警告或者严重警告处分；情节较重的，给予撤销党内职务或者留党察看处分；情节严重的，给予开除党籍处分：

（一）擅自超出"三定"规定范围调整职责、设置机构、核定领导职数和配备人员；

（二）违规干预地方机构设置；

（三）其他违反机构编制管理规定行为。

第一百三十五条 在信访工作中，有下列行为之一，造成不良影响或者严重后果的，对直接责任者和领导责任者，给予警告或者严重警告处分；情节较重的，给予撤销党内职务或者留党察看处分；情节严重的，给予开除党籍处分：

（一）不按照规定受理、办理信访事项；

（二）对规模性集体访等处置不力，导致事态扩大；

（三）对党委和政府信访部门提出的改进工作、完善政策等建议重视不够，落实不力，导致问题长期得不到解决；

（四）其他不履行或者不正确履行信访工作职责行为。

不履行或者不正确履行职责，导致信访事项发生，造成不良影响或者严重后果的，对直接责任者和领导责任者，依照前款规定处理。

第一百三十六条 党组织有下列行为之一，对直接责任者和领导责任者，情节较重的，给予警告或者严重警告处分；情节严重的，给予撤销党内职务或者留党察看处分：

（一）党员被立案审查期间，擅自批准其出差、出国（境）、辞职，或者对其交流、提拔职务、晋升职级、进一步使用、奖励，或者办理退休手续；

（二）党员被依法追究刑事责任后，不按照规定给予党纪处分，或者对党员违反国家法律法规的行为，应当给予党纪处分而不处分；

（三）党纪处分决定或者申诉复查决定作出后，不按照规定落实决定中关于被处分人党籍、职务、职级、待遇等事项；

（四）党员受到党纪处分后，不按照干部管理权限和组织关系对受处分党员开展日常教育、管理和监督工作。

第一百三十七条　滥用问责，或者在问责工作中严重不负责任，造成不良影响的，对直接责任者和领导责任者，给予警告或者严重警告处分；情节严重的，给予撤销党内职务处分。

第一百三十八条　因工作不负责任致使所管理的人员叛逃的，对直接责任者和领导责任者，给予警告或者严重警告处分；情节严重的，给予撤销党内职务处分。

因工作不负责任致使所管理的人员出逃、出走，对直接责任者和领导责任者，情节较重的，给予警告或者严重警告处分；情节严重的，给予撤销党内职务处分。

第一百三十九条　进行统计造假，对直接责任者和领导责任者，情节较轻的，给予警告或者严重警告处分；情节较重的，给予撤销党内职务或者留党察看处分；情节严重的，给予开除党籍处分。

对统计造假失察，造成严重后果的，对直接责任者和领导责任者，给予警告或者严重警告处分；情节严重的，给予撤销党内职务、留党察看或者开除党籍处分。

第一百四十条　在上级检查、视察工作或者向上级汇报、报告工作时对应当报告的事项不报告或者不如实报告，造成严重损害或者严重不良影响的，对直接责任者和领导责任者，给予警告或者严重警告处分；情节严重的，给予撤销党内职务或者留党察看处分。

在上级检查、视察工作或者向上级汇报、报告工作时纵容、唆使、暗示、强迫下级说假话、报假情的，从重或者加重处分。

第一百四十一条　违反有关规定干预和插手市场经济活动，有下列行为之一，情节较轻的，给予警告或者严重警告处分；情节较重的，给予撤销党内职务或者留党察看处分；情节严重的，给予开除党籍处分：

（一）干预和插手建设工程项目承发包、土地使用权出让、政府采购、房地产开发与经营、矿产资源开发利用、中介机构服务等活动；

（二）干预和插手国有企业重组改制、兼并、破产、产权交易、清产核资、资产评估、资产转让、重大项目投资以及其他重大经营活动等事项；

（三）干预和插手批办各类行政许可和资金借贷等事项；

（四）干预和插手经济纠纷；

（五）干预和插手集体资金、资产和资源的使用、分配、承包、租赁等事项。

第一百四十二条　违反有关规定干预和插手司法活动、执纪执法活动，向有关地方或者部门打听案情、打招呼、说情，或者以其他方式对司法活动、执纪执法活动施加影响，情节较轻的，给予严重警告处分；情节较重的，给予撤销党内职务或者留党察看处分；情节严重的，给予开除党籍处分。

违反有关规定干预和插手公共财政资金分配、项目立项评审、功勋荣誉表彰奖励等活动，造成重大损失或者不良影响的，依照前款规定处理。

第一百四十三条　按照有关规定对干预和插手行为负有报告和登记义务的受请托人，不按照规定报告或者登记，情节较重的，给予警告或者严重警告处分；情节严重的，给予撤销党内职务处分。

第一百四十四条　泄露、扩散或者打探、窃取党组织关于干部选拔任用、纪律审查、巡视巡察等尚未公开事项或者其他应当保密的内容的，给予警告或者严重警告处分；情节较重的，给予撤销党内职务或者留党察看处分；情节严重的，给予开除党籍处分。

私自留存涉及党组织关于干部选拔任用、纪律审查、巡视巡察等方面资料，情节较重的，给予警告或者严重警告处分；情节严重的，给予撤销党内职务处分。

第一百四十五条　在考试、录取工作中，有泄露试题、考场舞弊、涂改考卷、违规录取等违反有关规定行为的，给予警告或者严重警告处分；情节较重的，给予撤销党内职务或者留党察看处分；情节严重的，给予开除党籍处分。

第一百四十六条　以不正当方式谋求本人或者其他人用公款出国（境），情节较轻的，给予警告处分；情节较重的，给予严重警告处分；情节严重的，给予撤销党内职务处分。

第一百四十七条　临时出国（境）团（组）或者人员中的党员，擅自延长在国（境）外期限，或者擅自变更路线的，对直接责任者和领导责任者，给予警告或者严重警告处分；情节严重的，给予撤销党内职务处分。

第一百四十八条　驻外机构或者临时出国（境）团（组）中的党员，触犯驻在国家、地区的法律、法令或者不尊重驻在国家、地区的宗教习俗，情节较重的,给予警告或者严重警告处分;情节严重的,给予撤销党内职务、留党察看或者开除党籍处分。

第一百四十九条 在党的纪律检查、组织、宣传、统一战线工作以及机关工作等其他工作中,不履行或者不正确履行职责,造成损失或者不良影响的,应当视具体情节给予警告直至开除党籍处分。

第十一章 对违反生活纪律行为的处分

第一百五十条 生活奢靡、铺张浪费、贪图享乐、追求低级趣味,造成不良影响的,给予警告或者严重警告处分;情节严重的,给予撤销党内职务处分。

第一百五十一条 与他人发生不正当性关系,造成不良影响的,给予警告或者严重警告处分;情节较重的,给予撤销党内职务或者留党察看处分;情节严重的,给予开除党籍处分。

利用职权、教养关系、从属关系或者其他相类似关系与他人发生性关系的,从重处分。

第一百五十二条 党员领导干部不重视家风建设,对配偶、子女及其配偶失管失教,造成不良影响或者严重后果的,给予警告或者严重警告处分;情节严重的,给予撤销党内职务处分。

第一百五十三条 违背社会公序良俗,在公共场所、网络空间有不当言行,造成不良影响的,给予警告或者严重警告处分;情节较重的,给予撤销党内职务或者留党察看处分;情节严重的,给予开除党籍处分。

第一百五十四条 有其他严重违反社会公德、家庭美德行为的,应当视具体情节给予警告直至开除党籍处分。

第三编 附 则

第一百五十五条 各省、自治区、直辖市党委可以根据本条例,结合各自工作的实际情况,制定单项实施规定。

第一百五十六条 中央军事委员会可以根据本条例,结合中国人民解放军和中国人民武装警察部队的实际情况,制定补充规定或者单项规定。

第一百五十七条 本条例由中央纪委负责解释。

第一百五十八条 本条例自2024年1月1日起施行。

附录三
干部教育培训工作条例

(2015年9月10日中共中央政治局常委会会议审议批准 2015年10月14日中共中央发布 2023年8月31日中共中央政治局会议修订 2023年9月19日中共中央发布)

第一章 总 则

第一条 为了推进干部教育培训工作科学化、制度化、规范化,培养造就政治过硬、适应新时代要求、具备领导社会主义现代化建设能力的高素质干部队伍,根据《中国共产党章程》,制定本条例。

第二条 干部教育培训是建设高素质干部队伍的先导性、基础性、战略性工程,在推进中国特色社会主义伟大事业和党的建设新的伟大工程中具有不可替代的重要地位和作用。干部教育培训工作必须高举中国特色社会主义伟大旗帜,坚持马克思列宁主义、毛泽东思想、邓小平理论、"三个代表"重要思想、科学发展观,全面贯彻习近平新时代中国特色社会主义思想,深入贯彻习近平总书记关于党的建设的重要思想,认真落实新时代党的建设总要求和新时代党的组织路线,深刻领悟"两个确立"的决定性意义,增强"四个意识"、坚定"四个自信"、做到"两个维护",把深入学习贯彻习近平新时代中国特色社会主义思想作为主题主线,以坚定理想信念宗旨为根本,以全面增强执政本领为重点,高质量教育培训干部,高水平服务党和国家事业发展,为以中国式现代化全面推进中华民族伟大复兴提供思想政治保证和能力支撑。

第三条 干部教育培训工作应当遵循下列原则:

(一)政治统领,服务大局。旗帜鲜明讲政治,坚持和加强党的全面领导,紧紧围绕党和国家事业发展需要开展教育培训，始终保持正确政治方向。

（二）育德为先，注重能力。坚持新时代好干部标准，突出党的创新理论武装和党性教育，加强能力培训，全面提高干部德才素质和履职能力。

（三）分类分级，全面覆盖。按照干部管理权限组织实施教育培训，把教育培训的普遍性要求与不同类别、不同层级、不同岗位干部的特殊需要结合起来，增强针对性，确保全员培训。

（四）联系实际，学以致用。大力弘扬马克思主义学风，围绕中心工作，坚持问题导向，引导干部加强主观世界和客观世界改造，做到学思用贯通、知信行统一。

（五）与时俱进，守正创新。继承和发扬干部教育培训优良传统和作风，遵循干部成长规律和干部教育培训规律，推进干部教育培训理论创新、实践创新、制度创新。

（六）依规依法，从严管理。建立健全干部教育培训法规制度，推进干部教育培训规范管理，从严治校、从严治教、从严治学，保持良好的教学秩序和学习风气。

第四条 本条例适用于党的机关、人大机关、行政机关、政协机关、监察机关、审判机关、检察机关，以及列入公务员法实施范围的其他机关和参照公务员法管理的机关（单位）的干部教育培训工作。

国有企业、事业单位结合各自特点执行本条例。

第二章　管　理　体　制

第五条 全国干部教育培训工作实行在党中央领导下，由中央组织部主管，中央和国家机关有关工作部门分工负责，中央和地方分级管理的体制。

第六条 中央组织部履行全国干部教育培训工作的整体规划、制度建设、宏观指导、协调服务、监督管理等职能。

全国干部教育联席会议成员单位按照职责分工，负责相关的干部教育培训工作。

中央和国家机关各部门负责指导本行业本系统的业务培训。

第七条 地方各级党委领导本地区干部教育培训工作，贯彻执行党和国家干部教育培训工作的方针政策，把干部教育培训工作纳入本地区党的建设整体部署和经济社会发展规划，统筹研究推进。

地方各级党委组织部主管本地区干部教育培训工作。地方各级干部教育领导小组或者联席会议成员单位按照职责分工,负责相关的干部教育培训工作。

第八条 干部所在单位按照干部管理权限,负责组织实施和管理本单位的干部教育培训工作。

第九条 垂直管理部门的干部教育培训工作由部门负责。

双重管理单位的干部教育培训工作由主管单位负责、协管单位配合,根据工作需要,经协商也可以由协管单位负责。

第十条 党委和政府工作部门抽调下级党委和政府领导班子成员参加培训,必须报同级干部教育培训主管部门审批;抽调下级党委管理的干部参加本系统本行业培训,应当以书面形式提前通知下级党委组织部门,避免多头调训和重复培训。

第三章 教育培训对象

第十一条 干部有接受教育培训的权利和义务。

第十二条 干部教育培训的对象是全体干部,重点是县处级以上党政领导干部和优秀年轻干部。

第十三条 干部应当根据不同情况参加相应的教育培训:

(一)党的理论教育和党性教育的专题培训;

(二)贯彻落实党和国家重大决策部署的集中轮训;

(三)新录(聘)用的初任培训;

(四)晋升领导职务的任职培训;

(五)提升履职能力的在职培训;

(六)其他培训。

第十四条 省部级、厅局级、县处级党政领导干部和四级调研员及相当层次职级以上公务员,经组织选调,应当每5年参加党校(行政学院)、干部学院等干部教育培训机构脱产培训,以及干部教育培训主管部门认可的其他集中培训,累计不少于3个月或者550学时。提拔担任领导职务的,确因特殊情况在提任前未达到教育培训要求的,应当在提任后1年内完成培训。干部教育培训主管部门应当作出规划,统筹安排。

乡科级党政领导干部和一级主任科员及相当层次职级以下公务员,应当每年参加干部教育培训主管部门认可的集中培训,累计不少于12天或者90学时。

干部应当结合岗位职责参加网络培训,完成规定的学时。

第十五条 干部在参加组织选派的脱产培训期间,一般应当享受在岗同等待遇,一般不承担所在单位的日常工作、出国(境)考察等任务。因特殊情况确需请假的,必须严格履行手续,累计请假时间原则上不得超过总学时的1/7,超过的应予退学。

第十六条 干部个人参加社会化培训,费用一律由本人承担,不得由财政经费和单位经费报销,不得接受任何机构和他人的资助或者变相资助。

第四章　教育培训内容

第十七条 干部教育培训以深入学习贯彻习近平新时代中国特色社会主义思想为主题主线,以党的理论教育、党性教育和履职能力培训为重点,注重知识培训,全面提高干部素质和能力。

第十八条 党的理论教育重点开展马克思列宁主义、毛泽东思想、邓小平理论、"三个代表"重要思想、科学发展观教育培训,全面加强习近平新时代中国特色社会主义思想教育培训,加强党的路线方针政策教育培训,引导干部自觉做共产主义远大理想和中国特色社会主义共同理想的坚定信仰者和忠实实践者,提高运用马克思主义立场观点方法分析解决实际问题的能力,增强适应新时代要求、推进中国式现代化建设的本领。

突出党的创新理论教育,坚持用习近平新时代中国特色社会主义思想统一思想、统一意志、统一行动,教育引导干部全面系统掌握这一思想的基本观点、科学体系,把握好这一思想的世界观、方法论,坚持好、运用好贯穿其中的立场观点方法,深刻领悟"两个确立"的决定性意义,增强"四个意识"、坚定"四个自信"、做到"两个维护",不断提高政治判断力、政治领悟力、政治执行力,自觉在思想上、政治上、行动上同以习近平同志为核心的党中央保持高度一致。

对党外干部,也应当根据其特点,开展相应的政治理论教育。

第十九条 党性教育重点开展理想信念、党的宗旨、革命传统、党风廉政教育。突出党章和党规党纪学习教育,强化政治忠诚教育,加强政治纪律和政治规矩教育,加强斗争精神和斗争本领养成,深入开展党史、新中国史、改革开放史、社会主义发展史、中华民族发展史学习教育,坚持用以伟大建党精神为源头的中国共产党人精神谱系教育干部,加强铸牢中华民族共同体意识教育,开展社会主义核心价值观教育、中华优秀传统文化教育、中华民族传统美德教育,开展政德教育、警示教育,引导党员干部提高思想觉悟、精神境界、道德修养,树立正确的权力观、政绩观、事业观,做到对党忠诚、个人干净、敢于担当,永葆共产党人政治本色。

第二十条　履职能力培训重点开展党中央关于经济建设、政治建设、文化建设、社会建设、生态文明建设和党的建设等方面重大决策部署的培训,分领域分专题学深学透习近平总书记重要思想、重要论述,提升推动高质量发展本领、服务群众本领、防范化解风险本领。加强宪法、法律和政策法规教育培训,提高干部科学执政、民主执政、依法执政水平。开展总体国家安全观教育,增强干部国家安全意识,提高统筹发展和安全能力。

第二十一条　知识培训应当根据干部岗位特点和工作要求,有针对性地开展履行岗位职责所必备知识的培训,加强各种新知识新技能的教育培训,帮助干部优化知识结构、完善知识体系、提高综合素养。

第五章　教育培训方式方法

第二十二条　干部教育培训以脱产培训、党委(党组)理论学习中心组学习、网络培训、在职自学等方式进行。

第二十三条　脱产培训以组织调训为主。干部教育培训主管部门负责制定调训计划、选调干部参加培训,对重要岗位的干部可以实行点名调训。干部所在单位按照计划完成调训任务。干部必须服从组织调训。

第二十四条　党委(党组)理论学习中心组学习以政治学习为根本,以深入学习贯彻习近平新时代中国特色社会主义思想为主题主线,在个人自学和专题调研基础上保证每个季度不少于1次集体学习研讨。

第二十五条　充分运用现代信息技术,完善网络培训制度,建立兼容、开放、共享、规范的干部网络培训体系。提高干部教育培训教学和管理数字化水平,用好大数据、人工智能等技术手段。

第二十六条　建立健全干部在职自学制度。干部所在单位应当支持鼓励干部在职自学,并提供必要条件。

第二十七条　干部教育培训应当根据内容要求和干部特点,综合运用讲授式、研讨式、案例式、模拟式、体验式、访谈式、行动学习等方法,实现教学相长、学学相长。

干部教育培训主管部门应当引导和支持干部教育培训机构积极开展方式方法创新。

第六章　教育培训机构

第二十八条　干部教育培训机构主要包括：党校（行政学院）、干部学院、社会主义学院、部门行业培训机构、国有企业培训机构、干部教育培训高校基地。

各级党委（党组）和干部教育培训主管部门应当加强对干部教育培训机构的工作指导，构建分工明确、优势互补、布局合理、规范有序的培训机构体系。

第二十九条　党校（行政学院）是干部教育培训的主渠道，应当坚守党校初心、坚持党校姓党，突出党的理论教育、党性教育，加强履职能力培训，发挥为党育才、为党献策的独特价值。

中央党校（国家行政学院）和中国浦东干部学院、中国井冈山干部学院、中国延安干部学院作为国家级干部教育培训机构，应当发挥示范引领作用。

省（自治区、直辖市）党性教育干部学院是教育党员干部坚定理想信念、加强党性修养、传承红色基因、赓续红色血脉的重要阵地，应当用好红色资源，突出办学特色，发挥在党性教育中的独特优势。

社会主义学院是党领导的统一战线性质的政治学院，应当坚持功能定位，承担好民主党派和无党派人士、统一战线其他领域代表人士、统战干部及统一战线理论研究人才等培训任务。

部门行业培训机构、国有企业培训机构应当按照各自职责提升办学水平，重点做好本部门本行业本单位的干部教育培训工作。

干部教育培训高校基地应当发挥学科专业优势，重点开展履职能力培训。

各类干部教育培训机构应当加强交流合作，通过联合办学等方式，促进资源优化配置。

第三十条　根据工作需要，干部教育培训主办单位可以委托干部教育培训主管部门认可的其他高等学校、科研院所承担干部教育培训任务。

第三十一条　干部教育培训机构应当以教学为中心，深化教学改革，优化学科结构，完善培训内容，科学设置培训班次和学制，改进课程设计，创新教学方法，规范现场教学点管理，提高教学水平。

第三十二条 各级党委应当加强对党校（行政学院）工作的领导，履行办好、管好、建好党校（行政学院）的主体责任，选优配强领导班子，按照实用、安全、有效的原则加强和改善基础设施和办学条件。

因地制宜推进县级党校（行政学校）分类建设，深化办学体制改革和办学模式创新，不断提升办学能力和水平。

第三十三条 加强干部教育培训机构规范管理和质量提升，调整、整顿办学能力弱的干部教育培训机构。新设干部教育培训机构应当严格按照有关规定程序和机构编制管理权限审批。

第三十四条 干部教育培训主管部门和干部教育培训机构应当注重干部教育培训管理者队伍建设，加强培养，严格管理，促进交流，优化结构，提高素质。

加强干部教育培训理论研究。

第三十五条 干部教育培训机构必须贯彻执行党和国家干部教育培训方针政策和有关党内法规、法律法规，严格落实意识形态工作责任制，加强校风教风学风建设。

第七章 师资、课程、教材、经费

第三十六条 干部教育培训主管部门和干部教育培训机构应当按照政治过硬、素质优良、规模适当、结构合理、专兼结合的原则，建设高素质干部教育培训师资队伍。

第三十七条 从事干部教育培训工作的教师，必须对党忠诚、信念坚定、严守纪律、严谨治学，具有良好的思想道德修养、较高的理论政策水平、扎实的专业知识基础，有一定的实际工作经验，掌握现代教育培训理论和方法，具备胜任教学、科研工作的能力，不得传播违反党的理论和路线方针政策、违反中央决定的错误观点。

第三十八条 注重专职教师队伍建设，创新引才育才机制，完善考核、奖惩和教育培训、实践锻炼制度，专职教师每年参加教育培训的时间累计不少于1个月。逐步建立符合干部教育培训特点的师资队伍考核评价体系和职称评审制度。

第三十九条 注重邀请思想政治素质过硬、实践经验丰富、理论水平较高的领导干部、专家学者和先进模范人物、优秀基层干部等到干部教育培训课堂授课，充分发挥外请教师的作用。干部教育培训主办单位和干部教育培训机构应当加强对外请教师的审核把关。

坚持领导干部上讲台制度。县级以上党政领导班子成员特别是主要领导干部应当带头到党校（行政学院）、干部学院、社会主义学院等授课。

第四十条 中央组织部和各省（自治区、直辖市）党委组织部应当建立完善干部教育培训师资库。有条件的地区和部门可以根据工作需要建立干部教育培训师资库。

第四十一条 干部教育培训主管部门和干部教育培训机构应当完善课程开发和更新机制，构建富有时代特征和实践特色、务实管用的课程体系。

第四十二条 加强精品课程建设，重点开发体现马克思主义中国化时代化最新成果、反映各领域实践党的创新理论的精品课程。

建立干部教育培训精品课程库，实现优质课程资源共享。

第四十三条 适应不同类别干部教育培训的需要，着眼于提高干部综合素质和能力，开发具有政治性、思想性、权威性、指导性、可读性的干部学习培训教材。

第四十四条 全国干部培训教材编审指导委员会负责全国干部学习培训教材规划、编写、审定等工作。地方、部门和干部教育培训机构可以编写符合需要、各具特色的干部学习培训教材。

第四十五条 干部教育培训主管部门和干部教育培训机构应当严格审核把关，优先选用中央有关部门组织编写、推荐的权威教材，也可以选用其他优秀出版物。未经审核把关的教材不得进入干部教育培训课堂。

第四十六条 干部教育培训经费列入各级政府年度财政预算，保证干部教育培训工作需要。

干部教育培训主管部门、干部教育培训主办单位和干部教育培训机构应当严格干部教育培训经费管理，厉行节约，勤俭办学，提高经费使用效益。

第四十七条 各级党委和政府应当加大对革命老区、民族地区、边疆地区、乡村振兴重点帮扶地区干部教育培训支持力度，推动优质培训资源向基层延伸倾斜。

第八章 考核与评估

第四十八条 干部教育培训主管部门和干部教育培训机构应当完善干部

教育培训考核和激励机制。干部接受教育培训情况应当作为干部考核的内容和任职、晋升的重要依据。

第四十九条 干部教育培训考核的内容包括干部的学习态度和表现，理论、知识掌握程度，党性修养、作风养成和遵规守纪情况，以及解决实际问题的能力等。

干部教育培训考核结果应当按照干部管理权限及时反馈组织人事部门。干部教育培训考核不合格的，年度考核不得确定为优秀等次。

第五十条 干部教育培训考核应当区分不同教育培训方式分别实施。脱产培训的考核，由主办单位和干部教育培训机构实施；网络培训的考核，由主办单位和干部所在单位实施。

干部教育培训主管部门和干部教育培训机构应当健全跟班管理制度，加强对干部学习培训的考核与监督。

第五十一条 干部教育培训实行登记管理。各级干部教育培训主管部门和干部所在单位应当按照干部管理权限，建立完善干部教育培训档案，如实记载干部参加教育培训情况和考核结果。

干部参加脱产培训情况应当记入干部年度考核登记表，参加2个月以上的脱产培训情况应当记入干部任免审批表。

第五十二条 干部教育培训主管部门负责对干部教育培训机构进行评估，也可以委托干部教育培训主管部门认可的机构进行评估。

干部教育培训机构评估的内容包括办学方针、培训质量、师资队伍、组织管理、学风建设、基础设施、经费管理等。

干部教育培训主管部门应当充分运用评估结果，指导干部教育培训机构改进工作。

第五十三条 干部教育培训主办单位负责对干部教育培训班次进行评估。

班次评估的内容包括培训设计、培训实施、培训管理、培训效果等。

评估结果应当作为评价干部教育培训机构办学质量的重要标准，作为确定干部教育培训机构承担培训任务的重要依据。

第五十四条 干部教育培训机构负责对干部教育培训课程进行评估。

课程评估的内容包括教学态度、教学内容、教学方法、教学效果等。

干部教育培训机构应当将评估结果作为指导教学部门和教师改进教学的重要依据。

第九章　纪律与监督

第五十五条　各级党委和政府及其有关工作部门、干部教育培训机构、干部所在单位和干部本人必须严格执行本条例。开展干部教育培训工作情况应当作为领导班子考核、巡视巡察和选人用人专项检查的内容。

第五十六条　干部教育培训主管部门会同有关部门对干部教育培训工作和贯彻执行本条例情况进行监督检查,制止和纠正违反本条例的行为,并对有关责任单位和人员提出处理意见和建议。

第五十七条　干部教育培训主办单位和干部教育培训机构违反本条例和有关规定的,由干部教育培训主管部门或者会同有关部门责令限期整改;逾期不改的,给予通报批评;情节严重的,由有关部门对负有领导责任人员和直接责任人员给予组织处理、党纪政务处分。

第五十八条　从事干部教育培训工作的教师违反本条例和有关规定的,由干部教育培训机构或者有关部门视情节轻重给予批评教育、组织处理、党纪政务处分。

第五十九条　干部因故未按规定参加教育培训或者未达到教育培训要求的,应当及时安排补训。对无正当理由不参加教育培训的,由干部管理部门视情节轻重给予批评教育、组织处理。干部弄虚作假获取培训经历的,由干部管理部门按照有关规定严肃处理。

第六十条　干部参加教育培训期间必须严格遵守学习培训和廉洁自律各项规定。违反本条例和有关规定的,由干部教育培训机构视情节轻重给予约谈提醒、通报批评、责令退学等处理;情节严重的,由有关部门给予组织处理、党纪政务处分。

第十章　附　　则

第六十一条　中国人民解放军和中国人民武装警察部队的干部教育培训规定,由中央军事委员会根据本条例制定。

第六十二条　本条例由中共中央组织部负责解释。

第六十三条　本条例自发布之日起施行。

附录四
全国干部教育培训规划(2023—2027年)

干部教育培训是建设高素质干部队伍的先导性、基础性、战略性工程,在推进中国特色社会主义伟大事业和党的建设新的伟大工程中具有不可替代的重要地位和作用。为培养造就政治过硬、适应新时代要求、具备领导社会主义现代化建设能力的高素质干部队伍,结合干部教育培训工作实际,制定本规划。

一、总体要求

高举中国特色社会主义伟大旗帜,坚持马克思列宁主义、毛泽东思想、邓小平理论、"三个代表"重要思想、科学发展观,全面贯彻习近平新时代中国特色社会主义思想,深入贯彻习近平总书记关于党的建设的重要思想,深入贯彻党的二十大精神,认真落实新时代党的建设总要求和新时代党的组织路线,深刻领悟"两个确立"的决定性意义,增强"四个意识"、坚定"四个自信"、做到"两个维护",把深入学习贯彻习近平新时代中国特色社会主义思想作为主题主线,以坚定理想信念宗旨为根本,以提高政治能力为关键,以增强推进中国式现代化建设本领为重点,紧紧围绕新时代新征程党的使命任务,持续深化党的创新理论武装,强化政治训练,加强履职能力培训,深入推进干部教育培训体系改革创新,增强教育培训的时代性、系统性、针对性、有效性,高质量教育培训干部,高水平服务党和国家事业发展,为以中国式现代化全面推进中华民族伟大复兴提供思想政治保证和能力支撑。

本规划的主要目标是:党的创新理论武装更加系统深入,用习近平新时代中国特色社会主义思想凝心铸魂取得显著成效,广大干部理想信念更加坚定、思想意志更加统一、行动步调更加一致,对党的创新理论更加笃信笃行,用以指导实践、推动工作更加自觉。政治训练更加扎实有效,广大干部党性更加坚强,作风更加过硬,政治判断力、政治领悟力、政治执行力不断提高,政治纪律和政治规矩意识进一步增强,自觉在政治立场、政治方向、政治原则、政治道路上同以习近平同志为核心的党中央保持高度一致。履职能力培训更加精准管用,广大干部贯彻新发展理念、构建新发展格局、推动高质量发展能力进一步提高,统筹发展和安全的能力不断提升,专业知识和人文综合素养更加完备。干部教育培训体系更加科学健全,培训内容更具时代性系统性,培训方法更具针对性有效性,培训保障更加坚实有力,培训制度更加规范完备,选育管用机制更加协同高效。

干部教育培训量化指标

1. 学 时 指 标	
干 部 类 别	培训时间要求
县处级以上党政领导干部	每5年参加集中培训累计不少于3个月或550学时
四级调研员及相当层次职级以上公务员(含同时担任乡科级党政领导职务的干部)	^
国有企业相当职务层次以上领导人员	^
事业单位六级管理岗位(职员)以上人员	每年参加网络自学累计不少于50学时
乡科级党政领导干部(不含已晋升四级调研员及相当层次职级以上公务员)	每年参加集中培训累计不少于12天或90学时
一级主任科员及相当层次职级以下公务员	^
国有企事业单位其他管理人员	^
专业技术人员	^

2. 教 学 指 标
(1)市级以上党校(行政学院)总体教学安排中,党的理论教育和党性教育课程的比重不低于每学期总课时的70%,其中党性教育课程的比重不低于每学期总课时的20%。

续 表

2. 教学指标
（2）各级党校（行政学院）、干部学院举办的党性教育培训班次中，课堂教学的比重不低于总课时的50%。
（3）各级党校（行政学院）主体班次中，领导干部讲课课时不低于每学期总课时的20%。
（4）市级以上党校（行政学院）、干部学院主体班次中，运用具有干部教育培训特色的案例式教学的课程比重不低于每学期总课时的15%，运用研讨式、模拟式、体验式、访谈式等其他互动式教学的课程比重不低于每学期总课时的20%。
3. 课程更新指标
（1）省级以上的党校（行政学院）、干部学院主体班次课程更新率年均不少于20%。
（2）省级以上干部网络培训平台课程更新每年不少于100学时。

注：1. 集中培训主要包括以下4种情形：（1）经组织选调参加的脱产培训；（2）参加党委（党组）理论学习中心组学习；（3）经组织统一安排，在规定时限内参加并完成学习任务的网络专题培训；（4）由组织安排，采取线上、线下等方式，在特定时间、指定地点参加的集中宣讲、专题讲座等。

2. 网络自学学时，主要指干部个人在组织人事部门认可的网络培训平台完成的学时。

二、坚持不懈用习近平新时代中国特色社会主义思想凝心铸魂

（一）聚焦聚力、久久为功。完善干部理论教育培训长效机制，落实党的创新理论学习教育计划，组织实施习近平新时代中国特色社会主义思想教育培训计划（专栏1），系统谋划、持续用力，不断把思想铸魂、理论武装工作引向深入。坚持把习近平新时代中国特色社会主义思想作为党委（党组）理论学习中心组学习首要内容，作出具体安排、精心组织实施；作为各级党校（行政学院）、干部学院、社会主义学院主课必修课，办好理论进修班、理论研修班；作为干部学习的中心内容，全面系统学、持续深入学、联系实际学。以县处级以上党员领导干部为重点，开展习近平新时代中国特色社会主义思想和党的二十大精神集中轮训；深入开展主题教育，通过专题学习、研讨交流、主题党课、调查研究、建章立制等形式，推动党的创新理论学习教育走深走实走心，使广大干部更加深刻领悟"两个确立"的决定性意义，更加自觉增强"四个意识"、坚定"四个自信"、做到"两个维护"。

> 专栏 1

习近平新时代中国特色社会主义思想教育培训计划

1. 组织开展习近平新时代中国特色社会主义思想和党的二十大精神集中轮训。中央组织部负责组织中管干部、中央和国家机关厅局级正职领导干部到中央党校(国家行政学院)开展专题轮训。各地区各部门按照干部管理权限，抓好各级干部集中轮训。中国干部网络学院和各级各类干部网络培训平台开设学习专栏。

2. 中央组织部制定新一轮中管干部5年脱产进修计划。各地区各部门统筹制定年度培训计划，组织各级各类干部参加习近平新时代中国特色社会主义思想集中培训。

3. 中央组织部每年安排部分中管干部和一定数量厅局级领导干部到中央党校(国家行政学院)等进行理论学习，每年安排不少于50名厅局级理论骨干到中央党校(国家行政学院)参加习近平新时代中国特色社会主义思想理论研修班。

4. 中央党校(国家行政学院)、中央组织部研究制定习近平新时代中国特色社会主义思想课程体系和教学大纲。

5. 全国干部培训教材编审指导委员会组织编写第六批全国干部学习培训教材，组织编写贯彻落实习近平新时代中国特色社会主义思想案例。各地区各部门结合实际，编写特色教材。

6. 中央组织部向全国推荐习近平新时代中国特色社会主义思想好课程、好教材。

7. 各地区各部门结合实际，建设一批反映习近平新时代中国特色社会主义思想生动实践的现场教学点，打造精品教学路线。

(二)讲深学透、入脑入心。组织理论攻关，加强理论阐释，讲清楚习近平新时代中国特色社会主义思想的科学体系和核心要义，讲清楚"两个结合"的历史逻辑、理论逻辑、实践逻辑，讲清楚这一思想的世界观、方法论和贯穿其中的立场观点方法，讲清楚这一思想的道理学理哲理，教育引导干部正确认识把握这一思想的精神实质。改进理论教学，开展集体备课，坚持历史和现实相贯通、国际和国内相关联、理论和实际相结合，推行课堂讲授、案例解析、现场感悟相结合的教学方式，增强理论教育的吸引力感染力说服力。中央党校(国家行政学院)和中国浦东、井冈山、延安干部学院发挥示范引领作用,举办党的创新理论教学研讨会,组织开展精品课程点评观摩交流活动。组织干部读原著学原文、悟原理知原义,原原本本研读《习近平谈治国理政》、《习近平著作选读》、《习近平新时代中国特色社会主义思想专题摘编》等重要著作,跟进学习习近平总书记最新重要讲话和重要论述。完善理论学习考核评价机制,强化述学评学,把学习贯彻习近平新时代中国特色社会主义思想情况作为考核领导班子和衡量领导干部思想政治素质的重要内容。

(三)知行合一、推动工作。坚持学思用贯通、知信行统一,引导干部深刻领悟习近平新时代中国特色社会主义思想蕴含的坚定理想信念、真挚为民情怀、高度历史自信、无畏担当精神,筑牢信仰之基、补足精神之钙、把稳思想之舵,真正做习近平新时代中国特色社会主义思想的坚定信仰者和忠实实践者。坚持学用结合、学以致用,引导教师联系实际教、干部联系实际学,紧密结合实践遇到的新问题、改革发展稳定存在的深层次问题、人民群众急难愁盼问题、国际变局中的重大问题、党的建设面临的突出问题,从党的创新理论中悟规律、明方向、学方法、增智慧,在深化、内化、转化上下功夫,不断提高战略思维、历史思维、辩证思维、系统思维、创新思维、法治思维、底线思维能力,把习近平新时代中国特色社会主义思想转化为坚定理想、锤炼党性和指导实践、推动工作的强大力量。

三、围绕深刻领悟"两个确立"的决定性意义、做到"两个维护",强化政治训练

(一)明确政治训练重点内容。加强党的理论教育,以深入学习贯彻习近平新时代中国特色社会主义思想为主题主线,组织干部深入学习党的基本理论、基本路线、基本方略,提高把握方向、把握大势、把握全局的能力。把党性教育贯穿教育培训全过程,突出党章和党规党纪学习教育,强化政治忠诚教育,加强政治纪律和政治规矩教育,强化民主集中制教育和正确权力观、政绩观、事业观教育,加强斗争精神和斗争本领养成,开展党的全面领导、党的建设等方面培训,提高干部辨别政治是非、保持政治定力、驾驭政治局面、防范政治风险的能力;强化党的宗旨、革命传统教育,开展党史、新中国史、改革开放史、社会主义发展史、中华民族发展史学习培训,坚持用以伟大建党精神为源头的

中国共产党人精神谱系教育干部,加强党风廉政教育,坚决反对"四风",永葆共产党人政治本色;加强铸牢中华民族共同体意识教育,引导干部树立正确的国家观、历史观、民族观、文化观、宗教观;加强社会主义核心价值观教育、中华优秀传统文化教育、中华民族传统美德教育,强化政德教育、警示教育,开展家庭家教家风教育。

(二)突出"关键少数"政治训练。坚持把政治训练贯穿干部成长全周期,使干部的政治素养、政治能力与担负的领导职责相匹配。强化"一把手"政治培训,有计划地选调地方、部门、国有企事业单位主要负责同志到党校(行政学院)、干部学院参加专题培训。实施"一把手"政治能力提升计划(专栏2)。省(自治区、直辖市)、市(地、州、盟)、县(市、区、旗)党政领导班子成员每2至3年到党校(行政学院)、干部学院至少接受1次系统的党的创新理论教育和党性教育,5年内累计不少于2个月。围绕提高政治能力和领导能力,加强机关司局长、处长任职培训。重视对女干部、少数民族干部、党外干部等的政治培训。加强对高层次人才的政治引领,中央组织部会同有关单位每年组织一定数量人才开展国情研修。

专栏2

"一把手"政治能力提升计划

1. 就关系党和国家工作全局的重大理论和现实问题定期举办省部级主要领导干部专题研讨班。

2. 中央组织部定期选调中管金融企业、中管企业和中管高校主要负责同志参加提高政治能力专题培训。

3. 市县党政正职每2至3年至少接受1次系统的党的创新理论教育和党性教育。中央组织部适时安排市(地、州、盟)党政主要负责同志、县(市、区、旗)党委书记参加相关培训。

4. 抓好市县党政正职任职培训,中央组织部举办新任职市(地、州、盟)党政正职和县(市、区、旗)党委书记专题培训班,各省(自治区、直辖市)抓好县(市、区、旗)政府正职培训。

5. 各地区各部门抓好各级主要领导干部和国有企事业单位主要负责同志政治能力培训。

（三）加强年轻干部政治训练。强化习近平新时代中国特色社会主义思想学习教育，突出政治忠诚教育、理想信念教育、纪律规矩教育，加强优良传统作风和责任感使命感教育，强化斗争意识，综合运用理论讲授、政策解读、案例教学、现场体验等方式开展系统培训。党委（党组）负责同志要讲好"开班第一课"。安排思想政治素质过硬、理论水平较高、实践经验丰富的领导干部上讲台授课。探索推行"政治辅导员"、"导师帮带"制度。通过开展党性分析、实践锻炼、过"政治生日"、重温入党誓词等方式，锤炼党性修养、提高政治觉悟。实施年轻干部理想信念强化计划（专栏3）。

专栏3

年轻干部理想信念强化计划

1. 各级组织人事部门研究制定新一轮年轻干部培训工作计划。

2. 分类分级开展年轻干部培训，有计划地安排优秀年轻干部到党校（行政学院）、干部学院培训，5年内完成轮训。

3. 中央党校（国家行政学院）每年春季、秋季学期举办中青年干部培训班。中央组织部选调优秀年轻干部参加培训。

4. 中央组织部、中央党校（国家行政学院）通过线上线下相结合的方式，每年联合举办全国新录用公务员初任培训班。

5. 各地区各部门根据年轻干部不同成长阶段特点，用好红色资源，加强初任培训、任职培训、在职培训和实践锻炼。注重依托中国浦东、井冈山、延安干部学院和省（自治区、直辖市）党性教育干部学院开展年轻干部政治培训。

四、加强履职能力培训，增强推进中国式现代化建设本领

（一）聚焦"国之大者"。围绕贯彻落实党的二十大作出的重大战略部署，分层级分领域分专题开展建设现代化产业体系、全面推进乡村振兴、提升城镇化发展质量、促进区域协调发展、建设世界一流企业、办好人民满意的教育、推进科技自立自强、发展全过程人民民主、坚持全面依法治国、发展文化事业、国际传播能力建设、推进碳达峰碳中和、贯彻总体国家安全观、增强维护国家安全能力、深化公共安全治理和社会治理、防范化解金融风险、应急管理和突发事件处置、增强党组织政治功能和组织功能等专题培训，提高干部推动高质量

发展本领、服务群众本领、防范化解风险本领。坚持干什么学什么、缺什么补什么，加强与岗位职责相匹配的通识教育培训，重点开展经济、政治、文化、社会、生态文明、党的建设、宪法和法律法规等知识学习培训，开展军事、国防、外交、统战、教育、科技和民族、宗教、财税、金融、统计、信访、保密、应急管理、城市建设、公共卫生、舆情应对、基层治理、反垄断、知识产权及身心健康等知识学习培训，引导干部及时填知识空白、补素质短板、强能力弱项。加强信息技术、人工智能、生物技术、新能源、新材料等新知识新技能学习培训，开阔干部视野。

（二）拓宽培训渠道。根据党政领导干部、国有企事业单位领导人员和机关公务员、年轻干部、基层干部、专业技术人员等不同对象特点，整合优质资源，多渠道多方面开展履职能力培训。发挥各级党校（行政学院）、干部学院主体作用，围绕党中央重大决策部署和国家重大战略需求、地方党委和政府中心工作开展专题培训；发挥部门行业培训机构特色优势，开展专门政策解读、重点任务落实等专题培训；发挥国有企业培训机构作用，开展国有企业领导人员治企兴企、提高企业核心竞争力、强化企业科技创新主体地位等专题培训；发挥干部教育培训高校基地学科专业优势，开展新知识新技能等培训；发挥基层干部教育培训机构特色优势，开展基层干部实务培训；发挥专业技术人员继续教育基地资源优势，开展专业技术能力提升培训；发挥职业学校（含技工院校）培养高技能人才的基础性作用，开展技术技能培训；发挥中国干部网络学院等网络学习平台广覆盖、便捷化的优势，抓好履职通识培训；发挥派出单位和接收单位协作优势，抓好援派帮扶干部人才、挂职干部等教育培训。积极创造条件，支持干部在职自学。实施干部履职能力提升计划（专栏4）。

专栏 4

干部履职能力提升计划

1. 中央组织部每年在中央党校（国家行政学院）、国防大学、中国浦东干部学院、全国干部教育培训高校基地等举办专题培训班，有计划地调训省部级、厅局级领导干部和国有企事业单位领导人员、市（地、州、盟）党政正职。

2. 中央组织部会同有关部委，每年举办专题研究班，有计划地调训市（地、州、盟）、县（市、区、旗）党政领导班子成员。

3. 中央组织部每年安排不少于1/5的中管金融企业、中管企业领导班子成员到国家级干部教育培训机构培训，国务院国资委抓好国务院国资委党委管理领导班子的中央企业领导人员培训。

4. 中央组织部会同有关行业主管部门,分行业举办事业单位领导人员培训班,每年安排一定数量的事业单位领导人员参加培训。

5. 中央组织部、中央和国家机关工委每年举办专题研修班,有计划地调训中央和国家机关厅局级领导干部;中央和国家机关工委每年安排一定数量的中央和国家机关党务干部参加示范培训。

6. 中央组织部会同有关部委,每年组织实施公务员对口培训计划。

7. 中央宣传部会同有关部门,每年选调一定数量的哲学社会科学教学科研骨干、新闻和文化工作骨干到国家级干部教育培训机构培训。

8. 中央统战部会同中央组织部,每年选调部分市(地、州、盟)领导班子成员、宗教工作领导干部到中央党校(国家行政学院)培训,定期在国家级干部教育培训机构举办厅局级以上党外干部培训班。

9. 中央社会工作部会同中央组织部,每年选调一定数量的社会工作骨干和全国性行业协会商会、"两企三新"党建工作骨干到国家级干部教育培训机构培训。

10. 人力资源社会保障部会同有关部门,实施知识更新工程,每年培训一定数量高层次、急需紧缺和骨干专业技术人才,组织开展新疆、西藏等地方少数民族专业技术人才特殊培养工作,开展专业技术人员继续教育。

11. 中央组织部和各省(自治区、直辖市)党委组织部每年组织开展基层干部示范培训,安排一定数量的基层骨干师资和基层干部教育培训管理者参加;各市(地、州、盟)党委组织部每年至少对乡镇(街道)党政正职和分管党建工作的副书记、组织委员培训1次;各县(市、区、旗)党委组织部会同社会工作部每年至少对村(社区)党组织书记和村(居)委会主任、驻村第一书记和工作队员培训1次,对村(社区)其他干部每3年轮训1次,加强村(社区)后备力量培训。

12. 各地区各部门结合各自职责和工作实际,开展各级各类干部和专业技术人才能力培训。

(三)突出实战实效。强化实践导向、问题导向、效果导向,把准培训需求,加强培训设计,选优配强师资,综合运用多种方式方法开展实战化培训。坚持"干而论道",注重邀请领导干部、专家学者、基层干部、先进典型等授课,让懂政策的人讲政策、有经验的人谈经验、会方法的人教方法。紧贴业务实操,加大案例教学比重,把实践中鲜活生动的案例及时运用到教育培训中;运用情景模拟、桌面推演、工作复盘等方法,让干部在仿真情境中学习如何处理问题、化解矛盾、防范风险。加强案例开发和实训室建设。

五、推进培训资源建设,夯实培训保障基础

(一)培训机构建设。推进各级党校(行政学院)建设,以教学督导、师资培养、质量评估为重点,强化上级党校(行政学院)对下级党校(行政学院)的业务指导,不断提高办学水平。推进县级党校(行政学校)分类建设。加强社会主义学院建设。进一步提升部门行业培训机构、国有企业培训机构办学质量。加强对干部教育培训高校基地、基层干部教育培训机构办学指导。开展党校(行政学院)、省(自治区、直辖市)党性教育干部学院、干部教育培训高校基地办学质量评估。加强各类党员干部教育培训机构规范管理,严控新设以党员干部为培训对象的培训机构。支持地方、部门联合开展培训,鼓励干部教育培训机构开展区域协作交流,推动优质培训资源共享。实施干部教育培训机构质量提升计划(专栏5)。

专栏5

干部教育培训机构质量提升计划

1. 中央党校(国家行政学院)要发挥为党育才、为党献策的独特价值,着力提升以习近平新时代中国特色社会主义思想为中心内容的理论教育教学质量;增强党性教育的实效性,完善党性教育教学大纲;推进高素质教师队伍建设,大力推进名师工程,持续实施学术骨干系统培养等人才计划,全面提升青年教师素质能力;深化教学改革,推进教学方式方法创新,完善激励考核机制;加强校风教风学风建设;加强对全国党校(行政学院)系统的业务指导。

地方党校(行政学院)加强以习近平新时代中国特色社会主义思想为主的马克思主义理论学科建设,深入推进马克思主义经典文献研读工程,推进党性教育学科建设,加强师资队伍建设,健全办学质量评估长效机制,不断提高教学科研和管理服务水平。

深化和巩固县级党校(行政学校)分类建设成效,逐步实现应建尽建,因地制宜推进县级党校(行政学校)办学体制改革和办学模式创新。由市级党校(行政学院)牵头建立市、县两级优质师资共建共享机制。推进乡镇

(街道)党校规范化建设,强化县级党校(行政学校)对乡镇(街道)党校的业务指导。

2. 中国浦东、井冈山、延安干部学院构建形成以习近平新时代中国特色社会主义思想为统领的特色课程教材体系;深化教学科研改革,发挥资源禀赋优势,打造精品课程,创新教学方式方法;加大人才引进力度,实施名师培养工程、骨干教师能力提升计划,稳妥推进与高校合作共建,健全院地合作共建机制,制定高质量发展指标体系,进一步提高学院建设和管理水平。

3. 省(自治区、直辖市)党性教育干部学院深入挖掘利用红色资源,提升办学能力,不断推动规范化、特色化、内涵式发展。中央组织部会同相关单位开展办学质量评估,做到动态管理、优进绌退。

4. 部门行业培训机构、国有企业培训机构注重师资培养和课程建设,提升办学水平,构建具有自身特色的培训体系。组织部门会同有关部门稳妥推进部门行业培训机构优化整合工作。

5. 干部教育培训高校基地提升规范化管理水平,积极服务干部教育培训。组织部门会同有关部门开展干部教育培训高校基地办学质量评估,优化干部教育培训高校基地布局。

(二)师资队伍建设。加大名师培养引进力度,把干部教育培训师资纳入各级人才政策支持范畴,努力造就一批对党忠诚、精通党的创新理论、授课水平高、在学科领域有影响力的知名教师。完善专职教师知识更新和实践锻炼制度,加强师资队伍党性教育和业务培训,国家级干部教育培训机构每年培训2 000名地方和部门行业培训机构的骨干教师,省级党校(行政学院)5年内将市、县两级党校(行政学院)教师培训一遍。鼓励国家级干部教育培训机构和省、市两级党校(行政学院)教师到基层党校(行政学校)、省(自治区、直辖市)党性教育干部学院支教。评聘干部教育名师,推广"名师带徒"等方式,利用"名师工作室"等平台,加强中青年骨干教师培养。大力推进领导干部上讲台。注重在领导干部、先进模范人物、优秀基层干部中遴选培养师资。分级建设师资库。探索建立符合干部教育培训特点的师资队伍考核评价体系和职称评审制度。

(三)课程教材建设。研究制定全国干部教育培训好课程、好教材推荐指标体系,5年内推荐300门左右好课程、50种左右好教材,其中案例课程、案例教材不少于1/3。大力推进案例课程建设,及时把工作实践中的最新成果、新鲜经验运用到教学中。各地区各部门结合实际开发通用教材、专业教材、区域教材和"乡土教材"。

(四)经费保障。各级政府要将干部教育培训经费列入年度财政预算,保证工作需要。做好基层干部教育培训经费保障,地方各级党委可以使用留存的党费组织培训基层党员干部。财政困难地方可按规定统筹使用自有财力和上级相关转移支付开展干部教育培训工作。重视对县级党校(行政学校)建设的支持。加大对革命老区、民族地区、边疆地区、乡村振兴重点帮扶地区干部教育培训支持力度。加强干部教育培训经费管理,保证专款专用,提高使用效益。

六、推动网络培训体系建设,提升干部教育培训数字化水平

(一)推进网络培训平台建设。制定干部网络培训指导意见,推行干部网络培训通用标准,健全干部网络培训国家标准体系。建设以中国干部网络学院为引领、省(自治区、直辖市)和部门行业网络培训平台为支撑、各单位网络培训平台为补充的平台体系,逐步形成互联互通、开放共享的网络培训格局。出台干部网络培训学时管理办法,探索建立平台之间学时互认机制。加强干部网络学习成效考核,规范网络学习行为。组织开展平台建设、运行情况评估。严格落实国家信息安全等级保护和数据分类分级保护等制度,按照"谁主管谁负责、谁建设谁负责"的原则,强化网络培训安全保障。

(二)加强网络培训课程建设。鼓励党校(行政学院)、干部学院和部门、企业、高校等组织开发精品网络课程。注重把握网络教学特点和规律,改进授课方式,提高制作水平,丰富呈现形式,提升课程质量。严把网络课程政治关、质量关,规范讲授、制作、审核、发布和更新、退出流程。充分发挥网络培训优势,推动优质资源下基层。用好网络直播培训形式,增强现场体验感。实施干部网络培训提质增效计划(专栏6)。

专栏6

干部网络培训提质增效计划

1. 健全干部网络培训通用标准。加大《干部网络培训业务管理通用要求》等10项国家标准实施力度。推进系统开发、功能规范、数据定义、课程分类等新国家标准制定工作。

2. 加强网络课程建设。提升课程设计、编辑、制作水平，开发图文、影音集成交互等多种形式的网络课程。推荐全国干部教育培训网络好课程。党校（行政学院）、干部学院教师根据教学需求开发网络课程应计入教学工作量。

3. 提升网络培训成效。探索创建网上研讨室、在线学习社区等，加强学员、教师间的互动交流。探索设置网上班主任、学习管理员等，完善学习督促、提醒等制度。

4. 推动现代信息技术应用。鼓励虚拟现实、增强现实、混合现实、人工智能等技术在干部教育培训中的应用，推动干部学习数字化、智能化。

（三）加快培训管理数字化。分级建立干部教育培训信息管理系统，完善干部培训档案，实现信息精准记录、标准化管理。加强大数据技术的运用，用好培训记录、培训需求、参训表现等数据，绘制可量化、可评价的干部"学习图谱"。加快干部教育培训机构"智慧校园"、"智慧课堂"建设。

七、深化改革创新，提高干部教育培训质量和活力

（一）完善制度机制。着力构建科学规范、系统集成、协同高效、执行有力的干部教育培训制度体系，制定加强国有企业领导人员培训工作意见、省（自治区、直辖市）党性教育干部学院高质量发展指导意见等。完善需求调研、计划生成会商机制，统筹干部教育培训与公务员培训、党员教育培训，加强干部教育培训主管部门与行业主管部门、培训机构、干部所在单位沟通协商。完善组织调训机制，严格执行调训审批、报备等规定，完善点名调训和补训制度，实现科学调训、精准调训，定期通报调训情况。完善双重管理干部培训机制。完善东西部协作和定点帮扶、对口支援培训机制。

（二）改进方式方法。鼓励加强干部教育培训方式方法创新。综合运用研讨式、案例式、模拟式、体验式、访谈式等方法，推行结构化研讨、行动学习等研究式学习，探索翻转课堂等方法，开展教学方法运用示范培训。

（三）加强考核评估。创新学员考核评价方式，在中长期班次中推行学员表现全程纪实管理、考核，建立全方位评价体系，探索训后跟踪考核机制。加强对干部教育培训机构、班次、课程的质量评估，坚持定量与定性相结合，进一步完善评估指标体系，评估结果作为干部教育培训机构改进工作、提高办学质量的重要依据，以评促改、以评促建。

（四）严格培训管理。加强培训机构管理，严格落实意识形态工作责任制，落实中央八项规定及其实施细则精神，厉行勤俭节约，弘扬学习之风、朴素之风、清朗之风。加强教师管理，重视师德师风建设，严肃讲坛纪律。加强学员管理，发挥学员党支部和班委会作用，严肃培训期间党内政治生活，严格执行学员管理相关规定。建立学风督查长效机制，发现问题及时整改并按规定严肃追究相关单位和人员责任。

（五）注重理论研究。围绕干部教育培训工作的重大理论和现实问题，深入开展课题研究，举办理论研讨会。中央党校（国家行政学院）办好《干部教育研究》。

八、组织领导

各级党委（党组）要加强对干部教育培训工作的领导，把干部教育培训工作纳入党的建设整体部署，围绕本规划提出的目标和任务，结合实际制定本地区本部门贯彻落实举措；开展巡视巡察和选人用人专项检查过程中，要注意了解规划实施情况。各级党委（党组）主要负责同志要认真履行职责，及时研究解决干部教育培训工作中的困难和问题。干部教育领导小组或联席会议要完善议事协调机制，发挥协调指导作用。各级组织人事部门要在党委（党组）领导下抓好规划贯彻实施。

中央组织部对规划实施情况进行督促检查，开展中期和5年总结评估工作，并通报有关情况。

中国人民解放军和中国人民武装警察部队的干部教育培训工作，由中央军委根据本规划精神制定实施意见。

附录五
中国共产主义青年团干部教育培训工作条例

(2024年1月5日共青团中央书记处会议审议批准,2024年1月9日共青团中央发布)

第一章 总 则

第一条 为了深入学习贯彻习近平新时代中国特色社会主义思想,提高新时代新征程团干部教育培训工作的科学化、制度化、规范化水平,培养造就忠诚干净担当的高素质团干部队伍,根据《干部教育培训工作条例》、《中国共产主义青年团章程》等,制定本条例。

第二条 制定本条例,旨在推动《干部教育培训工作条例》在共青团落实落地,团干部教育培训工作必须在全面贯彻《干部教育培训工作条例》基础上,结合共青团工作实际开展。

第三条 团干部教育培训是建设高素质团干部队伍的先导性、基础性、战略性工程,必须高举中国特色社会主义伟大旗帜,坚持马克思列宁主义、毛泽东思想、邓小平理论、"三个代表"重要思想、科学发展观,全面贯彻习近平新时代中国特色社会主义思想,深入贯彻习近平总书记关于党的建设的重要思想和习近平总书记关于青年工作的重要思想,认真落实新时代党的建设总要求和党的组织路线,深刻领悟"两个确立"的决定性意义,增强"四个意识"、坚定"四个自信"、做到"两个维护",为做好新时代新征程党的青年工作提供思想政治保证和能力支撑。

第四条 团干部教育培训工作应当遵循以下原则:

(一)坚持政治统领。旗帜鲜明讲政治,坚持和加强党的全面领导,紧紧围绕习近平总书记提出的铸牢团干部对党忠诚的政治品格的重要要求开展团干部教育培训,始终坚持"党旗所指就是团旗所向"。

(二)坚持按需施教。围绕组织需求、岗位需求、干部需求,把培训需求调研贯穿培训全过程,全面提升团干部政治能力、理论素养、群众工作本领。

(三)坚持分级分类。按照分级负责、统筹规划的方式,构建科学完备、系统集成的团干部教育培训体系,推动优质培训资源向基层延伸倾斜,不断增强团干部教育培训的时代性、系统性、针对性、有效性。

(四)坚持学以致用。弘扬理论联系实际的马克思主义学风,在团干部教育培训中坚持问题导向,引导团干部加强主观世界和客观世界改造,做到学思用贯通、知信行统一。

(五)坚持从严治训。将严和实的要求落到团干部教育培训的全过程、各方面,依规依法开展团干部教育培训,从严治校、从严治教、从严治学,保持良好的教学秩序和学习风气。

第五条 团干部教育培训工作在共青团中央领导下,由各级团的领导机关分级管理,各系统行业团组织分工负责。各级团的组织部门履行具体组织实施和管理职责。

第二章　教育培训对象

第六条 团干部教育培训的对象是全体团的干部。团干部有接受教育培训的权利和义务。

第七条 团干部应当根据实际情况,在按照要求参加全国干部教育培训的基础上,另外参加共青团专题培训、集中轮训、任职培训等教育培训。

第八条 团的领导机关乡科级及以上领导干部、四级主任科员及以上职级公务员应当每5年内到团干部教育培训机构参加1个月或者180学时以上的共青团系统性培训,乡科级以下干部、四级主任科员以下职级公务员每5年内累计参加共青团培训不少于12天或者90学时。

团的基层组织县处级及以上领导干部、四级调研员及相当层次职级(含)以上干部应当每5年内到团干部教育培训机构参加1个月或者180学时以上的共青团系统性培训。各领域基层团干部每5年内累计参加共青团培训不少于5天或者40学时。

第九条 依据《干部教育培训工作条例》,团干部在参加组织选派的脱产教育培训期间,一般应当享受在岗同等待遇,一般不承担所在单位的工作、会议、出国(境)考察等任务。因特殊情况确需请假的,必须严格履行请假手续,累计请假时间原则上不得超过总学时的1/7,超过的应当予以退学。

第三章 教育培训内容

第十条 团干部教育培训以深入学习贯彻习近平新时代中国特色社会主义思想为主题主线,以理论教育、党性教育和履职能力培训为重点,注重知识培训,全面提升团干部政治能力、理论素养、群众工作本领。

第十一条 理论教育立足于团干部思想理论武装,突出党的创新理论教育,坚持用习近平新时代中国特色社会主义思想统一思想、统一意志、统一行动,讲清楚"两个结合"的历史逻辑、理论逻辑、实践逻辑,教育引导团干部全面系统掌握这一思想的基本观点、科学体系,把握好这一思想的世界观、方法论,坚持好、运用好贯穿其中的立场观点方法,深刻领悟"两个确立"的决定性意义,增强"四个意识"、坚定"四个自信"、做到"两个维护",不断提高政治判断力、政治领悟力、政治执行力,自觉在思想上、政治上、行动上同以习近平同志为核心的党中央保持高度一致。帮助团干部深入学习领会习近平总书记关于青年工作的重要思想,学习掌握党的青年工作的地位作用、目标任务、职责使命、实践要求,为做好新时代新征程党的青年工作打牢思想基础。

第十二条 党性教育立足于团干部政治品格锻造,帮助团干部不断提高思想觉悟、精神境界、道德修养,不断提高战略思维、历史思维、辩证思维、系统思维、创新思维、法治思维、底线思维能力,重点开展理想信念、党的宗旨、革命传统、党风廉政教育。突出党章和党规党纪学习教育,强化政治忠诚教育,加强政治纪律和政治规矩教育,加强斗争精神和斗争本领养成,深入开展党史、新中国史、改革开放史、社会主义发展史、中华民族发展史学习教育,坚持用以伟大建党精神为源头的中国共产党人精神谱系教育团干部,坚持用共青团百年来与党同心、跟党奋斗的光荣传统教育团干部,加强铸牢中华民族共同体意识教育,开展社会主义核心价值观教育、中华优秀传统文化教育、中华民族传统美德教育,开展政德教育、警示教育,教育引导团干部树立正确的权力观、政绩观、事业观。

第十三条 履职能力培训立足于团干部实战本领提升,围绕"国之大者",加强专业训练,不断增强团干部推动高质量发展本领、服务青年群众本领、防范化解风险本领,提高团干部团结动员广大团员青年积极投身中国式现代化建设,在科技创新、乡村振兴、绿色发展、社会服务、卫国戍边等各领域各方面争当排头兵和生力军的能力。开展党领导下的中国青年运动史、团史教育培训,开展党内、团内规章制度和政策文件解读培训,开展全面从严管团治团等纪律教育培训,帮助团干部更好掌握党的青年工作理论和青年政策、青年群众工作路径方法等。

第十四条　知识培训立足于团干部综合素养提高,根据岗位特点和工作要求,加强各种新知识新技能的教育培训,帮助团干部优化知识结构、完善知识体系。

第四章　教育培训方式方法

第十五条　团干部教育培训坚持集中教育和经常性教育相结合,组织培训和个人自学相结合,采取脱产培训、理论学习中心组学习、网络培训、在职自学等方式进行。

第十六条　建立健全脱产培训制度,以组织调训为主。各级团的组织部门负责制定团干部调训计划,选调干部参加脱产培训,对重点岗位的团干部可以实行点名调训。共青团中央安排的系统性培训班次,每年初下达全年调训计划,各省级团委依计划申报参训人员,确定到班、明确到人。对同一年度已列入各级党委系统性培训班次计划的团干部,可以不安排共青团中央系统性培训班次调训。各级团组织参照开展组织调训。团干部必须服从组织调训。

第十七条　建立健全团的各级领导机关班子成员理论学习中心组学习制度,每季度以形势任务报告、专题辅导、交流研讨等形式开展不少于1次集体学习。

第十八条　建立健全在职自学和网络培训制度,充分运用现代信息技术,建立兼容、开放、共享、规范的网络培训体系,提高团干部教育培训教学和管理数字化水平,用好大数据、人工智能等技术手段,为团干部提供必要学习条件。

第十九条　团干部教育培训应当根据内容要求和团干部特点,综合运用讲授式、研讨式、案例式、模拟式、体验式、访谈式、行动学习等方法,突出仪式教育和光荣感教育,突出实战实效,加强实践教学,实现教学相长、学学相长。

第五章　团干部教育培训机构

第二十条　加强团干部教育培训机构建设,构建以中央团校、全国青少年井冈山革命传统教育基地为龙头,各级团校、团干部教育培训基地相互补充、布局合理、规范有序的培训机构体系,实现优质培训资源共建共享。

本条例中的团校是指以团干部为主要对象,开展系统性培训的机构。

第二十一条 团校应当把握建设党在青年工作领域特色鲜明政治学校的根本定位,围绕为党育才、为党献策的根本任务,发挥培训团干部的主渠道作用,突出政治培训,努力为新时代新征程党的青年工作和共青团建设提供人才智力支持。

团干部教育培训基地应当突出专业化办学特色,在实践教育中发挥引领作用。

各类团干部教育培训机构应当加强交流合作,通过联合办学等方式,促进资源优化配置。

第二十二条 各级团校应当以教学为中心,深化教学改革,优化学科结构,完善培训内容,配合各级团的领导机关、培训主办单位科学设置培训班次和学制,改进课程设计,创新教学方法,规范现场教学点管理,提高教学水平。加强学科建设,重点建设以习近平新时代中国特色社会主义思想为主的马克思主义理论学科,推进群团特色学科建设。加强学术平台建设,强化团干部教育培训的人才支撑。加强科研工作和决策咨询,推动教学、研究、咨政融合联动发展。开放式办学办训,扩大国内国际交流合作,与党校(行政学院)、干部学院、高等院校、科研机构等建立合作机制。建立适应团干部教育培训特点和需要的实践教学基地。

第二十三条 各级团的领导机关应当加强对团校建设的支持,加强工作领导,履行办好、管好、建好团校的主体责任,选优配强团校领导班子。建强人才队伍,建立健全师资考核评价体系、职称评审和岗位聘用办法等人才激励机制,推动团校教师纳入各级人才政策支持范畴,享受国家规定的同级国民教育教师或党校教师有关待遇。改善办学条件,积极争取党委、政府支持,按照实用、安全、有效的原则,保障团校教室、宿舍、食堂等基础设施建设和工作所需经费。

第二十四条 加强团干部教育培训机构规范管理和质量提升,团干部教育培训机构应当具备承接大规模团干部教育培训的能力,调整、整顿办学能力弱的团干部教育培训机构。依据《干部教育培训工作条例》,新设团干部教育培训机构应当严格按照有关规定程序和机构编制管理权限审批。

第二十五条 团干部教育培训机构应当注重团干部教育培训管理者队伍建设，完善跟班管理制度，实行班主任责任制，注重对跟班管理人员的教育管理。

第二十六条 团干部教育培训机构必须贯彻执行党和国家干部教育培训方针政策和有关党内法规、法律法规，严格落实意识形态工作责任制，加强校风教风学风建设。严格按照有关规定规范团干部教育培训收费标准，严禁借团干部教育培训之名谋取不当利益。

第六章 师资、课程、教材、经费

第二十七条 团干部教育培训机构应当按照政治过硬、素质优良、规模适当、结构合理、专兼结合的原则，建设高素质团干部教育培训师资队伍。

第二十八条 从事团干部教育培训工作的教师，必须对党忠诚、信念坚定，严守纪律、严谨治学，具有良好的思想道德修养、较高的理论政策水平、扎实的专业知识基础，有一定的实际工作经验，掌握现代教育培训理论和方法，具备胜任教学、科研工作的能力。

第二十九条 注重专职教师队伍建设，创新引才育才机制，完善考核、奖惩和教育培训、实践锻炼制度。加强专职教师管理，授课教师、重要管理岗位人员必须具有党员身份，理想信念坚定、政治素质过硬、理论功底深厚，热爱党的青年工作，具有良好师德师风，自觉维护党的形象，更好彰显团的风貌。

第三十条 注重邀请思想政治过硬、实践经验丰富、理论水平较高的领导干部、专家学者和先进青年典型、青年组织代表、青年讲师团成员等到团干部教育培训课堂授课，加强对外请教师的审核把关。

健全团干部上讲台机制，鼓励各级团干部参与培训课程研发。

第三十一条 共青团中央组织部和中央团校应当建立完善全团共用共享的团干部教育培训师资库。

第三十二条 建立完善团干部教育培训课程开发和更新机制，构建富有时代特征和实践特色、务实管用、适应不同类别团干部岗位需求的课程体系。

强化理论研究，以解决共青团思想引领领域的现实问题、政策倡导的基础问题、社会倡导的逻辑问题和总结共青团历史经验教训为主要方向开展应用理论研究，推动研究成果融入教学课程。

第三十三条 加强精品课程建设，围绕习近平新时代中国特色社会主义思想,紧扣习近平总书记关于青年工作的重要思想,开发青年工作理论和实践创新精品课程,建立团干部教育培训精品课程库,实现优质课程资源共享。

第三十四条 开发与团干部教育培训课程体系相配套的培训教材,加强教材规划、编写、审定等工作。

团干部教育培训课程建设和教材编审委员会统筹推进团干部教育培训课程和教材建设,审定全国性团干部教育培训教材,未经审核把关的教材不得进入团干部教育培训课堂。

第三十五条 各级团组织应当积极推动团干部教育培训工作纳入本级干部教育培训工作整体规划,将团干部教育培训经费列入年度预算,同时可使用团费组织开展培训,保证工作需要。团的领导机关应当加强对基层团干部教育培训工作的支持力度,积极整合资源,拓宽团干部教育培训经费来源渠道。严格按照有关规定加强团干部教育培训经费管理,厉行勤俭节约,确保专款专用,提高使用效益。

第七章 考核与评估

第三十六条 各级团的领导机关应当加强对团干部教育培训工作的检查评估。下级团组织每年应当把团干部教育培训工作情况作为向上级团组织报告工作的重要内容。上级团组织在开展年度考核评价时,应当检查下级团组织开展团干部教育培训工作情况。

第三十七条 建立健全考核评价制度。依据《干部教育培训工作条例》,团干部接受培训情况作为考核内容和任职、晋升的重要依据。考核结果应当按照干部管理权限及时反馈党委组织人事部门,考核不合格的,年度考核不得确定为优秀等次。健全团干部教育培训登记制度,完善干部培训档案,全面记录学员表现,团干部参加脱产培训情况记入干部年度考核登记表,参加2个月以上的脱产培训情况记入干部任免审批表。

第三十八条 建立健全质量评估制度。开展团干部教育培训机构办学质量评估,实施培训班次和培训课程质量评估。评估结果作为团干部教育培训机构改进工作、承担培训任务、指导教学部门和教师改进教学的重要依据。

第八章 纪律与监督

第三十九条 各级团组织、团干部教育培训机构和团干部必须严格执行

《干部教育培训工作条例》和本条例。

第四十条 各级团的组织部门会同有关部门对贯彻执行《干部教育培训工作条例》和本条例情况进行监督检查,制止和纠正违反《干部教育培训工作条例》和本条例的行为。

第四十一条 对团干部教育培训主办单位和团干部教育培训机构、从事团干部教育培训工作的教师、团干部违反《干部教育培训工作条例》和本条例的,按照《干部教育培训工作条例》纪律与监督有关规定,作出相应处理。

第九章 附 则

第四十二条 本条例由共青团中央组织部负责解释。

第四十三条 本条例自发布之日起施行。2021年11月26日共青团中央印发的《中国共产主义青年团干部教育培训工作条例(试行)》同时废止。

附录六
全国团干部教育培训规划(2024—2028年)

团干部教育培训是建设高素质团干部队伍的先导性、基础性、战略性工程,在推进中国特色社会主义伟大事业和党的建设新的伟大工程、推动新时代新征程党的青年工作和共青团事业实现新的更大发展中具有不可替代的重要地位和作用。为培养造就忠诚干净担当的高素质团干部队伍,根据《全国干部教育培训规划(2023—2027年)》、《中国共产主义青年团章程》和有关规章制度,结合团干部教育培训工作实际,制定本规划。

一、总体要求

(一)指导思想。高举中国特色社会主义伟大旗帜,坚持马克思列宁主义、毛泽东思想、邓小平理论、"三个代表"重要思想、科学发展观,全面贯彻习近平新时代中国特色社会主义思想,深入贯彻习近平总书记关于党的建设的重要思想和习近平总书记关于青年工作的重要思想,深入贯彻党的二十大精神,认真落实新时代党的建设总要求和新时代党的组织路线,深刻领悟"两个确立"的决定性意义,增强"四个意识"、坚定"四个自信"、做到"两个维护",把深入学习贯彻习近平新时代中国特色社会主义思想作为主题主线,以坚定理想信念宗旨为根本,以提升政治能力、理论素养、群众工作本领为关键,以增强推进中国式现代化建设、做好党的青年工作的本领为重点,紧紧围绕助力完成好新时代新征程党的使命任务,持续深化党的创新理论武装,强化政治训练,加强履职能力培训,深入推进团干部教育培训工作改革创新,增强团干部教育培训的时代性、系统性、针对性、有效性,高质量教育培训团干部,高水平服务党和国家事业发展,为动员引领广大团员和青年为强国建设、民族复兴伟业团结奋斗、挺膺担当提供思想政治保证和能力支撑。

（二）主要目标。党的创新理论武装更加系统深入,用习近平新时代中国特色社会主义思想凝心铸魂取得显著成效,广大团干部理论素养不断增强,理想信念更加坚定、思想意志更加统一、行动步调更加一致,对党的创新理论更加笃信笃行,用以指导实践、推动工作更加自觉。政治训练更加扎实有效,广大团干部政治能力不断增强,党性更加坚强,作风更加过硬,政治判断力、政治领悟力、政治执行力不断提高,政治纪律和政治规矩意识进一步增强,自觉在政治立场、政治方向、政治原则、政治道路上同以习近平同志为核心的党中央保持高度一致。履职能力培训更加精准管用,广大团干部服务青年的群众工作本领不断增强,贯彻新发展理念、构建新发展格局、推动高质量发展能力进一步提高,统筹发展和安全的能力不断提升,为党做好青年工作的专业能力不断增强,团结动员广大团员青年积极投身中国式现代化建设的实战能力进一步提高,专业知识和人文综合素养更加完备。团干部教育培训体系更加科学健全,培训内容更具时代性系统性,培训方法更具针对性有效性,培训保障更加坚实有力,培训制度更加规范完备,选育管用机制更加协同高效。

团干部教育培训量化指标

1. 学 时 指 标		
干 部 类 别	培训时间要求	
团的领导机关乡科级及以上领导干部、四级主任科员及以上职级公务员	每5年内参加1个月或者180学时以上的共青团系统性培训	每年参加网络自学累计不少于20学时
团的基层组织县处级及以上领导干部、四级调研员及相当层次职级(含)以上干部		
团的领导机关乡科级以下干部、四级主任科员以下职级公务员	每5年内累计参加共青团培训不少于12天或者90学时	
各领域基层团干部	每5年内累计参加共青团培训不少于5天或者40学时	
2. 教 学 指 标		
(1)省级及以上团干部教育培训机构在系统性培训的课程安排中,党的理论教育和党性教育的比重不低于每学期总课时的70%,其中党性教育课程的比重不低于每学期总课时的20%。		

续　表

2. 教学指标
（2）省级及以上团干部教育培训机构主体班次中，领导干部和团干部上讲台讲课课时不低于每学期总课时的20％。
（3）省级及以上团干部教育培训机构主体班次中，运用案例式教学的课程比重不低于每学期总课时的15％，运用研讨式、模拟式、体验式、访谈式等其他互动式教学的课程比重不低于每学期总课时的20％。
（4）省级以下团干部教育培训机构教学指标设置，根据实际情况参照执行。
3. 课程更新指标
（1）省级及以上团干部教育培训机构主体班次课程更新率年均不少于20％。
（2）全国团干部教育培训网络平台课程更新每年不少于20学时。

注：1. 本《规划》所指的团干部教育培训，是由各级共青团组织开展的教育培训。
　　2. 网络自学学时，主要指团干部个人在全国团干部教育培训网络平台完成的学时。

二、坚持不懈用习近平新时代中国特色社会主义思想凝心铸魂

（一）聚焦聚力，久久为功。完善团干部理论教育培训长效机制，落实党的创新理论学习教育计划，组织实施习近平新时代中国特色社会主义思想教育培训计划（专栏1），系统谋划、持续用力，不断把思想铸魂、理论武装工作引向深入。坚持把习近平新时代中国特色社会主义思想作为团的各级领导机关班子成员理论学习中心组学习首要内容，作出具体安排、精心组织实施；作为各级团干部教育培训机构的主课必修课，办好理论进修班、理论研修班；作为团干部学习的中心内容，全面系统学、持续深入学、联系实际学。以县处级及以上团干部为重点，开展习近平新时代中国特色社会主义思想和党的二十大精神集中轮训；深入开展主题教育，通过专题学习、研讨交流、主题党课、调查研究、建章立制等形式，推动党的创新理论学习教育走深走实走心，使广大团干部更加深刻领悟"两个确立"的决定性意义，更加自觉增强"四个意识"、坚定"四个自信"、做到"两个维护"。深入开展习近平总书记关于青年工作的重要思想学习培训，使广大团干部学习掌握党的青年工作的地位作用、目标任务、职责使命、实践要求，为做好新时代新征程党的青年工作打牢思想基础。

> 专栏 1

习近平新时代中国特色社会主义思想教育培训计划

1. 团中央书记处同志、团中央直属机关厅局级领导干部、团省委班子成员按照中央组织部制定的"习近平新时代中国特色社会主义思想教育培训计划"参加培训。

2. 团中央组织部负责组织省级团委中层正职、地市级团委书记到中央团校开展习近平新时代中国特色社会主义思想专题培训,在规划实施周期内轮训不少于1次,每次培训时长不少于2周。

3. 各级团组织统筹制定年度培训计划,按照干部管理权限,抓好各级各类团干部的习近平新时代中国特色社会主义思想专题培训,在规划实施周期内轮训不少于1次。

4. 用好中央组织部推荐的习近平新时代中国特色社会主义思想权威课程、教材、案例。团干部教育培训课程建设和教材编审委员会结合共青团实际,编写特色教材。

5. 各级团组织结合实际,将反映习近平新时代中国特色社会主义思想生动实践的现场教学点和精品教学路线,纳入团干部教育培训课程体系。

6. 全国团干部教育培训网络平台开设学习专栏。

(二)讲深学透、入脑入心。加强理论阐释,讲清楚习近平新时代中国特色社会主义思想的科学体系和核心要义,讲清楚"两个结合"的历史逻辑、理论逻辑、实践逻辑,讲清楚这一思想的世界观、方法论和贯穿其中的立场观点方法,讲清楚这一思想的道理学理哲理,教育引导团干部正确认识把握这一思想的精神实质。改进理论教学,坚持历史和现实相贯通、国际和国内相关联、理论和实际相结合,推行课堂讲授、案例解析、现场感悟相结合的教学方式,增强理论教育的吸引力感染力说服力。开展集体备课,深化对习近平总书记关于青年工作的重要思想的教学研究,讲清楚党的创新理论在青年工作领域的具体呈现和内在逻辑,讲清楚习近平总书记关于青年工作的重要思想的深刻内涵和实践要求。中央团校和全国青少年井冈山革命传统教育基地发挥示范引领作用,围绕习近平新时代中国特色社会主义思想,紧扣习近平总书记关于青年工作的重要思想，开发青年工作理论和实践创新精品课程，举办教学研讨会，组织开展精品课程点评观摩交流活动。组织团干部读原著学原文、悟原理知原义，原原本本研读《习近平谈治国理政》《习近平著作选读》《习近平新时代中国特色社会主义思想专题摘编》《论党的青年工作》《习近平关于青少年和共青团工作论述摘编》等重要著作，深入学习领会习近平总书记在同团中央新一届领导班子集体谈话时的重要讲话精神，跟进学习习近平总书记最新重要讲话和重要论述。完善理论学习考核评价机制，强化述学评学，把学习贯彻习近平新时代中国特色社会主义思想情况作为考核各级团的领导班子和衡量团干部思想政治素质的重要内容。

（三）知行合一、推动工作。坚持学思用贯通、知信行统一，引导团干部深刻领悟习近平新时代中国特色社会主义思想蕴含的坚定理想信念、真挚为民情怀、高度历史自信、无畏担当精神，筑牢信仰之基、补足精神之钙、把稳思想之舵，真正做习近平新时代中国特色社会主义思想的坚定信仰者、积极传播者、忠实实践者。坚持学用结合、学以致用，引导教师联系实际教、团干部联系实际学，紧密结合实践遇到的新问题、改革发展稳定存在的深层次问题、人民群众急难愁盼问题、国际变局中的重大问题、党的建设面临的突出问题，围绕党和国家事业中心任务和青年时代特点，聚焦新形势新任务对团的建设和工作提出的新目标新要求，从党的创新理论中悟规律、明方向、学方法、增智慧，在深化、内化、转化上下功夫，不断提高战略思维、历史思维、辩证思维、系统思维、创新思维、法治思维、底线思维能力，全面提升政治能力、理论素养、群众工作本领，把习近平新时代中国特色社会主义思想转化为坚定理想、锤炼党性和指导实践、推动工作的强大力量，自觉用习近平总书记关于青年工作的重要思想指导团的建设和工作，推动中国青年运动和党的青年工作守正创新、蓬勃发展。

三、围绕深刻领悟"两个确立"的决定性意义、坚决做到"两个维护"，强化政治训练

（一）明确政治训练重点内容。加强党的理论教育，以深入学习贯彻习近平新时代中国特色社会主义思想为主题主线，组织团干部深入学习党的基本理论、基本路线、基本方略，深入学习习近平总书记关于青年工作的重要思想，提高把握方向、把握大势、把握全局的能力，为做好新时代新征程党的青年工

作打牢思想基础。把党性教育贯穿团干部教育培训全过程，突出党章和党规党纪学习教育，强化政治忠诚教育，加强政治纪律和政治规矩教育，强化民主集中制教育，加强斗争精神和斗争本领养成，开展党的全面领导、党的建设等方面培训，提高团干部辨别政治是非、保持政治定力、驾驭政治局面、防范政治风险的能力。强化党的宗旨、革命传统教育，开展党史、新中国史、改革开放史、社会主义发展史、中华民族发展史学习培训，坚持用以伟大建党精神为源头的中国共产党人精神谱系教育团干部，坚持用共青团百余年来与党同心、跟党奋斗的光荣传统教育团干部，加强党风廉政教育，坚决反对"四风"，永葆共产党人政治本色。加强铸牢中华民族共同体意识教育，引导团干部树立正确的国家观、历史观、民族观、文化观、宗教观。加强社会主义核心价值观教育、中华优秀传统文化教育、中华民族传统美德教育，强化政德教育、警示教育，开展家庭家教家风教育。强化正确权力观、政绩观、事业观教育，引导团干部倍加珍惜为党做青年工作的宝贵机会，心无旁骛干好本职工作，用实打实的业绩赢得党的信任、赢得社会尊重、赢得青年口碑。

（二）突出"关键少数"政治训练。坚持把政治训练贯穿团干部成长全周期，使团干部的政治素养、政治能力与担负的领导职责相匹配。强化"一把手"政治培训，有计划地选调团的各级领导机关主要负责同志到团干部教育培训机构参加专题培训。强化对团县（市、区、旗）委书记这一群体的培训，实施团县（市、区、旗）委书记能力提升计划（专栏2）。突出对团的领导机关干部的政治训练，各级团的领导机关加强对机关干部的常态化政治能力培训。加强对青年人才的政治引领，团中央组织部会同有关单位每年组织一定数量青年人才开展国情研修。积极推动将地方团的领导机关班子成员培训纳入地方党委组织开展的干部政治理论培训范畴。

> **专栏2**
>
> **团县（市、区、旗）委书记能力提升计划**
>
> 1. 突出对团县（市、区、旗）委书记的能力提升，各省级团委统筹做实对团县（市、区、旗）委书记的日常考核评价。
>
> 2. 在规划实施周期内，团中央本级实现对团县（市、区、旗）委书记调训全覆盖。每年开设1期"百名团县（市、区、旗）委书记专题培训班"，由省级团委择优推荐参训人选，团中央统筹确定，培训时间不少于1个月。

3.各省级团委结合考核评价情况,每年举办至少1期"团县(市、区、旗)委书记能力提升班"。

4.省、市两级团委抓好团县(市、区、旗)委书记常态化能力培训。

四、加强履职能力培训,增强做好新时代新征程党的青年工作本领

(一)聚焦"国之大者"。围绕贯彻落实党的二十大作出的重大战略部署,分层级分领域开展以"国之大者"为主题的各类专题培训,提高团干部推动高质量发展本领、服务青年群众本领、防范化解风险本领,提高团干部团结动员广大团员青年积极投身中国式现代化建设,在科技创新、乡村振兴、绿色发展、社会服务、卫国戍边等各领域各方面争当排头兵和生力军的能力。坚持干什么学什么、缺什么补什么,加强与岗位职责相匹配的通识教育培训,重点开展经济、政治、文化、社会、生态文明、党的建设、宪法和法律法规等知识学习培训,引导团干部及时填知识空白、补素质短板、强能力弱项,提升团干部适应新时代要求的专业化能力水平,掌握党的青年工作理论和青年政策、青年群众工作路径方法等。加强信息技术、人工智能、生物技术、新能源、新材料等新知识新技能学习培训,帮助团干部不断开阔视野、提高综合素养。

(二)坚持分级分类。根据各级团的领导机关干部、高校团干部、国有企业和机关事业单位团干部、中学团干部、乡镇(街道)团(工)委书记、村(社区)团组织负责人、非公企业、社会组织等其他各领域基层团干部的不同对象特点,把团干部履职能力培训的普遍性要求与不同类别、不同层级、不同岗位团干部的特殊需要结合起来,整合优质资源,加强团干部教育培训机构与党校(行政学院)、干部学院、党性教育基地等的合作联动,多渠道多方面开展履职能力培训,切实增强教育培训的时代性、系统性、针对性、有效性。发挥中央团校、全国青少年井冈山革命传统教育基地主体作用,围绕党的中心任务、党中央重大决策部署和国家重大战略需求开展专题培训;发挥全国团干部教育培训基地优势,开展政策解读、重点任务落实等专题培训;发挥地方团干部教育培训机构优势,开展基层团干部实务培训;发挥全国团干部教育培训网络平台作用,抓好履职通识培训;加强与派出单位、接收单位的协作,抓好援派帮扶干部人才、挂职干部等教育培训。积极创造条件,支持干部在职自学。实施团干部分级分类调训计划(专栏3)。

专栏3

团干部分级分类调训计划

团中央	每年安排200名左右省级团委中层及以上干部,400名左右地市级团委班子成员,600名左右县级团委书记参加不少于1个月的培训
	每年安排400名左右新任职团的领导机关干部参加不少于1个月的培训
	每年安排1 000名左右高校团委书记、副书记参加不少于1个月的培训
	每年安排400名中央企业、省属企业和机关事业单位处级及以上团干部参加不少于1个月的培训
	每年安排200名左右团干部教育培训骨干教师参加不少于1个月的培训
	每年安排1 000名左右青年思想引领、青年统战、青年外事、青少年权益维护、"三新"领域、中学等基层团干部和少先队辅导员参加不少于1个月的示范培训
省级团委	每年安排不少于1/5的省级团委中层以下干部和地市级、县级团委干部参加培训
	每年安排不少于1/5的乡镇(街道)团(工)委书记参加培训
	根据实际情况,对辖内中学团委书记、少先队辅导员、村(社区)团组织负责人等开展示范培训
地市级团委	每年安排不少于1/5的中学团委书记和少先队辅导员参加培训
	每年安排不少于1/5的村(社区)团组织负责人参加培训
非公企业、社会组织等其他各领域基层团干部依组织隶属关系由上级团组织进行培训,确保2028年实现全覆盖	
各级团组织在确保完成上述调训任务基础上,可根据本级教育培训承载实际,自主确定调训对象、班次类型、培训时长等,抓好青年人才、青少年工作者等群体的教育培训工作	

（三）突出实战实效。强化基层导向,把准培训需求,加强培训设计,选优配强师资,综合运用多种方式方法开展实战化培训,实施基层团干部培训提升计划（专栏4）。坚持"干而论道",注重邀请领导干部、专家学者、基层团干部、先进青年典型等授课,让懂政策的人讲政策、有经验的人谈经验、会方法的人

教方法。团的领导机关要加强对边疆地区、乡村振兴重点帮扶地区团干部教育培训支持力度。强化专业导向,针对青年思想引领、青年统战、青年外事、青少年权益维护、"三新"领域、中学等类别团干部和少先队辅导员开展专题培训,紧贴业务实操,加大案例教学比重,把实践中鲜活生动的案例及时运用到教育培训中。运用情景模拟、桌面推演、工作复盘等方法,让团干部在仿真情境中学习如何处理问题、化解矛盾、防范风险。探索把课堂搬到基层一线和普通青年中去,让团干部在实践中学习掌握开展调查研究、密切联系青年、做好群众工作的方式方法,提升解决实际问题的能力本领。加强案例开发和实训室建设。实施新任职团干部培训计划(专栏5)。

专栏4

基层团干部培训提升计划

1. 团中央本级做好面向基层团干部的示范培训,适当扩大培训规模。

2. 突出高校领域团干部培训,团中央本级在规划周期内实现对高校团委书记、副书记培训全覆盖,根据高校团干部岗位特点和工作要求,有针对性地设计培训内容、确定培训方式,切实提升高校团干部履职能力。

3. 发挥网络技术手段覆盖广泛、便捷高效的优势,突出"短、平、快"特点,每年开展1—2次面向基层团干部的全团示范性培训,增强培训的针对性、及时性、有效性。

专栏5

新任职团干部培训计划

1. 新任职团干部应在任职后三个月内完成对团章等团内基本规章和基础团务类课程的网上学习。

2. 新任职团干部应在任职后半年内参加上级团组织安排的新任职培训,根据实际情况确定培训方式和培训时长。

3. 中央团校每年春季、秋季学期各举办2期新任职团干部示范培训班,培训时间不少于1个月。

4. 各级团的领导机关结合实际,分级分类对新任职团干部进行培训,重点加强党性教育和实践锻炼,提高履职能力。

5. 开发"智慧团建"系统教育培训模块,掌握新任职团干部任职和培训情况,保证新任职团干部及时参训。

五、推进培训资源建设,夯实培训保障基础

(一)培训机构建设。加强团干部教育培训机构规范管理和质量提升,推进各级团校、团干部教育培训基地建设,构建以中央团校、全国青少年井冈山革命传统教育基地为龙头,各级团校、团干部教育培训基地相互补充、布局合理、规范有序的培训机构体系,强化中央团校对地方团校的业务指导,不断提高办学水平。加强各类团干部教育培训机构规范管理,开展团干部教育培训机构办学质量评估。支持各地各级团组织联合开展培训,鼓励团干部教育培训机构开展区域协作交流,推动优质培训资源共建共享。实施团干部教育培训机构质量提升计划(专栏6)。

专栏6

团干部教育培训机构质量提升计划

1. 中央团校要立足党在青年工作领域特色鲜明的政治学校的根本定位,围绕为党育才、为党献策的根本任务,着力提升理论教育、党性教育、履职能力培训和知识培训的有效性,深化教学改革,推进教学方式方法创新。加强学科建设,大力加强马克思主义理论一级学科和社会工作学科建设,推进群团特色学科建设。加强学术平台建设,厚植团干部教育培训的人才支撑。加强科研工作和决策咨询,加快推进共青团与青年工作高端智库建设,推动教学、研究、咨政融合联动发展。推进高素质教师队伍建设,大力推进骨干教师培养,全面提升青年教师素质能力,完善激励考核机制。开放式办学办训,扩大国内国际交流合作,与党校(行政学院)、干部学院、高等院校、科研机构等建立合作机制。加强校风教风学风建设。发挥引领作用,加强对地方团校的业务指导。

2. 全国青少年井冈山革命传统教育基地要深化教学科研改革,发挥红色资源禀赋优势,构建形成以习近平新时代中国特色社会主义思想为统领

的特色课程教材体系,统筹设计现场教学、体验教学、仪式教学、互动教学场景,打造精品课程,加大案例教学比重,积极应用研讨式、模拟式、体验式等互动式教学方法,突出培训的感染力和实效性。创新人才引培并举机制,实施名师培养工程和骨干教师专业能力提升计划,打造专兼结合的高素质教师队伍。坚持开放办学,强化与中央团校的协同协作,大力推进与干部学院、高等院校合作共建。加强校风教风学风建设。发挥引领作用,加强对团干部教育培训基地相关业务的指导。

3. 地方团校和团干部教育培训基地要加强政治建设,准确把握办学方向,强化主责主业意识,巩固转型办学改革成果,加强以习近平新时代中国特色社会主义思想为主题主线的理论教育课程建设,用好用活本地资源,打造党性教育特色课程,加强师资队伍建设管理,不断提高教学科研和管理服务水平。

(二)师资队伍建设。加大名师培养引进力度,把团干部教育培训师资纳入各级青年人才政策支持范畴,努力造就一批对党忠诚、精通党的创新理论、授课水平高、在学科领域有影响力的知名教师。加强师资队伍党性教育和业务培训,完善专职教师通过列席会议、基层调研、挂职锻炼等方式促进知识更新、加深理论研究。通过"名师带徒"等方式,加强中青年骨干教师培养。大力推进团干部上讲台,实施团干部上讲台计划(专栏7)。注重在领导干部、先进青年典型、优秀基层团干部中遴选培养师资。分级建设师资库。探索建立符合团干部教育培训特点的师资队伍考核评价体系。

专栏7

团干部上讲台计划

1. 团中央书记处同志每年应当到团干部教育培训机构授课2次(含)以上。除按统一安排为省级团委班子成员培训班授课1次外,可自主选择为其他培训班授课。

2. 团中央机关各部门和相关直属单位主要负责同志每年应当到团干部教育培训机构授课1次(含)以上;机关各部门其他负责同志每人每年应当到团干部教育培训机构授课1次(含)以上;机关处级干部应当结合课程组安排,每人每年到团干部教育培训机构授课1次(含)以上。

3. 省级团委书记应当积极到团干部教育培训机构授课,每年授课1次(含)以上。

4. 授课内容应主要围绕习近平总书记关于青年工作的重要思想,聚焦主责主业,推动团十九大和团十九届历次全会工作部署落实落地,兼顾理论高度与实践深度。

5. 团中央组织部牵头实施团中央直属机关团干部和省级团委书记上讲台工作,团中央机关各部门、相关直属单位、各省级团委配合实施。团中央组织部每年在全团培训计划确定后,将培训计划和中央团校初步授课安排报送团中央书记处同志,发机关各部门、相关直属单位、各省级团委,统筹协调安排全年授课计划,并负责考核评价工作。

6. 各级团的领导机关和各领域团组织参照制定本级(领域)团干部上讲台工作办法。

(三)课程教材建设。用好中央组织部推荐的好课程、好教材、好案例。遵循分级分类原则,持续推进团干部教育培训课程的开发和更新。加强精品课程建设,建立团干部教育培训精品课程库,5年内打造30门左右精品课程,实现优质课程资源共享。大力推进案例课程建设,及时把工作实践中的最新成果、新鲜经验运用到教学中。加强教材建设,重点围绕习近平总书记关于青年工作的重要思想以及中国青年运动史、中国少年儿童运动史、基础团务等,开发与团干部教育培训课程体系相配套的培训教材。制定团干部教育培训课程指导大纲(专栏8)。

专栏8

团干部教育培训课程指导大纲

1. 团干部教育培训以深入学习贯彻习近平新时代中国特色社会主义思想为主题主线,以理论教育、党性教育和履职能力培训为重点,注重知识培训,全面提高团干部素质和能力。

2. 理论教育立足于团干部思想理论武装,设置习近平新时代中国特色社会主义思想、马克思主义基本理论和经典著作导读、毛泽东思想和中国特色社会主义理论体系、习近平总书记关于青年工作的重要思想、党的路线方针政策等课程单元。

党性教育立足于团干部政治品格锻造,设置革命传统和理想信念、党的宗旨和作风、党章党规党纪和党风廉政建设、中华优秀传统文化和传统美德、世情国情党情以及党史、新中国史、改革开放史、社会主义发展史、中华民族发展史等课程单元。

履职能力培训立足于团干部实战本领提升,设置年轻干部能力本领建设、宪法法律和政策法规、党的青年工作理论和青年政策、共青团各领域工作理论和实践、基础团务等课程单元。

知识培训立足于团干部综合素养提高,设置履职必备知识、新知识与新技能等课程单元。

3. 各班次在课程设置上均应突出理论教育和党性教育,在履职能力培训和知识培训方面体现分级分类特点:

对省级、地市级团委中层及以上干部,加强年轻干部能力本领建设、党的青年工作理论和青年政策课程单元的学习。

对县级团委班子成员,加强年轻干部能力本领建设、共青团各领域工作理论和实践、基础团务课程单元的学习。

对高校团干部,加强基础团务、新知识与新技能课程单元的学习,侧重开设高校共青团建设、学联学生会组织建设、网络新媒体应用、志愿服务工作等课程。

对国有企业和机关事业单位团干部,加强年轻干部能力本领建设、宪法法律和政策法规课程单元的学习,侧重开设团的品牌工作、志愿服务工作等课程。

对中学团干部,加强基础团务、履职必备知识课程单元的学习,侧重开设团员发展和教育管理、青少年心理健康教育等课程。

对少先队辅导员,侧重开设基础队务、中国少年儿童运动史、少年儿童政治引领路径方法、少先队活动课程建设等课程。

对乡镇(街道)、村(社区)团干部,加强基础团务、履职必备知识课程单元的学习,侧重开设群众工作方法、团组织规范化建设等课程。

对非公企业、社会组织等各领域团干部,加强基础团务、履职必备知识课程单元的学习,侧重开设群众工作方法、网络新媒体应用等课程。

（四）经费保障。各级团组织要积极推动团干部教育培训工作纳入党政培训工作整体规划,将团干部教育培训经费列入年度预算,保证工作需要。做好基层团干部教育培训经费保障,各级团组织可以使用留存的团费组织培训基层团干部。积极整合资源,拓宽团干部教育培训经费来源渠道。严格管理培训经费,严把培训标准,加强团干部教育培训经费管理,保证专款专用,提高使用效益。

六、推动网络培训体系建设,提升团干部教育培训数字化水平

（一）推进网络培训平台建设。建设以全国团干部教育培训网络平台为引领、各培训机构网络培训平台为补充的平台体系,逐步形成互联互通、开放共享的网络培训格局。加强团干部网络学习成效考核,规范网络学习行为。组织开展平台建设、运行情况评估。严格落实国家信息安全等级保护和数据分类分级保护等制度,按照"谁主管谁负责、谁建设谁负责"的原则,强化网络培训安全保障。

（二）加强网络培训课程建设。鼓励团干部教育培训机构开发精品网络课程。注重把握网络教学特点和规律,改进授课方式,提高制作水平,丰富呈现形式,提升课程质量。严把网络课程政治关、质量关,规范讲授、制作、审核、发布和更新、退出流程。充分发挥网络培训优势,推动优质资源下基层。用好网络直播培训形式,增强现场体验感。实施团干部网络培训提质增效计划(专栏9)。

专栏9

团干部网络培训提质增效计划

1. 创新网络培训形式。围绕习近平总书记重要讲话和重要指示批示精神、党中央重大决策部署等,开设团干部教育培训"学习课堂",围绕团中央重点工作,开设团干部教育培训"实践讲堂",利用网络直播或录播等方式,邀请专家学者、领导干部等进行授课,授课内容直达各领域各层级,实现高水准课程的穿透式共享。各级团组织按照培训要求严密组织本级团干部的网络学习,做好网络保障、风险防控等工作。没有网络保障能力的团组织,由上级团组织做好保障,确保应训尽训。

2. 加强网络课程建设。围绕"谁来讲、讲什么"做好需求调研,精心设计课程内容、讲授形式,科学设置培训时长。提升课程设计、编辑、制作水

平,开发图文、影音集成交互等多种形式的网络课程。用好中央组织部推荐的全国干部教育培训网络好课程。团干部教育培训机构教师根据教学需求开发网络课程应计入教学工作量。

3. 提升网络培训成效。探索创建网上研讨室、在线学习社区等,加强学员、教师间的互动交流。探索设置网上班主任、学习管理员等,完善学习督促等制度,力求做到与线下培训同质等效。

4. 推动现代信息技术应用。鼓励虚拟现实、增强现实、混合现实、人工智能等技术在团干部教育培训中的应用,推动团干部学习数字化、智能化。

七、深化改革创新,提升团干部教育培训质量和活力

(一)完善制度机制。着力构建科学规范、系统集成、协同高效、执行有力的团干部教育培训制度体系。完善需求调研、计划生成会商机制,加强团干部教育培训主管部门与行业主管部门、培训机构、干部所在单位沟通协商。完善组织调训机制,严肃调训纪律,严格执行调训审批、报备等规定,完善点名调训和补训制度,实现科学调训、精准调训,定期通报调训情况。完善双重管理团干部培训机制,避免重复调训。完善定点帮扶、对口支援培训机制。各级团组织参照建立相应调训组织制度。

(二)改进方式方法。鼓励加强团干部教育培训方式方法创新,根据培训内容要求和团干部特点,综合运用讲授式、研讨式、案例式、模拟式、体验式、访谈式等方法,推行结构化研讨、行动学习等研究式学习,探索翻转课堂等方法,突出仪式教育和光荣感教育,加强实践教学,开展教学方法运用示范培训。

(三)加强考核评估。持续健全团干部教育培训考核制度,针对学员学习态度、党性修养、学风作风、理论知识等进行考核,1个月以上的班次组织开展政治理论闭卷考试,考核不合格者不予结业。创新学员考核评价方式,在中长期班次中推行学员表现全程纪实管理、考核,建立全方位评价体系,探索训后跟踪考核机制。加强对团干部教育培训机构、班次、课程的质量评估,坚持定量与定性相结合,进一步完善评估指标体系,评估结果作为团干部教育培训机构改进工作、承担培训任务、指导教学部门和教师改进教学的重要依据,以评促改、以评促建。

(四)严格培训管理。贯彻落实全面从严治党、全面从严管团治团各项要求,坚持从严治校、从严治教、从严治学。加强培训机构管理,严格落实意识形

态工作责任制,落实中央八项规定及其实施细则精神,厉行勤俭节约,弘扬学习之风、朴素之风、清朗之风。加强教师管理,重视师德师风建设,严肃讲坛纪律,完善跟班管理制度,实行班主任责任制,注重对跟班管理人员的教育管理。加强学员管理,严肃培训纪律,注重发挥学员党支部和班委会作用,严肃培训期间党内政治生活,严格执行学员管理相关规定。建立学风督查长效机制,发现问题及时整改并按规定严肃追究相关单位和人员责任。

八、组织领导

各级团组织要加强对团干部教育培训工作的领导,把团干部教育培训工作纳入共青团建设整体部署,围绕本规划提出的目标和任务,结合实际制定本地区本领域贯彻落实举措,开展督促检查和调查研究等工作的过程中要注意了解规划实施情况。各级团的领导机关主要负责同志要切实履行职责,及时研究解决团干部教育培训工作中的困难和问题。

各级团的组织部门要切实履行组织实施和管理职责,加强整体规划、制度建设、宏观指导、协调服务和督促检查,围绕本规划提出的目标和任务,结合实际制定实施意见,坚持分级分类,抓好贯彻落实。

各级团干部教育培训机构是团干部教育培训的实施主体,要在同级团委的领导下,承办好具体教学培训任务。

中国人民解放军和中国人民武装警察部队的团干部教育培训工作,由中央军委政治工作部根据本规划精神制定实施意见。